岳麓書社

读名著　选岳麓

春秋穀梁传

李维琦　邹文芳　注译

岳麓書社·长沙

前　言

《春秋》是古代鲁国的一部编年体史书，起自鲁隐公元年（前722），终于鲁哀公十四年（前481），简略地记载了这242年间鲁国以及相关各诸侯国发生的重大事件。

传说孔子“因鲁史记而修《春秋》”，《春秋》便成了圣人寓是非褒贬的经典。解释《春秋》的书现在流传下来的有三部，就是《左氏传》（通常称为《左传》）、《公羊传》和《穀梁传》。这三部书都在后来确立的“十三经”之列。

《左传》详于记事，少有议论，主要是记叙说明《春秋》中人物事件的史实或未曾提及的有关内容。其引用经文比《公羊传》《穀梁传》多出两年，到鲁哀公十六年（前479），孔子去世时为止；记事则到鲁哀公二十七年（前468），超出《春秋》13年。《左传》用古文（六国文字）写成，属于古文经学。

《公羊传》和《穀梁传》则长于解义，少有记叙，主要用问答方式，层层解说，阐发经义，所传年份与《春秋》一致。《公羊传》和《穀梁传》用今文（西汉时隶书）写成，属于今文经学。

公羊学说的创始人，是战国时人公羊高，写成书的是公羊高的后人公羊寿和他的学生。

至于《穀梁传》的作者，《汉书·艺文志》说：“《穀梁传》十一卷。穀梁子，鲁人。”颜师古注：“名喜。”按之典籍，穀梁子之名，异说纷呈。王充《论衡·案书篇》作“寘”，桓谭《新论》、应劭《风俗通义》作“赤”，阮孝绪《七录》作“俶，字元始”。

从创始者一人而多名可以推测出来，《穀梁传》也如《公羊传》一样，是世传家学。穀梁赤、穀梁俶、穀梁寘、穀梁喜是穀梁学在战国时代不同时期的代表人物。能肯定的是，他们都没有把这一学说写成著作。

《穀梁传》形成文字，自当晚于《公羊传》。因为《穀梁传》驳《公羊传》，《穀梁传》引《公羊传》。其引用《公羊传》的例如文公十二年“子叔姬卒”条，《公羊传》曰：“此未适人，何以卒？许嫁矣。”《穀梁传》曰：“其一传曰：许嫁以卒之也。”

我们据《汉书·儒林传》，将穀梁学在汉时的传授列表如下：

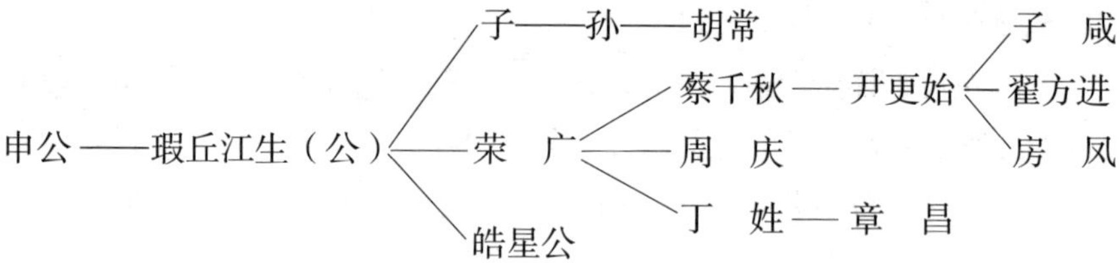

史传载，瑕丘江生曾与董仲舒辩论而不胜。他如果是传世《穀梁传》的执笔人，自当有相应的记叙，然而没有，故可以把他排除在将《穀梁传》写成今文的写家之外。

其后最引人注目的穀梁学人物是尹更始，他于宣帝时为官，且著《春秋穀梁章句》。章句是解释的著作，而不是著作本身。可知尹更始之前已有现成的《穀梁传》，这个写家就当在尹更始之前，江公（江生，到年纪大了，称为江公）之后。其间最有可能的写家是鲁人荣广。《汉书》称他“高材捷敏”，与公羊大家辩，“数困之”。他广收徒众，尹更始便是他的徒孙。

同属于“长于解义，少有记叙”的《公羊传》和《穀梁传》都是儒家的思想体系，却又有不同。应该说，《公羊传》是孟子的理想主义，《穀梁传》是荀子的现实主义。

《穀梁传》立论合于常情，不为妖妄怪诞之说。例如，僖公二十二年，《公羊传》极称宋襄公以仁义施于军事斗争，以至于一败涂地的事，说是“临大事而不忘大礼”。而《穀梁传》则予以严厉的批判：“人之所以为人者，言也。人而不能言，何以为人？言之所以为言者，信也。言而不信，何以为言？信之所以为信者，道也。信而不道，何以为道？道之贵者时，其行势也。”《公羊传》有言妖妄者，《左传》亦多言鬼神，唯《穀梁传》不言“怪力乱神”为可贵。宣公十五年经文：“冬，蝝生。”《公羊传》说是“上变古易常，应是而有天灾”。何休注云：“上谓（鲁）宣公，变易公田古常旧制而税亩。”完全是“天人感应”那一套说法。《穀梁传》则针锋相对地说：“蝝非灾也。其曰蝝，非税亩之灾也。”

《穀梁传》强调维护宗法，尊尊亲亲。传文主张“贵始”，“故德厚者流光，德薄者流卑。是以贵始，德之本也”（《僖公十五年》）。就是对于宗族中的乱臣，也要表现出兄弟情谊，“缓追逸贼，亲亲之道也”（《隐公元年》）。国君之位必须传给嫡长子，以保证宗法继承制，“《春秋》之义，诸侯与正而不与贤也”（《隐公四年》）。杀死长子和同母弟，更是有悖于人道，要受到谴责，“甚郑伯之处心积虑成于杀也”（《隐公元年》）。“诸侯且不首恶，况于天子乎？君无忍亲之义。天子、诸侯所亲者，唯长子、母弟耳。天王杀其弟佞夫，甚之也”（《襄公三十年》）。后人以为这些言论大概是有鉴于平定吴楚七国之乱杀戮不少、汉武处理戾太子事件的惨酷等诸多政治事件而言的，也是戾太子之孙汉宣帝让《穀梁传》兴盛起来的主要原因。

《穀梁传》有悯农轻赋、喜雨爱民的内容。《穀梁传》认为，民众是君王的根本，君王应该关心农耕，满足民众生活的基本需求，否则就

不合正道，“山林薮泽之利，所以与民共也。虞之，非正也”（《庄公二十八年》）。君王必须经常注意民众的疾苦，随时采取应对的措施，“古之君人者，必时视民之所勤。民勤于力，则功筑罕；民勤于财，则贡赋少；民勤于食，则百事废矣”（《庄公二十九年》）。还要关注水旱，爱护民众，“喜雨者，有志乎民者也”（《僖公三年》）。要减轻赋税，贮存粮食，以备荒年，否则就要受到谴责，“无三年之畜，曰国非其国也。……古者税什一，丰年补败，不外求而上下皆足也，虽累凶年，民弗病也。一年不艾而百姓饥，君子非之”（《庄公二十八年》）。如果遇到大饥荒，君王更要按照礼制的规定，与民共度灾难，“五谷不升谓之大侵。大侵之礼，君食不兼味，台榭不涂，弛侯，廷道不除，百官布而不制，鬼神祷而不祀”（《襄公二十四年》）。

《穀梁传》由于汉宣帝的爱好而着实兴盛了一番，其后便逐渐式微，到灵帝时的熹平石经便没有它的位置了。

现存最早为《穀梁传》作注的是东晋范甯《春秋穀梁传集解》，唐代杨士勋又为《春秋穀梁传集解》作疏。他们的注疏收入《十三经注疏》之中。清代人研究《穀梁传》，较著名的有柳兴恩《穀梁大义述》、许桂林《穀梁释例》和钟文烝《穀梁补注》。其中《穀梁补注》引证详赡，多有创见，代表了清人研究《穀梁传》的最高水平。

本书以阮刻本《十三经注疏》为底本，主要参考了钟文烝《穀梁补注》。钟文烝《穀梁补注》吸取了清人研究的成果，加上自己的心得，因而具有较高价值。当然，其讲义理的部分未必可取，但语言训诂部分却是不可忽视的。

本书校勘的基本原则是除非万不得已，就不改动原文。随便改动原文的，往往为进一步的研究所否定，应引以为戒。至于语词意义，我也尽量做到要有依据，不自出心裁。个别地方实在难以说通，有采用今人说法而加以己意的，这也是出于不得已。本书翻译最主要的困难是传文精要，如果没有相关的知识和必要的解说，即使译成白话，也是莫知所云。我解决这个困难的办法是加用括号，在括号里说一些有助于理解的话。但括号不能多，括号里的话同样不能多，多了就不像对原文的翻译了。我的工作的很大一部分就是斟酌这些括号。效果如何，自然要等待公议。

《春秋》十二公，“隐公”“桓公”等是他们死了才加的谥号。但为了理解和称呼起来方便，在他们还活着的年代里，译文就直称隐公、桓公等，谨在这里作一说明。

目　录

隐公

隐公元年

原文

【经】元年[1],春,王正月[2]。

【传】虽无事,必举正月,谨始也。公[3]何以不言即位?成公志也。焉成之?言君[4]之不取为公也。君之不取为公,何也?将以让桓[5]也。让桓正乎?曰:不正[6]。《春秋》成人之美,不成人之恶。隐不正而成之,何也?将以恶桓也。其恶桓何也?隐将让而桓弑之,则桓恶矣。桓弑而隐让,则隐善矣。善则其不正焉,

译文

【经】鲁隐公元年,春季,周王的正月。

【传】虽然没有事情(可记),也一定要记下正月,这是为了郑重地记载(隐公)开始(为君)。为什么不说隐公即位?为了成全隐公的心意。怎样成全他的心意?是说他无意做国君。他无意做国君,是为什么呢?他想把君位让给桓公。让给桓公是正当的吗?(回答)说:不正当。《春秋》成全人家的好事,不成全人家的坏事。隐公的做法不正当却成全他,这是为什么?是用这种方式表示桓公不好。《春秋》怎样表示桓公不好?隐公将让位而桓公却杀死他,桓公的坏就看出来了。桓公杀隐公而隐公本就要让位,隐公的好就看出来了。既然好却说隐公不正当,是为什么?《春秋》以仁义为贵,不以私恩为贵,

何也？《春秋》贵义而不贵惠，信[7]道而不信邪。孝子扬父之美，不扬父之恶。先君之欲与桓，非正也，邪也。虽然，既胜其邪心以与隐矣，已探先君之邪志而遂以与桓，则是成父之恶也。兄弟，天伦也。为子受之父，为诸侯受之君，已废天伦而忘君父，以行小惠，曰：小道也。若隐者，可谓轻千乘之国[8]，蹈道[9]则未也。

伸张正义而不助长邪气。孝子发扬父亲美好的德行，不张扬父亲的过恶。先君想把君位传给桓公，不是正，而是邪。虽然如此，既已克服他的邪心，把君位传给了隐公，（隐公）已经探明先君的邪心却要把君位传给桓公，就是成全父亲的过恶。兄先弟后，是天（规定）的次序。（隐公）作为儿子受命于父亲，作为诸侯受命于天子，却废弃天的次序，忘记天子和父亲的意思，从而施行私恩（让位给桓公），按《春秋》的观点看来，这是小道。像隐公这样的人，可说是以千乘大国的君位为轻，至于实行大道，那还没能做到。

注释 1 元年：鲁隐公元年，公元前722年。 2 王正(zhēng)月：周王的正月。鲁用周历，奉周正朔。 3 公：鲁隐公。隐公名息姑（《史记·鲁世家》作“息”），周公旦之子伯禽的七世孙，鲁惠公的长庶子，其母声子。惠公卒后，他当位行君事。在位十一年。谥隐。 4 君：指隐公。 5 桓：鲁桓公。惠公子，隐公弟。 6 不正：《穀梁传》的意思，惠公欲传位于桓是不正，隐公称了这个意旨也是不正。 7 信(shēn)：同“伸”，伸张，发扬。 8 千乘(shèng)之国：诸侯中的大国。大国可以出兵车千乘。一乘四马。 9 蹈道：实行原则性的大道理。蹈，践履，实行。

【经】三月,公及邾仪父盟于眛[1]。

【传】及者何?内为志焉尔[2]。仪,字也。父,犹傅也,男子之美称也。其不言邾子,何也?邾之上古微,未爵命于周也。不日,其盟渝[3]也。眛,地名也。

【经】夏,五月,郑伯[4]克段于鄢[5]。

【传】克者何?能也。何能也?能杀也。何以不言杀?见段之有徒众也。段,郑伯弟也。何以知其为弟也?杀世子母弟目君[6],以其目君,知其为弟也。段,弟也,而弗谓弟;公子也,而弗谓公子,贬之也。段失子弟之道矣,贱段而甚郑伯[7]也。何甚乎郑伯?甚郑伯之处心积虑成于杀也。于鄢,远也。犹曰取之其母之怀中而杀之云尔,甚之也。

【经】三月,鲁隐公与邾仪父在眛结盟。

【传】"及"是什么意思?表明是鲁国想与邾结盟。"仪"是邾君的字,"父"如同"傅",是男子美好的称呼。这里不说"邾子",是为什么?邾在上古是个卑微的小国,没有受到周的爵命。没有记日子,是因为那盟约改变了(没有被遵守)。眛,是地名。

【经】夏季,五月,郑伯在鄢地攻克段。

【传】"克"是什么意思?是能的意思。能什么?能杀。为什么不说"杀"?表示段有军队。段是郑伯的弟弟。怎么知道他是(郑伯的)弟弟?(《春秋》的体例,国君)杀世子、同母弟,使用国君的爵号称呼他,因为这里称呼了国君(郑伯),所以知道段是弟弟。段是弟却不说他是弟,是公子却不说他是公子,是贬斥他。段不能遵奉为公子、为弟弟之道,所以把段看得轻贱,同时认为郑伯做过头了。为什么说郑伯做过头了?因为郑伯处心积虑要杀死弟弟。"在鄢地",表明遥远。如同说从他母亲怀中夺过来杀了他,这表示郑伯做过头了。

然则为郑伯者宜奈何？缓追逸贼[8]，亲亲之道也。

那么，做郑伯的应该怎么办？缓慢地追赶，让贼人逃去，这是亲爱亲人的方法。

注释 1 眛(mèi)：鲁地名，一作“姑蔑”，或作“蔑”。在今山东泗水东南。 2 内为志焉尔：为内志也，是鲁国的意思，指是鲁国要结盟。内，指鲁国。焉尔，语气助词，这里相当于“也”。 3 渝：改变，破裂。 4 郑伯：郑庄公寤生。郑，国名，姬姓。伯，国君的爵位。 5 鄢(yān)：本是国名，妘姓。在今河南鄢陵一带。此时已被郑武公所灭。后改称“鄢陵”。 6 杀世子母弟目君：《春秋》记事，假如国君杀世子、同母弟，便用国君的爵号称呼他。目，称。 7 甚郑伯：认为郑伯做事过了头。 8 缓追逸贼：不急于追赶贼人，让他有机会逃脱。

【经】秋，七月，天王[1]使宰咺[2]来归[3]惠公仲子之赗[4]。

【传】母以子氏，仲子者何？惠公之母，孝公之妾也。礼，赗人之母则可，赗人之妾则不可。君子以其可辞受之[5]。其志，不及事也。[6]赗者何也？乘马曰赗，衣衾曰襚[7]，贝玉曰含，钱财曰赙[8]。

【经】九月，及宋人盟于宿[9]。

【传】及者何？内卑者

【经】秋季，七月，周平王派宰咺来给鲁惠公仲子赠送助葬品。

【传】母亲以儿子的号为氏。仲子是什么人？是鲁惠公的母亲，鲁孝公的妾。礼制：给人母亲赠助葬品是可以的，给人的妾赠助葬品是不可以的。（修史）君子认为鲁国有可以接受的理由接受这些助葬品。《春秋》记这件事，是因为周平王没有及时赠送。赗是什么？车马（助葬）叫赗，衣被（助葬）叫襚，贝壳玉石（助葬）叫含，钱财（助葬）叫赙。

【经】九月，与宋人在宿盟誓。

【传】“及”是什么意思？是鲁

也。宋人,外卑者也。卑者之盟不日。宿,邑名也。

【经】冬,十有二月,祭伯来。

【传】来者,来朝也。其弗谓朝,何也?寰内诸侯[10],非有天子之命,不得出会诸侯。不正其外交,故弗与朝也。聘弓、鍭矢[11]不出竟埸[12],束脩[13]之肉不行竟中。有至尊者,不贰之[14]也。

【经】公子益师卒。

【传】大夫日卒[15],正也。不日卒,恶也。

国地位不高的人(参盟)。“宋人”,是国外地位不高的人。地位不高的人结盟,不记日期。宿,是邑的名称。

【经】冬季,十二月,祭伯来鲁国。

【传】“来”,是来朝见。这里不说“朝”,是为什么?因为他是天子直辖地区的诸侯,没有天子的命令,不得出朝会晤诸侯。认为他们与外交往是不正当的,所以不赞许(也不用)朝见。聘问用的弓箭不出疆界,十条干肉的礼节不出现在国境内。有最尊贵的(天子)在,不可以和他平列。

【经】公子益师去世。

【传】记载大夫去世的日子,是正常的。不记载去世的日子,是表示他有过恶。

注释 1 天王:指周平王。《春秋》对周王或称“天子”,或称“天王”,或称“王”。 2 咺(xuǎn):人名。 3 归(kuì):通“馈”,赠送。 4 赗(fèng):以车马等物助丧家送丧。 5 君子以其可辞受之:(修史)君子认为鲁国有可接受的理由而接受了这批礼物。 6 其志,不及事也:其所以记,是因为仲子早死,归赗没有赶上丧事。 7 襚(suì):送给丧家助其送丧的衣被。 8 赙(fù):送给丧家助其送丧的钱财。 9 宿:国名。风姓。春秋时惯例,当事国往往在第三国盟誓。 10 寰内诸侯:天子京都督辖地方千里称为寰。寰内大夫有食邑的称为“寰内诸侯”。 11 鍭(hòu)矢:箭名,箭头宽而长,棱角薄。 12 竟埸(yì):国境。竟,同“境”。埸,疆界。 13 束脩:十条干肉。 14 贰之:与之并列为二。 15 日卒:

记他去世的日期。

隐公二年

原文

【经】二年，春，公会戎[1]于潜[2]。

【传】会者，外[3]为主焉尔。知者虑，义者行，仁者守，有此三者，然后可以出会。会戎，危公[4]也。

【经】夏，五月，莒[5]人入向。

【传】入者，内弗受也。向，我邑也。

【经】无侅[6]帅师入极。

【传】入者，内弗受也。极，国也。苟[7]焉以入人为志者，人亦入之矣[8]。不称氏者，灭同姓，贬也。

译文

【经】鲁隐公二年，春季，鲁隐公在潜地会见戎。

【传】所谓"会见"，是别人为主(我国为客)。智者能深思熟虑，义士遇事能做决断，仁人能忠于职守。有这样的三类大臣(留在国内)，才可以出国会见(他国的人)。说"会见戎"，是为隐公感到危险。

【经】夏季，五月，莒人进入向。

【传】说"进入"，是所进入的地方不接纳进入的人。向，是我国的邑。

【经】无侅领兵进入极。

【传】说"进入"，是所进入的地方不接纳进入的人。极，是国名。如果把进入别人的地方当作意愿，别人就也会进入他所领有的地方了。不称(无侅的)氏，是因为(他)灭同姓国家，所以要贬抑(他)。

【经】秋，八月，庚辰，公及戎盟于唐[9]。

【经】九月，纪履緰来逆女[10]。

【传】逆女，亲者[11]也。使大夫，非正也。以国氏者，为其来交接于我，故君子进之也。

【经】秋季，八月，庚辰日，鲁隐公与戎国在唐结盟。

【经】九月，纪国的履緰来鲁国迎娶女子。

【传】迎娶女子，(应该)是娶亲者本人前来。派大夫前来是不正当的。以国为氏，是因为他来和我国打交道，所以提高他的等级。

注释 1 戎：国名。古时中原人把西北少数民族泛称为戎。这里的戎是与中原华夏人杂处的内戎之国。 2 潜：鲁国地名。 3 外：《春秋》鲁史，称鲁为内，鲁之外为外。 4 危公：为隐公感到危险。 5 莒(jǔ)：国名，己姓。在今山东安丘、诸城、沂水、莒县、日照一带。 6 无侅(gāi)：鲁国卿，公子展之孙。以祖父的字“展”为氏。 7 苟：如果。 8 以入人为志者，人亦入之矣：志在进入别人的国土，别人也就会进入他的国土。 9 唐：鲁地，在今山东鱼台旧县城东北。 10 纪履緰(xū)来逆女：纪君娶鲁惠公的女儿，大夫履緰为纪君来鲁迎娶。纪，国名，姜姓。逆，迎，这里指迎娶。 11 亲者：指国君自己。

【经】冬，十月，伯姬归于纪。

【传】礼，妇人谓嫁曰归，反曰来归，从人者也。妇人在家制于父，既嫁制于夫，夫死从长子。妇人不专行，必有从也。伯姬归

【经】冬季，十月，伯姬出嫁到纪国。

【传】礼制：妇人称出嫁为“归”，(被休弃)回来叫作“来归”，她们是跟从(别人)的人。妇人在家受父亲制约，已出嫁受丈夫制约，丈夫死了听从长子。妇人不自主行动，一定

于纪，此其如专行之辞，何也？曰：非专行也。吾伯姬归于纪，故志之也。其不言使，何也？逆之道微，无足道焉尔。

【经】纪子伯莒子[1]盟于密[2]。

【传】或曰：纪子伯莒子而与之盟。或曰：年同爵同，故纪子以伯先也。

【经】十有二月，乙卯，夫人子氏薨。

【传】夫人薨，不地。夫人者，隐之妻也。卒而不书葬，夫人之义，从君者也。[3]

【经】郑人伐卫。

有所顺从。“伯姬归于纪”，这好像是自主行动的话，这是为什么？（回答）说：不是自主行动。我国伯姬出嫁到纪，所以记上这件事。这里不说派遣（履緰），是为什么？既然纪国看轻亲迎的规矩，就不值得记述了。

【经】纪子伯与莒子在密地结盟。

【传】有的说：纪子以莒子为年长，而与他结盟。有的说：（两位国君）生年相同，爵位相同，所以纪子自以为年长而领先盟誓。

【经】十二月，乙卯日，鲁隐公夫人子氏去世。

【传】夫人去世，不记去世的地点。夫人，是鲁隐公的妻子。去世了不记载葬礼，是因为按照为夫人的义理，她是随从君主的。

【经】郑国人攻伐卫国。

注释 1 纪子伯莒子：《穀梁传》认为有两种解释：纪子以莒子为年长；纪子自以为年长而领先于莒子。两说都误，伯是纪子之名。“纪子伯”，《左传》作“纪子帛”。 2 密：莒地。 3 隐公不书葬，所以从隐公之夫人也不书葬。

隐公三年

原文

【经】三年，春，王二月，己巳，日有食之[1]。

【传】言日不言朔，食晦日也。[2]其“日有食之”，何也？吐者外壤[3]，食者内壤。阙然不见其壤，有食之者也。有[4]，内辞也；或[5]，外辞也。“有食之”者，内于日也。其不言食之者，何也？知其不可知，知[6]也。

【经】三月，庚戌，天王[7]崩。

【传】高曰崩，厚曰崩，尊曰崩。天子之崩，以尊也。其崩之，何也？以其在民上，故崩之。其不名何也？大上[8]，故不名也。

译文

【经】鲁隐公三年，春季，周王的二月，己巳日，发生日食。

【传】说（己巳）日，不说朔日，那是因为在晦日发生日食。这里记“日有食之”，是什么意思？吐出，日体在外（可见）；吞食，日体在内（不见）。空空如也不见日的本体，是有什么东西吞食它了。“有”（作“有……的”讲），是说内部；“或”（作“有的”讲），是说外部。“有食之”，是日被吞进内部去了。这里不说谁吞食它，是什么缘故？懂得哪些是不可知的（不强求知），是有智慧的表现。

【经】三月，庚戌日，周平王驾崩。

【传】高的（坍了）叫“崩”，厚的（毁了）叫“崩”，尊贵的（死了）叫“崩”。说天子死了叫“崩”，是因为他尊贵。《春秋》记天子崩，是为什么？因为他在万民之上，所以记他的死叫“崩”。为什么不记天子的名？因为他处在最上的地位，（只一个

【经】夏，四月，辛卯，尹氏卒。

【传】尹氏者何也？天子之大夫也。外大夫不卒，此何以卒之也？于天子之崩为鲁主[9]，故隐[10]而卒之。

人，）所以不必记他的名。

【经】夏季，四月，辛卯日，尹氏去世。

【传】尹氏是谁？是周天子的大夫。鲁国之外的大夫（死）不记去世，这里为什么记他去世？在周天子崩的时候，（鲁国使者去吊唁，）他主持鲁国（使者）的接待事宜，所以鲁国人痛惜他，记他去世。

注释 1 日有食之：当时用这话表示日食。《公羊传》有自己的解释。 2 言日不言朔，食晦日也：讲日食而不连带说朔，那是因为日食发生在晦日。朔，每月初一。晦，每月最后一天。日食必在朔，但古人历法不精，推算有误，日食或在朔前朔后。 3 壤：指日之体。日体曰壤，犹如土之体曰壤。 4 有：有……的。有为动词，表示存在。“有”之后为名词性结构。 5 或：有的。代词。 6 知：读为“智”，名词性谓语，有智慧。 7 天王：周平王。 8 大上：即“太上”，至高无上。 9 为鲁主：为接待鲁使者的主持人。 10 隐：悲痛，哀伤。

【经】秋，武氏子来求赙。

【传】武氏子者何也？天子之大夫也。天子之大夫，其称武氏子，何也？未毕丧，孤未爵[1]。未爵使之，非正也。其不言使，何也？无君[2]也。归死者曰赗，归生者[3]曰赙。曰归之者，

【经】秋季，武氏子来讨助葬品。

【传】武氏子是谁？是周天子的大夫。既然是周天子的大夫，这里称他为武氏子，是为什么？为天子服丧（二十五个月）还没有完毕，新的天子还没有赐给他爵位。没有爵位就派他出使，是不正当的。这里不说“使”，是为什么？因为（周桓王在丧未即位，）没有君王。赠给死者的助葬物品叫

正也;求之者,非正也。周虽不求,鲁不可以不归;鲁虽不归,周不可以求之。求之为言,得不得未可知之辞也。交[4]讥之。

【经】八月,庚辰,宋公和[5]卒。

【传】诸侯日卒[6],正也。

【经】冬,十有二月,齐侯[7]、郑伯[8]盟于石门[9]。

【经】癸未,葬宋缪公[10]。

【传】日葬,故[11]也,危不得葬也。

"赗",赠给生者助葬(死者)的钱财叫"赙"。说赠送助葬物品钱财,是正当的;来讨助葬物品钱财,是不正当的。周王室即使不讨,鲁国也不可以不赠送;鲁国即使不赠送,周王室也不可以来讨这些东西。用"求"这个字,是能不能得到还未可知的话。对周王室和鲁国都讥讽。

【经】八月,庚辰日,宋公和去世。

【传】记诸侯去世的日子,是正当的。

【经】冬季,十二月,齐侯、郑伯在石门结盟。

【经】癸未日,安葬宋缪公。

【传】记葬的日子,是因为有变故,(嗣君)遇到危难,不能成礼而葬。

注释 1 孤未爵:新君周桓王还没有封他爵位。 2 无君:是说周桓王居丧,尚未即位。 3 归生者:赠送给生者以办丧事的东西。 4 交:一并,一起,都。 5 宋公和:宋穆公,名和。 6 日卒:记下去世的日期。 7 齐侯:齐僖公禄父。 8 郑伯:郑庄公寤生。 9 石门:齐地,今山东济南长清区西南。 10 宋缪(mù)公:即宋穆公。 11 故:发生变故。穆公临死,驱逐其子冯到郑国去居住,而把君位传给侄子与夷(宣公之子),导致宋督弑殇公(与夷)而迎立庄公(冯)的变乱。

隐公四年

原文

【经】四年，春，王二月，莒人伐杞[1]，取牟娄[2]。

【传】《传》曰：言伐言取，所恶[3]也。诸侯相伐取地于是始，故谨而志之也。

【经】戊申，卫祝吁[4]弑其君完[5]。

【传】大夫弑其君，以国氏者，嫌[6]也，弑而代之也。

【经】夏，公及宋公遇于清。

【传】及者，内为志[7]焉尔。遇者，志相得也。

【经】宋公、陈侯、蔡人、卫人伐郑。

【经】秋，翚帅师会宋公、陈侯、蔡人、卫人伐郑。

【传】翚者何也？公

译文

【经】鲁隐公四年，春季，周王的二月，莒人攻伐杞国，夺取牟娄。

【传】（传授经义的）《传》说：用"伐""取"这样的词，是所憎恶的。诸侯互相征伐夺取地盘从此开始，所以恭谨地记上这件事。

【经】戊申日，卫国的祝吁杀死他的国君完。

【传】大夫杀死他的君主，（称这个大夫）以国为氏的，表示有篡位之嫌，是杀死君主取而代之。

【经】夏季，鲁隐公与宋公在清相遇。

【传】说"及"，是鲁国（为主）想要会遇。说"遇"，是双方志趣相投。

【经】宋公、陈侯、蔡人、卫人攻伐郑国。

【经】秋季，翚领兵会同宋公、陈侯、蔡人、卫人攻伐郑国。

【传】翚是谁？是公子翚。这里

子翚也。其不称公子，何也？贬之也。何为贬之也？与于弑公[8]，故贬也。

【经】九月，卫人杀祝吁于濮。

【传】称人以杀，杀有罪也。祝吁之挈[9]，失嫌[10]也。其月，谨之也。于濮者，讥失贼[11]也。

【经】冬，十有二月，卫人立晋[12]。

【传】卫人者，众辞也。立者，不宜立者也。晋之名，恶也[13]，其称人以立之，何也？得众也。得众则是贤也，贤，则其曰不宜立，何也？《春秋》之义，诸侯与正而不与贤也。

不称他为公子，是为什么？是贬斥他。为什么贬斥他？因为他参与杀鲁隐公，所以贬斥他。

【经】九月，卫人在濮地杀死祝吁。

【传】说是"人"杀的，是杀有罪的人。单举祝吁（而不以国为氏），因为他有失国之嫌。记上月份，是把这事看得郑重。说"于濮"，是讥讽让杀君之贼跑到别国去了。

【经】冬季，十二月，卫国人立晋（为君）。

【传】说"卫人"，是表示人众多。说"立"，是不当立的意思。单名晋（不加"公子"），是厌恶他。这里说"人"立他为君，为什么？因为他获得了民心。获得民心就是贤人，既是贤人，这里又说"不当立"，是为什么？《春秋》的义例，对诸侯赞许正当而不赞许贤明。

注释 1 杞：国名，姒姓。初在雍丘（今河南杞县），杞成公迁缘陵（今山东昌乐东南），杞文公迁淳于（今山东安丘东北）。 2 牟娄：杞邑，在今山东诸城娄乡。 3 恶（wù）：憎恶。 4 祝吁：卫庄公所宠之少子，卫桓公庶弟。 5 完：卫庄公太子，嗣位为君，称卫桓公。 6 嫌：有篡位之嫌。 7 内为志：是鲁隐公的意愿。 8 与于弑公：参与谋杀鲁隐公。 9 祝吁之挈（jiá）：指经文直书祝吁之名。挈，谓特书其名。 10 失嫌：指有失国之嫌。 11 讥失贼：祝吁是卫国的弑君贼，当在卫国正法，而濮是陈国地界,杀之于濮,是在国外杀了他,于法不当。 **12** 晋:卫庄公子,卫桓公弟,卫宣公。 **13** 晋之名,恶也:直书其名,是厌恶他,表示立他为君是不正当的。

隐公五年

原文

【经】五年,春,公观鱼[1]于棠。

【传】传曰:常事曰视,非常曰观。礼,尊不亲小事,卑不尸大功[2]。鱼,卑者之事也,公观之,非正也。

【经】夏,四月,葬卫桓公。

【传】月葬,故[3]也。

【经】秋,卫师入郕[4]。

【传】入者,内弗受也。郕,国也。将卑师众曰师。

【经】九月,考仲子之宫[5]。

【传】考者,何也?考

译文

【经】鲁隐公五年,春季,鲁隐公到棠观看捕鱼。

【传】(传授经义的)《传》说:做常规的事叫作"视",做非常规的事叫作"观"。礼制:尊贵的人不亲自干小事,卑贱的人不主持大事。捕鱼是卑贱的人干的事,鲁隐公去看这个,不是正当的。

【经】夏季,四月,安葬卫桓公。

【传】记安葬的月份,是因为有变故。

【经】秋季,卫国军队进入郕。

【传】"入",是说所进入的地方不接纳进入者。郕,是一个国家。将领地位卑下而军队人数众多,就称作"师"。

【经】九月,考仲子的庙落成。

者，成之也，成之为夫人也。礼，庶子为君，为其母筑宫，使公子主其祭也。于子祭，于孙止。仲子者，惠公之母。隐孙而修之，非[6]隐也。

【经】初献六羽[7]。

【传】初，始也。穀梁子曰：舞《夏》[8]，天子八佾[9]，诸公六佾，诸侯四佾。初献六羽，始僭[10]乐矣。《尸子》曰：舞《夏》，自天子至诸侯皆用八佾。初献六羽，始厉乐[11]矣。

【经】邾人、郑人伐宋。

【经】螟。

【传】虫灾也。甚则月，不甚则时。

【经】冬，十有二月，辛巳，公子彄[12]卒。

【传】隐不爵命大夫，其曰公子彄何也？先君之大夫也。

【经】宋人伐郑，围长葛[13]。

【传】"考"，是什么意思？考，是庙落成，进行祭祀，使这个庙成为祭夫人的庙。礼制：庶子做君主，为他的母亲建庙，使公子主祭。在子这一代祭，到孙这一代就不祭了。仲子是鲁惠公的母亲，鲁隐公是孙子却来修庙，是指责鲁隐公。

【经】初次（在庙里）献上人数为六列的舞者手执野鸡羽毛的乐舞。

【传】"初"，是开始。穀梁子说：《夏》舞，天子八列，诸公六列，诸侯四列。初次献上六列手执羽毛的乐舞，就是开始用超越级别的乐舞了。《尸子》说：《夏》舞，从天子到诸侯都用八列舞队。初次献上六列手执羽毛的乐舞，是开始裁减乐舞的队列数了。

【经】邾国人、郑国人攻伐宋国。

【经】发生螟害。

【传】这是虫灾。厉害的就记（发生的）月份，不厉害就记季度。

【经】冬季，十二月，辛巳日，公子彄去世。

【传】鲁隐公不给大夫赐爵位，这里说"公子彄"是为什么？因为他是先君的大夫。

【经】宋人攻伐郑国，包围长葛。

【传】伐国不言围邑，此其言围，何也？久之也。伐不逾时，战不逐奔，诛不填服[14]。苞[15]人民，殴[16]牛马，曰侵。斩树木，坏宫室，曰伐。

【传】攻打国家不说包围城邑，这里说“包围”，是为什么？是认为包围时间长。攻伐不超过一个季度，作战时不追赶逃跑的，诛讨时不杀投降的人。俘获人民、驱赶牛马叫作“侵”。斩伐树木、毁坏宫室叫作“伐”。

注释 1 鱼：渔，捕鱼。 2 尸大功：主持大事。尸，主。大功，与“小事”相对而言，当是指大事。 3 故：有变故。指祝吁弑君篡位事。 4 郕(chéng)：国名，姬姓，伯爵。故城在今山东汶上北。 5 宫：庙。 6 非：指摘。 7 六羽：舞者为六列(每列八人)、以雉羽为舞具的舞蹈。 8《夏》：乐舞名，一种文舞。 9 佾(yì)：舞者的队列，每列八人。 10 僭(jiàn)：超越本分，冒用上位者的名义、礼仪或职权。 11 厉乐：降低用乐舞的等级。厉，减损，降低。 12 公子彄(kōu)：即臧僖伯，鲁国大夫，鲁孝公之子，死后谥“僖”。 13 长葛：郑国地名，在今河南长葛东北。 14 填服：镇压，制服。填，通“镇”。 15 苞：借作“俘”，俘虏。 16 殴：通“驱”，驱赶。

隐公六年

原文

【经】六年,春,郑人来输平[1]。

【传】输者,堕[2]也。平之为言,以道成[3]也。来输平者,不果成[4]也。

【经】夏,五月,辛酉,公会齐侯,盟于艾[5]。

【经】秋,七月。

【经】冬,宋人取长葛。

【传】外取邑不志,此其志,何也?久之也。

译文

【经】鲁隐公六年,春季,郑人来鲁国倾覆和平协议。

【传】"输",是毁坏的意思。"平"的意思是从道义出发达成的口头上的和约。"来输平",就是最终没有达成和平协议。

【经】夏季,五月,辛酉日,鲁隐公会见齐侯,在艾地结盟。

【经】秋季,七月。

【经】冬季,宋人夺取长葛。

【传】国外夺取城邑不记,这里记了,是为什么?是认为(攻夺时间)太久了。

注释 1 输平:把修好言和的事情弄糟了。输,毁坏,败坏。平,和平,指修好言和。 2 堕(huī):同"隳",毁坏。 3 以道成:(修好言和结盟)是用大道成就的。 4 不果成:以前的和约未能最终达成。 5 艾:鲁地,近齐,在今山东新泰西北。

隐公七年

原文

【经】七年，春，王三月，叔姬[1]归于纪[2]。

【传】其不言逆，何也？逆之道微[3]，无足道焉尔。

【经】滕[4]侯卒。

【传】滕侯无名，少曰世子，长曰君，狄道也。其不正者[5]名也。

【经】夏，城中丘[6]。

【传】城为保民为之也。民众城小则益城。益城无极。凡城之志[7]，皆讥也。

【经】齐侯使其弟年来聘[8]。

【传】诸侯之尊，弟兄不得以属通。其弟云者，以其来接于我，举其贵者

译文

【经】鲁隐公七年，春季，周王的三月，叔姬嫁到纪国。

【传】这里不说(纪国来)迎娶，是为什么？(迎者位卑，)看轻迎女的规矩，就不值得记载了。

【经】滕侯去世。

【传】对滕侯不记他的名，年少的时候称为“世子”，年长了叫他为“君”，这是用夷狄之道。那些不是君主嫡子的人，就记他们的名。

【经】夏季，筑中丘的城墙。

【传】城墙是为保卫人民而修筑的。民多城小就增修城墙，增修城墙就会没有极限。凡是记修筑城墙，都是讥讽。

【经】齐侯派他的弟弟年来鲁国聘问。

【传】诸侯尊贵，不得用兄弟亲属的名义到国外打交道。这里说“弟

也。

【经】秋，公伐邾。

【经】冬，天王使凡伯[9]来聘。

【经】戎伐凡伯于楚丘以归。

【传】凡伯者何也？天子之大夫也。国而曰伐，此一人而曰伐，何也？大天子之命也。戎者，卫也。戎卫[10]者，为其伐天子之使，贬而戎之也。楚丘，卫之邑也。以归，犹愈乎执也。

弟”，是因为他们来和我国交际，举出他们中的贵人。

【经】秋季，鲁隐公攻伐邾国。

【经】冬季，周王派凡伯来聘问。

【经】戎在楚丘攻伐凡伯，把他带回去。

【传】凡伯是什么人？是周天子的大夫。攻打国才叫“伐”，这是（凡伯）一个人怎么也叫伐？是尊重负有天子使命的人。戎，是卫国。把卫国看作戎，是因为它攻伐天子的使者。楚丘，是卫国的邑。说“把他带回去”，比说“抓起来”还好一点。

注释　1 叔姬：鲁惠公之次女，伯姬之妹。隐公二年伯姬嫁为纪君夫人。其妹今始成年，按当时礼制陪嫁过去。　2 纪：国名，姜姓，故地在今山东寿光南。　3 逆之道微：是说来迎亲的不是卿，看轻迎女的规矩。　4 滕：国名，姬姓。故地在今山东滕州西南。　5 不正者：谓非嫡子。　6 中丘：鲁地，在今山东临沂一带。　7 志：记载，书写。　8 聘：聘问，访问，问候。　9 凡伯：“凡”本国名。周公之后。凡伯世世代代担任王室卿士而以凡为采邑。凡，在今河南辉县西南。　10 戎卫：把中原的卫看作是不开化的戎。

隐公八年

原文

【经】八年，春，宋公、卫侯遇于垂[1]。

【传】不期而会曰遇。遇者，志相得也。

【经】三月，郑伯使宛来归邴。

【传】名宛，所以贬郑伯，恶与地[2]也。

【经】庚寅，我入邴。

【传】入者，内弗受也。日入，恶入者也。邴者，郑伯所受命于天子而祭泰山之邑也。

【经】夏，六月，己亥，蔡侯考父[3]卒。

【传】诸侯日卒，正也。

【经】辛亥，宿男卒。

【传】宿，微国也，未能同盟，故男卒也。

译文

【经】鲁隐公八年，春季，宋公、卫侯在垂地相遇。

【传】事前没有约定而相会叫作遇。遇，是双方志趣相投。

【经】三月，郑伯派宛来送（给鲁国）邴邑。

【传】记上宛的名，是用来贬抑郑伯，对郑伯送邴地表示反感。

【经】庚寅日，鲁国进入邴邑。

【传】“入”，是所进入的地方不接纳进入者。记进入的日子，是对进入者表示反感。邴邑，是郑伯从天子那里受赐的用来祭泰山的邑。

【经】夏季，六月，己亥日，蔡侯考父去世。

【传】记诸侯去世的日子，是正当的。

【经】辛亥日，宿国国君去世。

【传】宿是小国，未能参加同盟，

【经】秋,七月,庚午,宋公、齐侯、卫侯盟于瓦屋[4]。

【传】外盟不日,此其日,何也?诸侯之参盟于是始,故谨而日之也。诰誓[5]不及五帝[6],盟诅[7]不及三王[8],交质子[9]不及二伯[10]。

【经】八月,葬蔡宣公。

【传】月葬,故也。

【经】九月,辛卯,公及莒人盟于包来[11]。

【传】可言公及人,不可言公及大夫。

【经】冬,十有二月,无侅卒。

【传】无侅之名,未有闻焉。或曰,隐不爵大夫也。或说曰,故贬之也。

所以(不举名)用"男卒"这样的措辞。

【经】秋季,七月,庚午日,宋公、齐侯、卫侯在瓦屋结盟。

【传】国外人结盟不记日子,这里记日子,是为什么?诸侯三家同盟从这里开始,所以郑重地记下日期。(劝诫臣民将士的)文告不在五帝的时代发布,结盟和发誓不在三王的时代进行,互相以对方君主的儿子为人质,在(齐桓、晋文)两霸的时代不会有。

【经】八月,安葬蔡宣公。

【传】记葬的月份,是因为有变故。

【经】九月,辛卯日,鲁隐公与莒人在包来结盟。

【传】可以说"公及人",不可以说"公及大夫"。

【经】冬季,十二月,无侅去世。

【传】直称无侅的名(不加氏),没有听说是什么缘故。有人说,是因为鲁隐公不赐给大夫爵命。另一种说法是有意贬斥他。

注释 1 垂:卫地。 2 恶与地:认为郑伯将邴送给鲁以换取好处是一件可恶的事。 3 蔡侯考父:蔡国君,名考父。 4 瓦屋:周地,疑在今河南温县西北。 5 诰誓:远古帝王发布的文告,《尚书》中有六誓七诰。 6 五帝:通常指黄帝、颛顼、帝喾、帝尧、帝舜。 7 盟诅:即"盟誓",大事叫“盟”,小事叫“诅”。 8 三王:指夏禹、商汤、周武王。 9 质子:人质,因用作人质的多是王子或世子,所以叫“质子”。 10 二伯:指齐桓公、晋文公二霸。 11 包来:莒邑,在今山东莒县西。

隐公九年

原文

【经】九年,春,天王使南季来聘。

【传】南,氏姓[1]也。季,字也。聘,问也。聘诸侯,非正也。

【经】三月,癸酉,大雨,震,电。

【传】震,雷也。电,霆也。

【经】庚辰,大雨雪。

【传】志疏数[2]也。八日之间,再有大变,阴阳错行,故谨而日之也。雨月志,正也。

【经】侠卒。

【传】侠者,所侠也。弗大夫者,隐不爵大夫也。隐

译文

【经】鲁隐公九年,春季,周王派南季来鲁国聘问。

【传】南,是以姓为氏。季,是字。聘,是问候的意思。(天子)聘问诸侯,不是正当的。

【经】三月,癸酉日,大雨,雷鸣,电闪。

【传】震,是雷震。电,是闪电。

【经】庚辰日,下大雪。

【传】这是记灾异的疏密。八日之内,发生两次灾变,阴阳错乱,所以郑重地记下日子。下雨记月份,是正常的。

【经】侠去世了。

【传】侠,是所侠。不说他是大夫,是因为隐公不赐大夫的爵命。

之不爵大夫，何也？曰：不成为君也。

为什么隐公不赐大夫的爵命？（回答）说：他不认为自己是国君。

【经】夏，城郎[3]。

【经】夏季，修筑郎的城墙。

【经】秋，七月。

【经】秋季，七月。

【传】无事焉，何以书？不遗时[4]也。

【传】没有事，为什么(也)写“秋季，七月”？是不遗漏每一个季度。

【经】冬，公会齐侯于防[5]。

【经】冬季，鲁隐公在防地会见齐侯。

【传】会者，外为主焉尔。

【传】说“会”，表示国外的为主。

注释 1 氏姓：以姓为氏。 2 疏数(cù)：疏密，偏指密，频数。 3 郎：鲁邑。鲁有两郎，此郎近于鲁都曲阜。 4 时：春夏秋冬四时。 5 防：鲁地，在今山东费县东北。

隐公十年

原文

【经】十年，春，王二月，公会齐侯、郑伯于中丘。

【经】夏，翚帅师会齐人、郑人伐宋。

【经】六月，壬戌，公败宋师于菅[1]。

译文

【经】鲁隐公十年，春季，周王的二月，鲁隐公在中丘会见齐侯、郑伯。

【经】夏季，翚领兵会合齐人、郑人攻伐宋国。

【经】六月，壬戌日，鲁隐公在菅地打败宋国军队。

【传】《春秋》不说鲁国作战，这里

【传】内[2]不言战，举其大者也。

【经】辛未，取郜。辛巳，取防[3]。

【传】取邑不日，此其日，何也？不正其乘败人而深为利，取二邑，故谨而日之也。

【经】秋，宋人、卫人入郑。宋人、蔡人、卫人伐载[4]。郑伯伐取之。

【传】不正其因人之力而易取之，故主其事也。

【经】冬，十月，壬午，齐人、郑人入郕。

【传】入者，内弗受也。日入，恶入者也。郕，国也。

是举重大的（说"败"，战自明）。

【经】辛未日，夺取郜。辛巳日，夺取防。

【传】夺取城邑不记日子，这里为什么记日子？乘打败别人之机获得重利，夺取二邑，《春秋》不认为这样做是正当的，所以郑重地记下日期。

【经】秋季，宋人、卫人进入郑国。宋人、蔡人、卫人攻伐载国。郑伯攻伐它并占为己有。

【传】凭借别人的力量轻易地夺取载国，《春秋》不认为这样做是正当的，所以让郑伯主持其事（，成为灭载的罪人）。

【经】冬季，十月，壬午日，齐人、郑人进入郕。

【传】"入"，是说所进入的地方不接纳进入者。记进入的日子，是对进入者表示反感。郕，是一个国家。

注释 1 菅：宋地。 2 内：指鲁国。 3 防：本宋地，鲁取之。于是鲁有东西二防，此为西防。九年"会齐侯于防"，彼防为东防。
4 载：国名，姬姓。地在今河南民权东北。

隐公十一年

原文

【经】十有一年，春，滕侯、薛侯来朝。

【传】天子无事，诸侯相朝，正也。考[1]礼修德，所以尊天子也。诸侯来朝，时，正也。犆言[2]，同时[3]也。累数[4]，皆至也。

【经】夏，五月，公会郑伯于时来[5]。

【经】秋，七月，壬午，公及齐侯、郑伯入许[6]。

【经】冬，十有一月，壬辰，公薨。

【传】公薨不地，故也[7]。隐之，不忍地也。其不言葬，何也？君弑，贼不讨，不书葬，以罪下也。隐十年无正，隐不自正[8]也。元年有正，所以

译文

【经】鲁隐公十一年，春季，滕侯、薛侯来朝见。

【传】天子无事，诸侯互相朝见，是正当的。演习礼仪、进修德行，是尊敬天子的行为。诸侯来朝，记季度，是正当的。分别记，(他们来)是同一个季度。一起说，是在同一天到。

【经】夏季，五月，鲁隐公在时来会见郑伯。

【经】秋季，七月，壬午日，鲁隐公与齐侯、郑伯进入许国。

【经】冬季，十一月，壬辰日，鲁隐公去世。

【传】鲁隐公去世而不记地点，因为有变故。哀痛他，不忍心写地点。《春秋》不说(隐公)下葬，是为什么？君被杀，没有讨伐杀君的贼人，不记下葬，是用来责备臣和子的。鲁隐公(后)十年没有记正月，是鲁隐公自己不愿意使君位合法化。鲁隐公元年有正月，是用来

正隐[9]也。 ‖ 说明鲁隐公是堂堂正正的国君。

注释 1 考:成。这里与“修”相对为文,意思是修习。 2 犆言:单另说,分别说。犆,同“特”。 3 同时:同一个季节。 4 累数:接连列出。如这里说“滕侯、薛侯”。 5 时来:郑地。 6 许:国名,姜姓。其地约在今河南许昌一带。 7 故也:是因为有异常的变故。实指隐公被弑。8 自正:自己正位为君。 9 正隐:承认隐公是名正言顺的国君。

桓公

桓公元年

原文

【经】元年，春，王正月。[1]

【传】桓无王，其曰王，何也？谨始也。其曰无王，何也？桓弟弑兄，臣弑君，天子不能定，诸侯不能救，百姓不能去。以为无王之道，遂可以至焉尔。元年有王，所以治[2]桓也。

【经】公[3]即位。

【传】继故[4]不言即位，正也。继故不言即位之为正，何也？曰：先君不以其道终，则子弟不忍即位也。继故而言即位，则是与闻乎弑也。继故而言即位，

译文

【经】鲁桓公元年，春季，周王的正月。

【传】桓公（心目中）无王，这里说“王”，是为什么？是郑重地记载（桓公）开始（即位）。说桓公“无王”是为什么？桓公是弟弟，他杀死兄长，是臣下杀死君主，周天子不能纠正，诸侯不能挽救，百姓不能灭除（他）。《春秋》以为在道义上无王竟可到达这种程度！元年（经文中）有“王”，是用来声讨鲁桓公的。

【经】鲁桓公即位。

【传】接着先君有变故而为君，不说“即位”，这是正当的。为什么接着先君有变故为君不说“即位”是正当的？（回答）说：先君死于非命，子弟不忍心行即位之礼（所以不说“即位”）。

是为与闻乎弑,何也?曰:先君不以其道终,己正即位之道而即位,是无恩于先君也。

【经】三月,公会郑伯于垂。

【传】会者,外为主焉尔。

接着先君有变故为君,却又说"即位",那就是介入了杀先君的事。为什么接着先君有变故为君又说"即位",就是介入了杀先君的事?(回答)说:先君已死于非命了,自己却按正常的即位的规矩即位,这就是对先君不讲恩义。

【经】三月,鲁桓公在垂地会见郑伯。

【传】说"会",是国外的人为主。

注释 1 元年:鲁桓公元年,公元前711年。旧本"王"字下附《传》,"正月"在下面《经文》"公即位"之上。钟文蒸《穀梁补注》认为这不合全书附经之例,是合经者的错误。今据此将"正月"挪置"王"字之下。 2 治:犹声讨。 3 公:鲁桓公。名轨(《史记·鲁世家》以为名允),鲁惠公子,隐公异母弟,母为仲子。在位十八年。谥桓。 4 故:变故,指君被弑。

【经】郑伯以璧假[1]许田。

【传】假不言以,言以非假也。非假而曰假,讳易地也。礼,天子在上,诸侯不得以地相与也。无田则无许可知矣。不言许,不与许也。许田者,鲁朝宿之邑[2]也。邴者,郑伯之所受命而祭泰山之邑[3]也。用见鲁之不朝于周,而郑之不祭泰山也。

【经】郑伯用玉璧借用许田。

【传】借就不当说"用(玉璧)",说"用(玉璧)"就不是借。不是借却说借,是隐讳交换土地。礼制:天子在上,诸侯不得(自行)把土地相互给予。没有(许的)田地,就没有许(邑),这是可想而知的。不说许(而说许田),是没有把许邑给郑国。许田,是(鲁)朝天子时住宿的邑。邴,是郑伯受赐于天子(随同天子)祭泰山的邑。用(记载交换土地)

【经】夏,四月,丁未,公及郑伯盟于越[4]。

【传】及者,内为志焉尔。越,盟地之名也。

【经】秋,大水。

【传】高下有水灾曰大水。

【经】冬,十月。

【传】无事焉,何以书?不遗时也。《春秋》编年,四时具而后为年。

来表示鲁不朝周王、郑不祭泰山。

【经】夏季,四月,丁未日,鲁桓公与郑伯在越结盟。

【传】"及",是(表示)鲁国要这样做。越,是结盟地点的名称。

【经】秋季,发大水。

【传】高处低处都有水灾叫"大水"。

【经】冬季,十月。

【传】没有事,为什么记?是因为不遗漏每一个季度。《春秋》编年记事,四季齐备才是一年。

注释 1 假:借,借用。 2 朝宿之邑:朝见天子居住的地方,实是一小块封地。 3 受命而祭泰山之邑:受天子所赐,随从天子祭泰山的休歇处,也是一小块封地。 4 越:卫地,在今山东曹县附近。

桓公二年

原文

【经】二年,春,王正月,戊申,宋督[1]弑其君与夷[2]及其大夫孔父[3]。

【传】桓无王,其曰王,何也?正与夷之卒[4]也。孔父先死,其

译文

【经】鲁桓公二年,春季,周王的正月,戊申日,宋国的督杀死他的国君与夷以及宋国的大夫孔父。

【传】鲁桓公无王,这里说"王",是什么意思?是说应当按照王的规矩正确地对待与夷的死。孔父先死,这

曰“及”，何也？书尊及卑，《春秋》之义也。孔父之先死，何也？督欲弑君，而恐不立[5]，于是乎先杀孔父。孔父，闲[6]也。何以知其先杀孔父也？曰：子既死，父不忍称其名；臣既死，君不忍称其名，以是知君之累之也。孔，氏；父，字，谥也。或曰：其不称名，盖为祖讳也。孔子故宋[7]也。

里说“及（孔父）”，是为什么？先记尊上的，再及卑下的，这是《春秋》的义例。孔父先死，是怎么一回事？督想杀国君，恐怕不能成功，于是先杀孔父。孔父是（国君的）保卫者。怎么知道先杀孔父？（回答）说：子已死，父不忍心称他的名；臣已死，君不忍称他的名，由此知道是国君连及他。孔是氏；父是字，也是谥号。有人说：《春秋》不称孔父的名，大概是为祖宗隐讳。（修《春秋》的）孔子祖籍是宋国人。

注释 **1** 宋督：名督，字华(huà)父，宋戴公之孙。因为他以臣弑君，经文贬他，所以写成“宋国的督”。 **2** 与夷：宋殇公之名。 **3** 孔父：名嘉，正考父之子，孔子的祖先。 **4** 正与夷之卒：表示经书写与夷的死，是被弑的，这样写是正当合道的。 **5** 不立：谓事不成。 **6** 闲：捍卫，保卫。 **7** 故宋：以宋为故，为祖籍。

【经】滕子来朝。

【经】三月，公会齐侯、陈侯、郑伯于稷[1]，以成宋乱[2]。

【传】以者，内为志[3]焉尔。公为志乎成是乱也。此成矣，取不成事

【经】滕子来鲁国朝见。

【经】三月，鲁桓公在稷地会见齐侯、陈侯、郑伯，以使宋乱成功。

【传】“以”，表示鲁国有意如此。鲁桓公想要宋乱成功。（宋督杀与夷立冯为君，）这乱事已成功了，（又说“使宋乱成功”，）拿事情没有办成的

之辞[4]而加之焉，于内之恶，而君子无遗焉尔。

话加上去，对于鲁君的过恶，(修史)君子在这里就表露无遗了。

【经】夏，四月，取郜大鼎于宋。戊申，纳于太庙。

【经】夏季，四月，从宋国取来郜的大鼎。戊申日，(把它)安放在太庙。

【传】桓内弑其君，外成人之乱，受赂而退，以事其祖，非礼也。其道以周公为弗受也。郜鼎者，郜之所为也。曰宋，取之宋也，以是为讨[5]之鼎也。孔子曰：名从主人，物从中国，故曰郜大鼎也。

【传】鲁桓公在国内杀死国君，在国外使别人作乱成功，接受贿赂回国，用来侍奉祖宗，不合于礼。这样做，《春秋》认为周公不会接受。郜鼎，是郜国所铸造。说“宋”，是从宋国取来的，将它作为对讨伐乱事国家的贿赂。孔子说：器名从做器的主人，宝物名从占有它的中原诸侯国，所以叫作“郜国的大鼎”。

注释 1 稷：宋地。 2 成宋乱：意思是使宋弑君之乱得以成功。 3 内为志：是鲁(桓公)的意愿。 4 不成事之辞：指“宋未生乱”这样的话。 5 以是为讨：意思是责其弑君而得。

【经】秋，七月，纪侯来朝。

【经】秋季，七月，纪侯来鲁国朝见。

【传】朝，时；此其月，何也？桓内弑其君，外成人之乱，于是为[1]齐侯、陈侯、郑伯讨数日以赂[2]。已[3]即是事而朝之，恶之，故谨而月之也。

【传】朝见，记季度；这里记月份，是什么缘故？鲁桓公在国内杀死君主，在国外使别人作乱成功，于是为齐侯、陈侯、郑伯(向宋国)数着日子讨钱财。在发生这些事情的时候，纪国却来朝鲁，认为这是过恶，所以郑重地为此事记上月份。

【经】蔡侯、郑伯会于邓[4]。

【经】九月，入杞。

【传】我入之也。

【经】公及戎盟于唐。

【经】冬，公至自唐。

【传】桓无会，而其致[5]，何也？远之[6]也。

【经】蔡侯、郑伯在邓地相会。

【经】九月，进入杞国。

【传】是鲁国进入。

【经】鲁桓公与戎在唐结盟。

【经】冬季，鲁桓公从唐回来。

【传】鲁桓公（的记载中）没有记从会回来的，这时却记从唐回来，是什么缘故？是认为距离远（恐有危险）。

注释　1 为：犹与也。　2 以赂：为了接受贿赂钱财。　3 己：即“纪”，指纪侯。　4 邓：蔡地。　5 致：经文写“至自”。　6 远之：认为鲁都至唐路远，恐生变故。

桓公三年

原文

【经】三年，春，正月，公会齐侯于嬴[1]。

【经】夏，齐侯、卫侯胥命[2]于蒲[3]。

【传】胥之为言，犹相也。相命而信谕[4]，谨言而退，以是为近古也。是必一人先。其以相言之，何也？不以齐侯命卫侯也。

译文

【经】鲁桓公三年，春季，正月，桓公在嬴地会见齐侯。

【经】夏季，齐侯、卫侯在蒲地达成约定。

【传】“胥”的意思如同“相”。相命就能做到互信互谅，口头上约定就散会，认为这样接近于古代的做法。这一定有一方先提出倡议。《春秋》说“相”，是什么缘故？是不让（人

【经】六月，公会杞侯于郕。

【经】秋，七月，壬辰，朔，日有食之，既[5]。

【传】言日言朔，食正朔也。既者尽也，有继之辞[6]也。

【经】公子翚如齐逆女。

【传】逆女，亲者也。使大夫，非正也。

感到）齐侯命令卫侯（，所以这样说）。

【经】六月，鲁桓公在郕地会见杞侯。

【经】秋季，七月，壬辰日，朔日，发生日食，太阳完全被遮住。

【传】说哪一天，（又）说"朔日"，是日食正在朔日。"既"就是尽了，是说会再生。

【经】公子翚到齐国迎娶女子。

【传】迎娶女子，（应该）是国君亲自去。派大夫去，是不正当的。

注释 1 嬴：齐地，故城在今山东济南莱芜区。 2 胥命：诸侯相见相约而不盟誓。 3 蒲：卫地，在今河南长垣。 4 信谕：互信互谅。谕，明白，领会。 5 既：尽，是说日全食。 6 有继之辞：这话是说，日虽全食，而日还在。

【经】九月，齐侯[1]送姜氏[2]于讙[3]。

【传】礼，送女，父不下堂，母不出祭门[4]，诸母兄弟不出阙门[5]。父戒之曰："谨慎从尔舅[6]之言！"母戒之曰："谨慎从尔姑[7]之言！"诸母般[8]，申之曰："谨慎从尔父母之言！"送

【经】九月，齐侯送姜氏到讙地。

【传】礼制：送女，父亲不下庙堂，母亲不出庙门，同父兄弟姊妹不出楼门。父亲告诫她说："谨慎地听从你公公的话！"母亲告诫她说："谨慎地听从你婆婆的话！"庶母们为她佩带荷包，再次告诫她说："谨慎地听从你父母的话！"送女越过

女逾竟，非礼也。

【经】公会齐侯于讙。

【传】无讥乎？曰：为礼也。齐侯来也，公之逆而会之，可也。

【经】夫人姜氏至自齐。

【传】其不言翚之以来，何也？公亲受之于齐侯也。子贡[9]曰："冕[10]而亲迎，不已[11]重乎？"孔子曰："合二姓之好，以继万世之后，何谓已重乎？"

【经】冬，齐侯使其弟年来聘。

【经】有年。

【传】五谷[12]皆熟，为有年也。

国境，是不合于礼的。

【经】鲁桓公在讙地会见齐侯。

【传】(《春秋》对此)没有讥讽吗？(回答)说：(会见)是符合礼制的。齐侯来了，鲁桓公迎接他并与他会见，是可以的。

【经】夫人姜氏从齐国来到鲁国。

【传】这里不说翚领她来，是什么缘故？是鲁桓公亲自从齐侯那里迎接到的。子贡说："戴上冠冕迎亲，不是太隆重了吗？"孔子说："使两姓的人结合相好，接续万世的后嗣，怎么能说是太隆重了呢？"

【经】冬季，齐侯派他的弟弟年来鲁国聘问。

【经】丰收年。

【传】五谷都成熟，就是丰收年。

注释 1 齐侯：齐僖公。 2 姜氏：齐僖公之女，嫁鲁桓公，史称"文姜"。 3 讙(huān)：鲁地，当在今山东宁阳西北。 4 祭门：即庙门。 5 阙门：宫室前的楼门。 6 舅：夫之父，公公。 7 姑：夫之母，婆婆。 8 般：同"鞶(pán)"，荷包，内装日用小件，以供舅姑之用。这里用作动词，佩带荷包。 9 子贡：姓端木，名赐，子贡是他的字，卫人，孔子弟子。 10 冕(miǎn)：礼帽。这里指鲁侯戴着礼帽。 11 已：太，过分。 12 五谷：黍、稷、稻、麦、菽。

桓公四年

原文

【经】四年，春，正月，公狩于郎[1]。

【传】四时之田[2]，皆为宗庙之事也。春曰田，夏曰苗，秋曰蒐，冬曰狩。四时之田用三焉，唯其所先得，一为干豆[3]，二为宾客，三为充君之庖[4]。

【经】夏，天王使宰渠伯纠[5]来聘。

译文

【经】鲁桓公四年，春季，正月，鲁桓公在郎地打猎。

【传】四季田猎，都是为宗庙的事。春季(打猎)叫作“田”，夏季叫作“苗”，秋季叫作“蒐”，冬季叫作“狩”。四季的田猎有三类用途，依照所得先后顺序而定：一是把所猎得的兽肉风干，放在祭器豆中，供祭祀用；二是供敬宾客用；三是充实君主的厨房(供君主自食)。

【经】夏季，周王使宰渠伯纠来鲁国聘问。

注释 1 郎：鲁地，离曲阜约200里，与隐公九年之郎异。 2 田：通“畋”，打猎。 3 干豆：将猎物晒干，祭祀时放在祭器(豆)里，祭祀神祇和祖先用。 4 充君之庖：放到国君的厨房里去，供国君食用。 5 宰渠伯纠：周王的宰官渠伯纠。

桓公五年

原文

【经】五年,春,正月,甲戌、己丑[1],陈侯鲍[2]卒。

【传】鲍卒,何为以二日卒之?《春秋》之义,信以传信,疑以传疑。陈侯以甲戌之日出,己丑之日得,不知死之日,故举二日以包也。

【经】夏,齐侯、郑伯如纪。

【经】天王使任叔之子来聘。

【传】任叔之子者,录[3]父以使子也。故微其君臣而著其父子,不正父在子代仕之辞也。

【经】葬陈桓公。

【经】城祝丘[4]。

【经】秋,蔡人、卫人、

译文

【经】鲁桓公五年,春季,正月,甲戌日、己丑日,陈侯鲍去世。

【传】陈侯鲍去世,为什么用两天记他的去世?《春秋》的义例:可靠就记载可靠,可疑就记载可疑。陈侯在甲戌那一天外出,到己丑那一天找到,不知道死在哪一天,所以举出这两天来把这段时间都包括进去。

【经】夏季,齐侯、郑伯到纪国。

【经】周王派任叔的儿子来鲁国聘问。

【传】记"任叔之子",是记载父亲使儿子代庖。所以使他们的君臣关系暗昧,而使他们的父子关系显明,这样措辞是不承认父亲活着儿子代他做官是正当的。

【经】安葬陈桓公。

【经】筑祝丘的城墙。

【经】秋季,蔡人、卫人、陈人随从

陈人从王伐郑。

【传】举从者之辞也。其举从者之辞,何也?为天王讳伐郑也。郑,同姓之国也,在乎冀州[5],于是不服,为天子病矣。

【经】大雩[6]。

【经】螽[7]。

【传】螽,虫灾也。甚则月,不甚则时。

【经】冬,州[8]公如曹[9]。

【传】外相如不书,此其书,何也?过我也。

周王攻伐郑国。

【传】这是举出随从的国家的话。举出随从的国家的话,有什么用意?是为周王隐讳攻伐郑国。郑国是(天子)同姓国,位于冀州,从此不服,成为天子的忧患了。

【经】举行大雩祭(求雨)。

【经】蝗虫(为害)。

【传】蝗虫(为害),这是虫灾。严重就记月份,不严重就记季度。

【经】冬季,州公到曹国。

【传】国外人互相进入他国不记,这里记,是为什么?因为从鲁国经过。

注释 1 甲戌、己丑:甲戌,上年十二月二十一日,己丑,此年正月六日,中隔14天。 2 陈侯鲍:陈桓公,名鲍。疑患精神病。 3 录:记载。 4 祝丘:鲁地,故城当在今山东临沂东。 5 在乎冀州:犹说近于王畿。《尚书·禹贡》以冀、兖、青、徐、扬、荆、豫、梁、雍为九州,包举中国。而古人常以冀州为中州,为王都所在。 6 雩(yú):求雨之祭。按《榖梁》例,雩祭在七月举行。 7 螽(zhōng):蝗虫。 8 州:国名,姜姓。都淳于(今山东安丘东北)。 9 曹:姬姓国。都陶丘(今山东菏泽定陶区西南)。

桓公六年

原文

【经】六年，春，正月，寔来。

【传】寔来者，是[1]来也。何谓是来？谓州公也。其谓之是来，何也？以其画[2]我，故简言之也。诸侯不以过相朝也。

【经】夏，四月，公会纪侯于郕。

【经】秋，八月，壬午，大阅。

【传】大阅者何？阅兵车[3]也。修教明谕[4]，国道也。平而修戎事，非正也。其日，以为崇武，故谨而日之，盖以观妇人[5]也。

【经】蔡人杀陈佗。

译文

【经】鲁桓公六年，春季，正月，寔来鲁国。

【传】"寔来"，就是这个人来。"这个人来"指谁？指州公。这里说"这个人来"，是什么用意？因为他对我国无礼，所以简慢地说到这事。因为诸侯不趁路过的时候朝见。

【经】夏季，四月，鲁桓公在郕会见纪侯。

【经】秋季，八月，壬午日，大检阅。

【传】大检阅什么？检阅兵车。修习先王之教，让人民明白地知晓，是治国之道。平时无事却演习军事，不是正当的。经文记载日期，认为这是崇尚武事，所以郑重地记上日子，大概是以此让妇人观看（以取悦于她）。

【经】蔡人杀了陈佗。

【传】陈佗，是陈国的君主。这里

【传】陈佗者，陈君也。其曰陈佗，何也？匹夫行，故匹夫称之也。其匹夫行奈何？陈侯憙猎，淫猎于蔡，与蔡人争禽。蔡人不知其是陈君也，而杀之。何以知其是陈君也？两下相杀，不道。[6]其不地，于蔡也。

【经】九月，丁卯，子同[7]生。

【传】疑[8]，故志之。时曰：同乎人[9]也。

【经】冬，纪侯来朝。

说"陈佗"，是什么缘故？他像庶人一样行事，所以也就用庶人的称呼来称呼他。他像庶人一样行事是怎样的？陈侯喜欢打猎，放肆在蔡国(地盘内)打猎，和蔡国人争夺猎物。蔡国人不知道他是陈的国君，就把他杀了。又怎么知道他是陈的国君呢？如果臣下双方相杀，《春秋》不会提起。这里没有记地点，是在蔡国。

【经】九月，丁卯日，子同出生。

【传】因为有怀疑，所以记载这事。当时人说：(子同)长得像别人。

【经】冬季，纪侯来鲁国朝见。

注释　1 是：近指代词，这个人。　2 画：鲁人语，谓简慢无礼。　3 阅兵车：检阅兵车和驾车的马。　4 修教明谕：修习先王的教导，以明白告晓大众。　5 观妇人：让妇人观看，让她高兴。妇人，指鲁桓公夫人。　6 两下相杀，不道：臣下双方厮杀，是不会记载于史书上的。　7 子同：鲁桓公嫡子鲁庄公。　8 疑：疑其非鲁桓公血脉。　9 人：谓他人，非鲁桓公本人。

桓公七年

原文

【经】七年,春,二月,己亥,焚咸丘[1]。

【传】其不言邾咸丘,何也?疾其以火攻也。

【经】夏,穀[2]伯绥来朝。邓[3]侯吾离来朝。

【传】其名,何也?失国也。失国,则其以朝言之,何也?尝以诸侯与之接矣,虽失国,弗损吾异日也。

译文

【经】鲁桓公七年,春季,二月,己亥日,火攻咸丘。

【传】这里不说邾国的咸丘,是什么缘故?谴责那用火攻邑的行为。

【经】夏季,穀伯绥来鲁国朝见。邓侯吾离来鲁国朝见。

【传】这里记上(两位国君的)名,是为什么?(他们的)国家亡了。国家亡了,这里又说他们朝见,是为什么?曾经以诸侯的等级和他们交际,虽然(他们的)国亡了,但鲁国不降低以前对他们的礼遇。

注释 1 咸丘:邾地,在今山东巨野东南。2 穀:国名,故城在今湖北谷城西北。 3 邓:曼姓国,故城在今河南邓州。

桓公八年

原文

【经】八年，春，正月，己卯，烝[1]。

【传】烝，冬事也，春兴之，志不时也。

【经】天王使家父[2]来聘。

【经】夏，五月，丁丑，烝。

【传】烝，冬事也。春夏兴之，黩[3]祀也。志不敬也。

【经】秋，伐邾。

【经】冬，十月，雨雪。

【经】祭公[4]来，遂逆王后于纪。

【传】其不言使焉，何也？不正其以宗庙之大事，即谋于我，故弗与使也。遂，继事之辞也。

译文

【经】鲁桓公八年，春季，正月，己卯日，举行烝祭。

【传】烝祭，是冬天的事，到春天来举行，是记载不按时(祭祀)。

【经】周王派家父来鲁国聘问。

【经】夏季，五月，丁丑日，举行烝祭。

【传】烝祭，是冬天的事。春天夏天举行这样的祭祀，就是对祭祀轻慢。这是记(对祭祀)不恭敬。

【经】秋季，攻伐邾国。

【经】冬季，十月，下雪。

【经】祭公来鲁国，接着就到纪国迎接王后。

【传】这里不说(受周王)派遣，是什么缘故？不认为他与鲁国商议宗庙大事是正当的，所以不赞许(天子这样的)派遣(，因而不记)。“遂”，是接着办事的话。这里说接着就说“迎接王

其曰遂逆王后，故略[5]之也。或曰：天子无外，王命之则成矣。

后”（不说“迎女”），是行文有简略。有的说：天子没有境内境外，王命令这样，就是这样了。

注释 1 烝：冬祭名。 2 家父：天子大夫。家，氏；父，字。 3 黩(dú)：轻慢，亵渎。 4 祭(zhài)公：王室三公。代天子来迎王后。 5 略：不称“逆女”，直称“逆王后”，是简略。

桓公九年

原文

【经】九年，春，纪季姜归于[1]京师。

【传】为之中者[2]归之也。

【经】夏，四月。

【经】秋，七月。

【经】冬，曹伯使其世子射姑[3]来朝。

【传】“朝”不言“使”，言“使”，非正也。使世子伉[4]诸侯之礼而来朝，曹伯失正矣。诸侯相见曰朝。以待人父之道待

译文

【经】鲁桓公九年，春季，纪国的季姜嫁到京师。

【传】（谁嫁她？）替她做媒的人嫁她。

【经】夏季，四月。

【经】秋季，七月。

【经】冬季，曹伯派他的世子射姑来鲁国朝见。

【传】朝就不说派，说派就不守正道了。派遣世子以相当于诸侯之礼来朝见，是曹伯不守正道了。诸侯相见叫作“朝”。用待人家父亲的礼节来待人家的儿子，就鲁国来说，也是不

人之子,以内为失正矣。内失正,曹伯失正,世子可以已矣,则是故命[5]也。《尸子》曰:“夫已[6],多乎道。”

守正道了。(使)鲁国不守正道,曹伯不守正道,世子原是可以不来的,(但如果不来)就又是背弃(父亲的)教命。《尸子》说:“停止这类做法,合乎道义的成分还多些。”

注释 1 归于:等于说嫁到。 2 为之中者:指鲁国。纪姜入嫁天子为后,鲁的作用有点像是主婚人,是经过鲁中介的。 3 世子射(yè)姑:太子名射姑。世子,王和诸侯与正妻所生长子,即太子。 4 伉:对等。 5 故命:据石经及《太平御览》引,“故”字误,当作“放”,放命即违命。 6 已:停止(以待父之礼待其子)这类做法。

桓公十年

原文

【经】十年,春,王正月,庚申,曹伯终生[1]卒。

【传】桓无王,其曰王,何也?正终生之卒也。

【经】夏,五月,葬曹桓公。

【经】秋,公会卫侯于桃丘[2],弗遇。

【传】弗遇者,志不相

译文

【经】鲁桓公十年,春季,周王的正月,庚申日,曹伯终生去世。

【传】鲁桓公无王,这里说“王”,是为什么?是正常地记载终生去世。

【经】夏季,五月,安葬曹桓公。

【经】秋季,鲁桓公在桃丘会晤卫侯,没有遇见。

【传】“弗遇”,是说(双方)心

得也。弗,内辞也。

【经】冬,十有二月,丙午,齐侯、卫侯、郑伯来战于郎[3]。

【传】来战者,前定之战也。内不言战,言战则败也。不言其人,以吾败也。不言及者,为内讳也。

意不相合。说“弗”,是从鲁国方面说的。

【经】冬季,十二月,丙午日,齐侯、卫侯、郑伯来到郎作战。

【传】说“来战”,是此前约定的战斗。在鲁国不说“作战”,说“作战”就是被打败了。不说作战的指挥人,是因为我方失败了。不说与谁作战,是为鲁国隐讳。

注释 1 曹伯终生:曹桓公,名终生。 2 桃丘:卫地,在今山东阳谷东陶城铺。 3 郎:这是鲁都曲阜近郊的郎。

桓公十一年

原文

【经】十有一年,春,正月,齐人、卫人、郑人盟于恶曹。

【经】夏,五月,癸未,郑伯寤生卒。

【经】秋,七月,葬郑庄公。

【经】九月,宋人执郑祭仲。

译文

【经】鲁桓公十一年,春季,正月,齐人、卫人、郑人在恶曹结盟。

【经】夏季,五月,癸未日,郑伯寤生去世。

【经】秋季,七月,安葬郑庄公。

【经】九月,宋人拘捕郑国的祭仲。

【传】“宋人”,是宋公。这里说“人”,是为什么?是贬斥他。

【传】宋人者，宋公也。其曰人，何也？贬之[1]也。

【经】突归于郑。

【传】曰突，贱之也。曰归，易[2]辞也。祭仲易其事，权在祭仲也。死君难，臣道也。今立恶而黜正，恶祭仲也。

【经】郑忽出奔卫。

【传】郑忽者，世子忽也。其名，失国也。

【经】柔会宋公、陈侯、蔡叔，盟于折。

【传】柔者何？吾大夫之未命者也。

【经】公会宋公于夫钟[3]。

【经】冬，十有二月，公会宋公于阚[4]。

【经】突回到郑国。

【传】说"突"，（直呼其名，）是认为他卑贱。说"归"，是表示容易的话。祭仲轻易地办成那事，是因为权在祭仲手里。为君蒙难而死，是为臣之道。现在（祭仲）立恶人为君，废除应当为君的，（表示容易）是谴责祭仲。

【经】郑忽出逃到卫国。

【传】郑忽，是（郑国）世子忽。这里记他的名，是因为他失去了国家。

【经】柔会见宋公、陈侯、蔡侯，在折地结盟。

【传】柔是什么人？是鲁国还没有受到（正式）任命的大夫。

【经】鲁桓公在夫钟会见宋公。

【经】冬季，十二月，鲁桓公在阚地会见宋公。

注释 1 贬之：祭仲为郑卿。郑庄公逝世，祭仲立郑庄公嫡子忽为君。郑庄公庶子名"突"的，是宋国雍氏女所生。雍氏有宠于宋庄公，宋庄公想立外甥为郑君，便引诱祭仲，逮住他，说："不立突，将死。"同时又执突，要他答应回国为君，送给宋一笔厚礼。结果祭仲和宋公盟誓，带突回国立为郑君。据此，《穀梁》以为宋公这种行为极不道德，所以贬他。 2 易：轻易，容易。 3 夫(fú)钟：郕邑，在今山东汶上东北。 4 阚(kàn)：鲁地，在今山东汶上西南。

桓公十二年

原文

【经】十有二年，春，正月。

【经】夏，六月，壬寅，公会纪侯、莒子，盟于曲池[1]。

【经】秋，七月，丁亥，公会宋公、燕人[2]，盟于穀丘[3]。

【经】八月，壬辰，陈侯跃[4]卒。

【经】公会宋公于虚[5]。

【经】冬，十有一月，公会宋公于龟[6]。

【经】丙戌，公会郑伯，盟于武父[7]。

【经】丙戌，卫侯晋[8]卒。

【传】再称日，决日义[9]也。

【经】十有二月，及郑师伐宋。丁未，战于宋。

【传】非[10]与所与伐[11]

译文

【经】鲁桓公十二年，春季，正月。

【经】夏季，六月，壬寅日，鲁桓公会见纪侯、莒子，在曲池结盟。

【经】秋季，七月，丁亥日，鲁桓公会见宋公、燕人，在穀丘结盟。

【经】八月，壬辰日，陈侯跃去世。

【经】鲁桓公在虚地会见宋公。

【经】冬季，十一月，鲁桓公在龟地会见宋公。

【经】丙戌日，鲁桓公会见郑伯，在武父结盟。

【经】丙戌日，卫侯晋去世。

【传】两次称(丙戌)日，是判明“日”的意义(，这是同一天发生的事)。

【经】十二月，与郑军攻伐宋国。丁未日，在宋国作战。

【传】这是谴责与和他同盟共同战斗的国家(郑)作战。不说与

战也。不言与郑战，耻不和也。于伐与战[12]，败也。内讳败，举其可道者也。

郑作战，是以（与盟军）不和为耻辱。在伐宋时与郑作战，是被打败了。为鲁败隐讳，只说出那可以说的话。

注释　1 曲池：鲁地。在今山东宁阳东北。　2 燕(yān)人：南燕大夫。此时北燕还被山戎所隔，不能通鲁。　3 穀丘：宋邑，在今河南商丘东南。　4 陈侯跃：陈厉公，名跃。　5 虚：宋地，在今河南延津东。　6 龟：宋地。　7 武父：郑地，在今山东东明西南。　8 卫侯晋：卫宣公，名晋。　9 决日义：判明日期的意义（该记两次就记两次）。　10 非：谴责。　11 所与伐：与之一起伐人的，即指郑国。　12 于伐与战：在伐宋时而与盟军郑国战。

桓公十三年

原文

【经】十有三年，春，二月，公会纪侯、郑伯。己巳，及齐侯、宋公、卫侯、燕人战，齐师、宋师、卫师、燕师败绩。

【传】其言及者，由内及之[1]也。其曰战者，由外言之也。战称人，败称师，重众也。其不地，于纪也。

译文

【经】鲁桓公十三年，春季，二月，鲁桓公会见纪侯、郑伯。己巳日，与齐侯、宋公、卫侯、燕人作战，齐军、宋军、卫军、燕军大败。

【传】这里说“及”，是由鲁而及其他。这里说“战”，是从鲁以外的国家说的。作战称“人”，被打败了称“师”，是以众人为重。这里不记地点，是在纪国。

【经】三月,葬卫宣公。
【经】夏,大水。
【经】秋,七月。
【经】冬,十月。

【经】三月,安葬卫宣公。
【经】夏季,发大水。
【经】秋季,七月。
【经】冬季,十月。

注释 1 由内及之:回答谁与齐、宋、卫、燕战,是鲁国,《穀梁》一向称鲁为内。揣度经意,这次战争,以鲁、纪、郑为一方,齐、宋、卫、燕为另一方。

桓公十四年

原文

【经】十有四年,春,正月,公会郑伯于曹。

【经】无冰。

【传】无冰,时燠[1]也。

【经】夏,五[2],郑伯使其弟御[3]来盟。

【传】诸侯之尊,弟兄不得以属通[4]。其弟云者,以其来我,举其贵者也。来盟,前定也。不日,前定之盟不日。孔子曰:"听远音者,闻

译文

【经】鲁桓公十四年,春季,正月,鲁桓公在曹会见郑伯。

【经】没有冰冻。

【传】没有冰冻,是因为这时气候暖和。

【经】夏季,五月。郑伯派他的弟弟御来鲁国结盟。

【传】诸侯尊贵,兄弟不得以亲属的名义与国外打交道。这里说"弟",是因为到我国来,所以举出他们中的贵人。说"来盟",因为是预先定好的。没有记日子,因为预先定好的结盟不记日子。孔子说:"听远方声音的,能听

其疾[5]而不闻其舒[6];望远者,察其貌而不察其形。”立乎定、哀以指隐、桓,隐、桓之日远矣。夏,五,传疑也。

见激扬的声音,听不见舒缓的声音;望远方的,能看见形体,不能看见容色。”站在定公、哀公的时代来了解隐公、桓公时代的事,隐公、桓公的时代就太久远了。“夏季,五”,是记下来存疑的。

注释 1 燠(yù):暖,热。 2 五:后当脱“月”字,经文本如此。 3 御:庄公之子,厉公之弟。 4 以属通:以亲属的名义与外打交道。 5 疾:急速而高。 6 舒:舒缓而低。

【经】秋,八月,壬申,御廪[1]灾[2]。乙亥,尝[3]。

秋季,八月,壬申日,(存放用于祭祀的粮米的)御廪遭火灾。乙亥日,举行尝祭。

【传】御廪之灾不志,此其志,何也?以为唯未易灾之余[4]而尝可也,志不敬也。天子亲耕以共粢盛[5],王后亲蚕以共祭服,国非无良农工女也,以为人之所尽事其祖祢[6],不若以己所自亲者也。何用见其未易灾之余而尝也?曰:甸粟[7]而内[8]之三宫[9],三宫米[10]而藏之御廪。夫尝,必有兼甸[11]之事

御廪遭灾不记,这里记,是什么缘故?(主祭人)认为即使没有把烧剩的粮米换过就举行尝祭也是可以的,是记(对于祭祀)不恭敬。天子亲自耕种供给祭祀用米,王后亲自养蚕供做祭服,国内并不是没有好的农民和工巧的妇女,(之所以要亲自做)是认为人们尽心侍奉祖宗,不如亲自动手的虔诚。怎么见得是没有换过烧剩的粮米举行尝祭?(回答)说:掌田官把粟献给诸侯夫人,诸侯夫人把粟舂成米藏到御廪里。举行尝祭(从献粟、舂米到藏入御廪)一定有二十天的事情。“壬

焉。“壬申，御廪灾。乙亥，尝。”以为未易灾之余而尝也。

申日，御廪遭火灾。乙亥日，举行尝祭（才四天）。”所以知道是没有换过烧剩的粮米举行尝祭。

【经】冬，十有二月，丁巳，齐侯禄父[12]卒。

【经】冬季，十二月，丁巳日，齐侯禄父卒。

【经】宋人以[13]齐人、蔡人、卫人、陈人伐郑。

【经】宋人用齐人、蔡人、卫人、陈人攻伐郑国。

【传】以者，不以[14]者也。民者，君之本也。使人以其死，非正也。

【传】用，是不该用的。民，是为君的基础。役使人民听命于别国，置之死地，是不正当的。

注释 1 御廪：储藏诸侯亲耕所得粮食以供祭祀的仓库。 2 灾：出于雷电或其他不明原因而发生的火灾。 3 尝：秋天的祭祀。 4 唯未易灾之余：虽然没有更新火灾烧剩的粮食。唯，读为虽。易，更换。灾之余，火灾烧剩的。 5 粢盛（zīchéng）：本指盛在祭器里的黍稷，后泛指祭品。 6 祢（nǐ）：父死，奉其神主牌入庙，此神主牌称为“祢”。 7 甸粟：甸师所缴纳的粮食。“甸”谓甸师，掌管田事职责之官，率领下属耕种天子、诸侯的藉田，按时交上去，供应贵族宗庙的祭祀。 8 内：同“纳”，缴纳。 9 三宫：诸侯夫人的寝宫，这里指代诸侯夫人。 10 米：去粟之壳而成米。 11 兼甸：当做“兼旬”，二十天。是说尝祭要准备二十天。从壬申到乙亥，中间只有两天。旬，十天。 12 齐侯禄父：齐僖公，名禄父。 13 以：用。 14 不以：不宜用，不当用。

桓公十五年

原文

【经】十有五年，春，二月，天王使家父来求车。

【传】古者诸侯时[1]献于天子，以其国之所有，故有辞让[2]而无征求。求车，非礼也。求金，甚矣。

【经】三月，乙未，天王[3]崩。

【经】夏，四月，己巳，葬齐僖公。

【经】五月，郑伯突出奔蔡。

【传】讥夺正[4]也。

【经】郑世子忽复归于郑。

【传】反正[5]也。

【经】许叔入于许。

【传】许叔，许之贵者也。莫宜乎许叔[6]。其曰入，

译文

【经】鲁桓公十五年，春季，二月，周王派家父来鲁国讨车。

【传】古代诸侯将国内所产物品按季度向天子进贡，所以有推辞谦让而无征收和求索。讨车，不合于礼。讨钱，就更过分了。

【经】三月，乙未日，周王驾崩。

【经】夏季，四月，己巳日，安葬齐僖公。

【经】五月，郑伯突出奔到蔡国。

【传】（叫郑伯的名）是讥讽他夺世子的位为君。

【经】郑世子忽再回到郑国。

【传】（称世子）是回到正常的礼制上来了。

【经】许叔进入许国。

【传】许叔，是许国的贵人。（做国君）没有比他更合适的了。这里说“入”，是什么缘故？因为

何也？其归之道，非所以归[7]也。

他归国的方式（是乘郑乱归国），不是应当这样归国的。

【经】公会齐侯于蒿。

【经】鲁桓公在蒿会见齐侯。

【经】邾人、牟[8]人、葛[9]人来朝。

【经】邾人、牟人、葛人来鲁国朝见。

【经】秋，九月，郑伯突入于栎[10]。

【经】秋季，九月，郑伯突进入栎邑。

【经】冬，十有一月，公会宋公、卫侯、陈侯于袲[11]，伐郑。

【经】冬季，十一月，鲁桓公在袲地会见宋公、卫侯、陈侯，攻伐郑国。

【传】地而后伐，疑辞[12]也，非其疑[13]也。

【传】先说地点然后说攻伐，是迟疑不进之辞，这是谴责他们迟疑的行为。

注释　1 时：按季度，当指春季。　2 辞让：推辞谦让。　3 天王：周桓王林。　4 夺正：郑厉公突夺取了本当由太子忽继承的君位。　5 反正：回归到正常，指太子忽继承君位。　6 莫宜乎许叔：没有比许叔更恰当的人选。　7 非所以归：是说他这次回到都城即位，既没有天子的爵命，也不是父亲的传授，是自己趁势回都的。　8 牟：小国名，在今山东莱芜东。9 葛：在今河南宁陵东北。　10 栎(lì)：郑之别都，在今河南禹州，离郑都90里。　11 袲(yí)：宋地，在今安徽宿州西。　12 疑辞：这样说表明四国怀疑他们伐郑当否。所以先在袲地停留一下，迟延不进。　13 非其疑：谴责他们始而动摇终于有伐郑的行动。非，谴责。

桓公十六年

原文

【经】十有六年，春，正月，公会宋公、蔡侯、卫侯于曹。

【经】夏，四月，公会宋公、卫侯、陈侯、蔡侯，伐郑。

【经】秋，七月，公至自伐郑。

【传】桓无会，其致何也？危之[1]也。

【经】冬，城向。

【经】十有一月，卫侯朔出奔齐。

【传】朔之名，恶也。天子召而不往也。

译文

【经】鲁桓公十六年，春季，正月，鲁桓公在曹会见宋公、蔡侯、卫侯。

【经】夏季，四月，鲁桓公会见宋公、卫侯、陈侯、蔡侯，攻伐郑国。

【经】秋季，七月，鲁桓公伐郑回国，举行祭告祖庙的典礼。

【传】经文从不记载鲁桓公会盟后祭告祖庙，这里却记了，是为什么？是为他感到危险。

【经】冬季，修筑向邑的城墙。

【经】十一月，卫侯朔出逃到齐国。

【传】记朔的名，是谴责他。天子召他，他竟然不去。

注释 1 危之：认为鲁桓公伐郑是危险的事。

桓公十七年

原文

【经】十有七年,春,正月,丙辰,公会齐侯、纪侯,盟于黄[1]。

【经】二月,丙午,公及邾仪父盟于趡[2]。

【经】夏,五月,丙午,及齐师战于郎[3]。

【传】内讳败,举其可道者也。不言其人,以吾败也。不言及之者,为内讳也。

【经】六月,丁丑,蔡侯封人[4]卒。

【经】秋,八月,蔡季自陈归于蔡。

【传】蔡季,蔡之贵者也。自陈,陈有奉[5]焉尔。

【经】癸巳,葬蔡桓侯。

【经】及宋人、卫人伐邾。

译文

【经】鲁桓公十七年,春季,正月,丙辰日,鲁桓公会见齐侯、纪侯,在黄地结盟。

【经】二月,丙午日,鲁桓公与邾仪父在趡结盟。

【经】夏季,五月,丙午日,与齐国军队在郎作战。

【传】为鲁讳败,举那可以说的说。不说率领鲁军的人,是因为鲁国被打败了。不说与谁人战,是为鲁讳。

【经】六月,丁丑日,蔡侯封人去世。

【经】秋季,八月,蔡季从陈国回到蔡国。

【传】蔡季,是蔡国的贵人。从陈国回来,因为陈国有人支持他。

【经】癸巳日,安葬蔡桓侯。

【经】与宋人、卫人攻伐邾国。

【经】冬，十月，朔，日有食之。

【传】言朔不言日，食既朔[6]也。

【经】冬季，十月，朔日，发生日食。

【传】说“朔”，不说哪一天，是日食发生在朔日尽了的第二天。

注释 1 黄：在今山东冠县南，是由鲁到齐必经之地。 2 趡(cuǐ)：鲁地，在今山东泗水、邹城之间。 3 郎：当作“郎(xí)”，鲁地，在今山东滕州南。 4 蔡侯封人：蔡桓侯，名封人。 5 奉：帮助，支持。 6 食既朔：整个朔日过完了，第二天才发生日食。既，尽，完。

桓公十八年

原文

【经】十有八年，春，王正月，公会齐侯于泺[1]。公与夫人姜氏遂如齐。

【传】泺之会，不言及夫人，何也？以夫人之伉[2]，弗称数也。

【经】夏，四月，丙子，公薨[3]于齐。

【传】其地，于外也。薨称公，举上[4]也。

译文

【经】鲁桓公十八年，春季，周王的正月，鲁桓公在泺会见齐侯。鲁桓公和夫人姜氏于是就进入齐国。

【传】在泺的会见，不说“及夫人”，是为什么？因为夫人骄纵，所以没有算上她。

【经】夏季，四月，丙子日，鲁桓公在齐国去世。

【传】这里记地点，是因为在国外。鲁桓公去世称“公”，是举他的尊贵的称号。

【经】丁酉，公之丧至自齐。

【经】秋，七月。

【经】冬，十有二月，己丑，葬我君桓公。

【传】葬我君，接上下也。君弑，贼不讨，不书葬，此其言葬，何也？不责逾国而讨于是[5]也。桓公，葬而后举谥，谥所以成德也，于卒事乎加之矣。知者虑，义者行，仁者守，有此三者备，然后可以会矣。

【经】丁酉日，鲁桓公的灵柩从齐国回到鲁国。

【经】秋季，七月。

【经】冬季，十二月，己丑日，安葬我国的国君鲁桓公。

【传】“葬我君”，是统上下臣民而言。君被杀，还没有诛讨杀君之贼，就不写葬，这里说“葬”，是什么缘故？是因为不责备臣与子在这个时候越过国境去讨贼。“桓公”，葬了然后称谥号，谥号是用来表示德行的，在死丧的事情完毕的时候给他加上。智者能深思熟虑，义士遇事能做决断，仁人能忠于职守，有这三类大臣预做准备，然后国君才可以外出会见诸侯。

注释　1 泺(luò)：泺水，源出今山东济南，北流至今洛口镇注入古济水。鲁齐两君会于洛口。　2 伉(kàng)：傲慢，骄纵。　3 薨(hōng)：诸侯这一级人物的死的专称。鲁桓公实为文姜与齐襄公所谋杀，经文不便实录，为尊者讳。　4 上：公、侯、伯、子、男，五等爵位，公是最上等。　5 不责逾国而讨于是：无法超越国境追责而讨伐齐国。

庄公

庄公元年

原文

【经】元年[1],春,王正月。

【传】继弑君不言即位,正也。继弑君不言即位之为正,何也?曰:先君不以其道终,则子不忍即位也。

【经】三月,夫人孙[2]于齐。

【传】孙之为言,犹孙也,讳奔也。接练时[3],录母之变,始人[4]之也。不言氏姓,贬之也。人之于天也,以道受命;于人也,以言受命。不若[5]于道者,天绝之也;不若于言者,人绝之也。臣子大受命[6]。

译文

【经】鲁庄公元年,春季,周王的正月。

【传】接着被杀的君主为君不说"即位",这是正道。接着被杀的君主为君不说"即位"是正道,是什么缘故?(回答)说:因为先君死于非命,儿子就不忍心即位。

【经】三月,夫人逊避到齐国。

【传】逊避的意思如同逊遁,这是讳说奔逃。接近(周年)练祭的时候,记下母亲的存亡情况,是开始想念母亲。不说氏姓(只说"夫人"),是贬斥她。人对于天来说,通过道来接受天命;(人)对于人来说,通过语言来接受教命。不遵循天道的,天抛弃他;不遵循人言的,人抛弃他。(在这种时候,)臣与子就接受天命与君命。

注释 1 元年：鲁庄公元年，公元前693年。庄公，名同，鲁桓公夫人文姜所生。 2 孙(xùn)：通“逊”，避让，是出奔的委婉说法。 3 接练时：于鲁桓公周年祭之后。练：小祥之祭。父母死后一周年，举行小祥祭，孝子以练布(白色熟绢)为冠，故称其祭为练。 4 人：通“仁”，谓仁爱，怀念。 5 若：顺，遵守。 6 臣子大受命：是说史臣与作为人子的鲁庄公严谨地接受天命与君命。

【经】夏，单伯逆王姬[1]。

【传】单伯者何？吾大夫之命乎天子者也。命大夫，故不名也。其不言“如”，何也？其义不可受于京师也。其义不可受于京师，何也？曰：躬君弑于齐，使之主婚姻，与齐为礼，其义固不可受也。

【经】秋，筑王姬之馆于外。

【传】筑，礼也。于外，非礼也。筑之为礼，何也？主王姬者必自公门出。于庙[2]则已尊，于寝则已卑。为之筑，节[3]矣。筑之外，变之正也。筑之外，变之为正，何也？仇雠之人非所以接婚姻也，衰麻[4]非所以接弁冕[5]也。

【经】夏季，单伯迎接王姬。

【传】单伯是谁？是接受了天子爵命的鲁国大夫。因为是受了天子爵命的大夫，所以不举他的名。这里不说“如”，是什么缘故？按那义理是不可以从京师接受主婚之命的。那义理不可以从京师受命，是什么缘故？(回答)说：君主亲身被齐所杀，使鲁主持婚事，与齐行礼，那义理本是不可接受的。

【经】秋季，在城外筑王姬的馆舍。

【传】筑，合礼。在城外，不合礼。筑合礼是为什么？主持王姬的婚事一定要从朝的外门出，在庙就太尊了，在寝宫又太卑了，所以替她筑馆是合于礼节的。筑馆于城外，是变通的正当办法。筑馆于城外是变通的正当办法，是什么缘故？要报仇的人不是可用作主持婚事的人，身穿丧服不可与穿着吉庆礼服的人打交道。这里不说齐侯

其不言齐侯之来逆，何也？不使齐侯得与吾为礼也。

来迎接，是为什么？不让齐侯有机会与我君有礼节上的交往。

注释 1 王姬：天子之女。周王将嫁女于齐，使鲁侯主婚，故鲁使单伯往京师迎之。 2 庙：朝堂。 3 节：适度。 4 衰(cuī)麻：儿子为父亲服丧佩在胸前的麻布条。谓丧服，穿着丧服。 5 弁冕(biànmiǎn)：谓礼服，吉服，或穿着礼服吉服。弁，冠名，男子穿常礼服时所戴。冕，冠名，与吉礼服配套。

【经】冬，十月，乙亥，陈侯林[1]卒。

【经】冬季，十月，乙亥日，陈侯林去世。

【传】诸侯日卒，正也。

【传】诸侯记去世的日子，是正当的。

【经】王使荣叔[2]来锡桓公命[3]。

【经】周王派荣叔来追赐鲁桓公命服。

【传】礼有受命[4]，无来锡命。锡命，非正也。生服之，死行之，礼也。生不服，死追锡之，不正甚矣。

【传】按礼制有接受命服的，没有来赐命服的。赐命服，是不正当的。在生时穿它，死了用来装敛，这是礼。生没有穿，死了才追赐，是很不正当的。

【经】王姬归于齐。

【经】王姬出嫁到齐。

【传】为之中者[5]归之也。

【传】（谁嫁她？）是为她主婚的嫁她。

【经】齐师迁纪、郱、鄑、郚[6]。

【经】齐国军队迁徙纪、郱、鄑、郚的民众。

【传】纪，国也；郱、鄑、郚，国也。或曰：迁纪于郱、鄑、郚。

【传】纪，是国；郱、鄑、郚，是国。有人说：是把纪国民众迁徙到郱、鄑、郚国。

注释 1 陈侯林:陈庄公,名林。 2 荣叔:周大夫。荣,氏;叔,字。 3 锡桓公命:赐给鲁桓公命服。命,命服,按等级赐给公侯到卿大夫、士的制服。 4 受命:到都城去接受命服。 5 为之中者:作为中间人的,指鲁国。 6 郱(píng)、鄑(zī)、郚(wú):郱在今山东临朐东南。鄑在今山东昌邑西北。郚在今山东安丘西南。

庄公二年

原文

【经】二年,春,王二月,葬陈庄公。

【经】夏,公子庆父[1]帅师伐於馀丘。

【传】国而曰伐。於馀丘,邾之邑也,其曰伐,何也?公子贵矣,师重矣,而敌人之邑,公子病矣。病公子,所以讥乎公也。其一曰:君在[2]而重之也。

【经】秋,七月,齐王姬卒。

【传】为之主者卒之也。

【经】冬,十有二月,夫人姜氏会齐侯于禚[3]。

译文

【经】鲁庄公二年,春季,周王的二月,安葬陈庄公。

【经】夏季,公子庆父领兵攻伐於馀丘。

【传】对国家才叫作"伐"。於馀丘,是邾国的邑,这里说"伐",是什么缘故?公子可说是尊贵了,军队可说是重大了,可只能与人家的邑相敌,公子就被贬斥了。贬斥公子,是用来讥讽鲁庄公的。一种说法是:邾君在於馀丘,所以看重它。

【经】秋季,七月,齐王姬去世。

【传】为她主婚的国记她的去世。

【经】冬季,十二月,夫人姜氏在禚会见齐侯。

【传】妇人既嫁不逾竟，逾竟非正也。妇人不言会，言会非正也。飨[4]，甚矣。

【经】乙酉，宋公冯[5]卒。

【传】妇人已嫁不越过国境，越过国境是不正当的。妇人不说“会”，说“会”是不正当的。宴请，就更过分了。

【经】乙酉日，宋公冯去世。

注释 1 公子庆父：字仲父，鲁庄公同母弟。 2 君在：谓郑君在於馀丘。 3 禚(zhuó)：齐地，在今山东长清。 4 飨(xiǎng)：宴请。 5 宋公冯(píng)：宋庄公，名冯。

庄公三年

原文

【经】三年，春，王正月，溺会齐侯伐卫。

【传】溺者何也？公子溺也。其不称公子，何也？恶其会仇雠而伐同姓，故贬而名之也。

【经】夏，四月，葬宋庄公。

【传】月葬，故也。

【经】五月，葬桓王。

【传】传曰：改葬[1]也。

译文

【经】鲁庄公三年，春季，周王的正月，溺会合齐侯攻伐卫国。

【传】溺是谁？是公子溺。这里不称“公子”，是为什么？是谴责他会合仇人去攻伐同姓(国)，所以贬斥他而只称他的名。

【经】夏季，四月，安葬宋庄公。

【传】记葬的月份，是因为有变故。

【经】五月，安葬周桓王。

【传】《传》说：这是改葬。改葬的礼仪：穿缌麻服，用丧服中最轻的一

改葬之礼,缌[2],举下,缅[3]也。或曰:却[4]尸以求诸侯。天子志崩不志葬,必其时也。何必焉?举天下而葬一人,其义不疑也。志葬,故也,危不得葬也。曰:近不失崩。不志崩,失天下也。独阴不生,独阳不生,独天不生,三合[5]然后生,故曰母之子也可,天之子也可。尊者取尊称焉,卑者取卑称焉。其曰王者,民之所归往也。

【经】秋,纪季[6]以酅[7]入于齐。

【传】酅,纪之邑也。入于齐者,以酅事齐也。入者,内弗受也。

【经】冬,公次[8]于郎。

【传】次,止也,有畏也,欲救纪而不能也。

种,是因为时间隔得久了。有人说:停尸(七年)以求诸侯会葬。天子记崩不记葬,因为葬的时间是一定的。为什么说是一定的?全天下葬这一个人,不会怀疑不葬。(如果)记葬,是因为有变故,有危难而不得安葬。再说:离京师近,天子崩来赴告不会遗漏。(如果)不记崩,就是他丢失了天下(已无天下之位)。单独阴不能生子,单独阳不能生子,单独天不能生子,三者相合才能生子,所以说是母的子可以,是天的子也可以。尊贵的从这里取尊贵的称呼(号为天子),卑贱的从这里取卑贱的称呼(称为母之子)。说"王",那是人民所归往的人。

【经】秋季,纪季带着酅邑进入齐国。

【传】酅,是纪国的邑。"入于齐",是用酅侍奉齐国。"入",是所进入的地方不应当接受。

【经】冬季,鲁庄公驻扎在郎。

【传】"次",就是停止,是有所畏惧,是想援救纪国却又办不到。

注释 1 改葬:周桓王在鲁桓公十五年三月逝世,到鲁庄公三年已经有七年了,不可能这么久才下葬,所以《穀梁》引传说以为经文的"葬"乃是改葬。 2 缌(sī):细麻布。这里指丧服缌麻。用疏织细麻布制成的丧服。

3 缅:怀念。后世有“缅怀”一词,是说历时已久远的怀念。 4 却:停而不葬。 5 三合:古人认为人的出生是受形于母,得气于父,禀灵于天,三者结合,才成为人。 6 纪季:纪侯弟。 7 酅(xī):纪邑,在今山东临淄东。 8 次:《左传》说:“凡师,一宿为舍,再宿为信,过信为次。”

庄公四年

原文

【经】四年,春,王二月,夫人姜氏飨齐侯于祝丘[1]。

【传】飨,甚矣!飨齐侯,所以病齐侯也。

【经】三月,纪伯姬卒。

【传】外夫人不卒,此其言卒,何也?吾女也,适[2]诸侯则尊同,以吾为之变[3],卒之也。

【经】夏,齐侯、陈侯、郑伯遇于垂。

【经】纪侯大去其国。

【传】大去者,不遗一人之辞也。言民之从者,四年而后毕也。纪侯贤而齐

译文

【经】鲁庄公四年,春季,周王的二月,夫人姜氏在祝丘宴请齐侯。

【传】宴请,太过分了!经文说宴请齐侯,是借此谴责齐侯。

【经】三月,纪伯姬去世。

【传】外国的夫人不记去世,这里说去世,是为什么?她是我国的姑娘,嫁给诸侯就与我国君同样尊贵,因为我国君为她变异常礼(而服丧服),所以记她的去世。

【经】夏季,齐侯、陈侯、郑伯在垂相遇。

【经】纪侯彻底离开他的国家。

【传】“大去”,这样措辞是说一个人都不留。是说人民跟从他的,四年才走完。纪侯贤明,齐侯却灭了他

侯灭之,不言灭而曰大去其国者,不使小人加乎君子。

【经】六月,乙丑,齐侯葬纪伯姬。

【传】外夫人不书葬,此其书葬,何也?吾女也,失国,故隐[4]而葬之。

【经】秋,七月。

【经】冬,公及齐人狩于郜[5]。

【传】齐人者,齐侯也。其曰人,何也?卑公之敌,所以卑公也。何为卑公也?不复仇而怨不释,刺释怨也。

的国,不说"灭"而说"大去其国",是不使小人侵凌君子。

【经】六月,乙丑日,齐侯安葬纪伯姬。

【传】外国的夫人不记葬,这里记葬,是什么缘故?她是我国的姑娘,国家灭了,所以哀痛她,为她记葬。

【经】秋季,七月。

【经】冬季,鲁庄公与齐人在郜狩猎。

【传】"齐人",是齐侯。这里说"人",是为什么?贬斥与鲁庄公并列的人,也就是贬斥鲁庄公。为什么贬斥鲁庄公?没有报仇,恨就不得消除,讽刺他恨已经消除了。

注释 1 祝丘:鲁地。 2 适:谓嫁。 3 变:改变常礼,为伯姬服丧。 4 隐:痛,哀痛。 5 郜:在今山东成武东南,此时为齐地。

庄公五年

原文

【经】五年,春,王正月。

【经】夏,夫人姜氏如齐师。

【传】师而曰如,众也。妇人既嫁不逾竟,逾竟非礼也。

【经】秋,郳[1]黎来来朝。

【传】郳,国也。黎来,微国之君,未爵命者也。

【经】冬,公会齐人、宋人、陈人、蔡人,伐卫[2]。

【传】是齐侯、宋公也,其曰人,何也?人诸侯,所以人公也。其人公,何也?逆天王之命也。

译文

【经】鲁庄公五年,春季,周王的正月。

【经】夏季,夫人姜氏到齐军中去。

【传】对于军队却说“如”,因为那是人数众多的地方。妇人已嫁不越过国境,越过国境是不合礼的。

【经】秋季,郳黎来到鲁国朝见。

【传】郳,是国。黎来,是小国的君主,没有接受周天子的爵命。

【经】冬季,鲁庄公会见齐国人、宋国人、陈国人、蔡国人,攻伐卫国。

【传】这是齐侯、宋公,这里说“人”,是为什么?把诸侯当一般人看,是借此把鲁庄公当一般人看。这里把鲁庄公当一般人看,是为什么?因为他违背周王的命令(立朔为卫君)。

注释 1 郳(ní):鲁附庸国,在今山东滕州。 2 伐卫:鲁桓公十六年卫惠公朔出奔齐。现在齐侯会合四国之师送惠公返卫。

庄公六年

原文

【经】六年,春,王三月,王人子突救卫。

【传】王人,卑者也。称名,贵之也,善救卫也。救者善,则伐者不正矣。

【经】夏,六月,卫侯朔入于卫。

【传】其不言伐卫纳朔,何也?不逆天王之命也。入者,内弗受也。何用弗受也?为以王命绝之也。朔之名,恶也。朔入逆则出顺矣。朔出入名,以王命绝之也。

【经】秋,公至自伐卫。

【传】恶事不致,此其致,何也?不致,则无用见公之恶事之成也。

译文

【经】鲁庄公六年,春季,周王的三月,周王的人子突援救卫国。

【传】周王的人,是地位不高的人。称他的名,是抬高他的地位,是认为援救卫国是好事。援救者好,那么攻伐的就不正当了。

【经】夏季,六月,卫侯朔进入卫国。

【传】这里不说攻伐卫把朔送进国去,是什么缘故?是为了不违背周王的命令。"入",是所进入的国家不接受进入者。为什么不接受?为了根据王的命令蔑弃他。记朔的名,是谴责他。朔进入是逆,出国就是顺了。朔出国记名,入国记名,是根据王命蔑弃他。

【经】秋季,鲁庄公从攻伐卫国的战场回国。

【传】(在外做了)坏事就不记回来,这里记回来,是什么缘故?如果不记,就无法看出鲁庄公的坏事做成了。

【经】螟。

【经】冬，齐人来归卫宝[1]。

【传】以齐首之，分恶于齐也。使之如下齐而来我然，恶战[2]则杀[3]矣。

【经】发生螟灾。

【经】冬季，齐国人来赠送卫国的宝物。

【传】（这样写）是让齐作为伐卫的首领，把过恶分给齐国。使得事情好像是齐处下风（送宝）来我国一样，（这样，鲁国）战争的过恶就可以减轻了。

注释 1 齐人来归卫宝：齐襄公为首，邀集四国出兵打败王师，把朔送回卫国为君。卫侯感激齐侯，送了许多宝器作为酬劳。齐侯把这些宝器转让给鲁国。 2 恶战：同王师作战之过恶。 3 杀：减少，减轻。

庄公七年

原文

【经】七年，春，夫人姜氏会齐侯于防。

【传】妇人不会，会非正也。

【经】夏，四月，辛卯，昔[1]，恒星[2]不见。

【传】恒星者，经星也。日入至于星出，谓之昔。不见者，可以见也。

译文

【经】鲁庄公七年，春季，夫人姜氏在防与齐侯会晤。

【传】妇人不会晤，会晤是不正当的。

【经】夏季，四月，辛卯日，夕，恒星没有出现。

【传】恒星，是常见的列星。日落到星出，这段时间叫作夕。没有出现，是说本来（夜明）可以见到。

【经】夜中，星坠落像下雨一样。

【经】夜中,星陨如雨。

【传】其陨也如雨,是夜中与?《春秋》著[3]以传著,疑以传疑。中之幾[4]也,而曰夜中,著焉尔。何用见其中也?失变而录其时,则夜中矣。其不曰恒星之陨,何也?我知恒星之不见,而不知其陨也。我见其陨而接于地者,则是雨说也。著于上,见于下,谓之雨;著于下,不见于上,谓之陨,岂雨说哉?

【经】秋,大水。

【传】高下有水灾,曰大水。

【经】无麦、苗[5]。

【传】麦、苗同时也。

【经】冬,夫人姜氏会齐侯于穀。

【传】妇人不会,会非正也。

【传】星的坠落像下雨一样,这是夜中吗?《春秋》明白的就明白地写,可疑的就按可疑的写下来。其中幽微(难知),而说是“夜中”,因为这里明白地如此写着。根据什么知道那是夜中呢?产生了星星消失这样的天象变化,记录它的时刻,就是夜中了。这里不说恒星坠落,是什么缘故?我们只知道恒星没有出现,而不知道它们坠落(与否)。我们看到星坠落到达地表,“像下雨一样”就是据此而言。上下一时并见,叫作雨;上面看不见,落到地上才看见,叫作坠落,难道这是“像下雨一样”这种说法的所指吗?

【经】秋季,发大水。

【传】高处低处都有水灾,叫作“大水”。

【经】没有麦和(黍、稷的)苗。

【传】麦和苗同时都死了。

【经】冬季,夫人姜氏在穀地与齐侯会晤。

【传】妇人不会晤,会晤是不正当的。

注释 1 昔:夕。 2 恒星:古人谓经常能见到的比较固定的星。 3 著:显著。 4 幾:微,谓隐约可知。 5 苗:作物没有开花结果叫作苗,这里指黍、稷之苗。

庄公八年

原文

【经】八年,春,王正月,师次于郎,以俟[1]陈人、蔡人。

【传】次,止也。俟,待也。

【经】甲午,治兵[2]。

【传】出曰治兵,习战也。入曰振旅[3],习战也。治兵而陈、蔡不至矣。兵事以严[4]终。故曰:善陈[5]者不战,此之谓也。善为国者不师,善师者不陈,善陈者不战,善战者不死,善死者不亡。

【经】夏,师及齐师围郕。郕降于齐师。

【传】其曰降于齐师何?不使齐师加威于郕也。

译文

【经】鲁庄公八年,春季,周王的正月,军队在郎驻扎,等候陈人、蔡人。

【传】驻扎,就是停止。等候,就是等待。

【经】甲午日,训练军队。

【传】(军队)出发叫作"治兵",是演习作战。(军队)回归叫作"振旅",是演习作战。治兵,陈、蔡不会来了。这次军事行动以严整告终,所以说:善于列阵的不(实际)作战,就是说的这类情形。善于治国的不用兵,善于用兵的不列阵,善于列阵的不作战,善于作战的没有死伤,对于善战的人来说,即使有死伤,部队也不会失散逃亡。

【经】夏季,我军与齐师包围郕国。郕国向齐军投降。

【传】这里说"向齐军投降"是什么用意?是不使齐军把威势加到(我同姓的)郕国之上。

【经】秋，师还[6]。

【传】还者，事未毕[7]也，遁[8]也。

【经】冬，十有一月，癸未，齐无知[9]弑其君诸儿[10]。

【传】大夫弑其君以国氏者，嫌[11]也，弑而代之也。

【经】秋季，鲁国的军队返回。

【传】返回，是说事情还没有完毕，是逃遁。

【经】冬季，十一月，癸未日，齐无知杀死他的君主诸儿。

【传】大夫杀死他的君主以国为氏的，他便有弑君自立的嫌疑，是杀死君主取而代之。

注释 1 俟：等待。《传》以为是等待陈、蔡来进攻。或以为是约陈、蔡与齐伐郕，而陈、蔡候之未至。 2 治兵：谓战前军事演习。 3 振旅：整顿师众。 4 严：谓严阵以待。 5 陈：通“阵”，谓列阵演习。 6 还：音义同“旋”。师已回鲁，只是还未至首都。 7 事未毕：齐、鲁围郕，而郕降于齐，单方面媾和。其间利益分割尚未了结。 8 遁：逃遁。鲁畏齐，未能正面与齐较量，移师回国。 9 无知：公孙无知，齐庄公孙，齐襄公堂兄弟。 10 诸儿：齐襄公名。此人与文姜通奸，为杀鲁桓公主谋。 11 嫌：弑君自立的嫌疑。

庄公九年

原文

【经】九年，春，齐人杀无知。

【传】无知之挈[1]，失嫌[2]也。称人以杀大

译文

【经】鲁庄公九年，春季，齐国人杀死无知。

【传】单举无知的名，是他失去了篡位的嫌疑。说“人”杀死大夫，是表

夫，杀有罪也。

示杀有罪的人。

【经】公及齐大夫盟于暨[3]。

【经】鲁庄公与齐国大夫在暨地结盟。

【传】公不及大夫，大夫不名，无君也。盟，纳子纠[4]也。不日，其盟渝也。当齐无君，制在公矣。当可纳而不纳，故恶内也。

【传】公不与（国外）大夫（结盟）。大夫没有记名字，因为没有国君。结盟，是送子纠归国。不记日子，是那盟约变了（没有得到信守）。当齐国没有君主的时候，主动权就在鲁庄公那里了。应当可以送纠回国却（拖延）不送，所以谴责鲁国。

【经】夏，公伐齐，纳纠。

【经】夏季，鲁庄公攻伐齐国，送纠归国（为君）。

【传】当可纳而不纳，齐变[5]而后伐，故乾时[6]之战不讳败，恶内也。

【传】应当可以送纠回国却（拖延）不送，齐国已发生变故才出兵攻伐，所以乾时之战不隐讳被打败，是谴责鲁国。

注释　1 无知之挈：经文提出无知之名。挈，提。　2 失嫌：再无弑君自代的嫌疑，因为他人已经死了。　3 暨(jì)：鲁地，在今山东枣庄东。4 纳子纠：把寄居鲁国的齐公子纠送回去做国君。　5 齐变：谓齐国改变主意，弃子纠而纳小白。子纠与小白皆齐襄公庶弟，而子纠长。　6 乾时：齐地名，在今山东临淄西。

【经】齐小白[1]入于齐。

【经】齐国的小白进入齐国。

【传】大夫出奔反，以好曰归，以恶曰入。齐公孙无知弑襄公，公子纠、公子小白不能存，出亡。齐人杀无

【传】大夫出逃返回，是好的叫“归”，是恶的叫“入”。齐公孙无知杀齐襄公，公子纠、公子小白（在国内）待不下去，出逃。齐国人

知，而迎公子纠于鲁。公子小白不让公子纠，先入，又杀之于鲁，故曰齐小白入于齐，恶之也。

【经】秋，七月，丁酉，葬齐襄公。

【经】八月，庚申，及齐师战于乾时，我师败绩。

【经】九月，齐人取子纠杀之。

【传】外不言取，言取，病内也。取，易辞也，犹曰取其子纠而杀之云尔。十室之邑，可以逃难；百室之邑，可以隐死。以千乘之鲁而不能存子纠，以公为病矣。

【经】冬，浚洙。

【传】浚洙[2]者，深洙也，著力不足[3]也。

杀死无知，到鲁国迎接公子纠。公子小白不相让于公子纠，抢先进入齐国，又把纠杀死在鲁国，所以说"齐国的小白进入齐国"，是谴责他。

【经】秋季，七月，丁酉日，安葬齐襄公。

【经】八月，庚申日，与齐师在乾时作战，我军大败。

【经】九月，齐人得到公子纠并杀死他。

【传】外国不说"取"，说"取"，是谴责国内。"取"，表示容易，如同说取走他们的公子纠并杀死他。十户人家的邑，可以逃难；百户人家的邑，可以隐藏有死罪的人。以有千乘兵车的鲁国却不能救公子纠一条命，认为鲁庄公太可耻了。

【经】冬季，疏浚洙水。

【传】疏通洙水，是挖深洙水的河道，表明兵力不足（以拒齐）。

注释　1 小白：公子小白，齐桓公。　2 浚洙：疏通洙水的河道。浚，疏通，加深。洙，今泗河支流。　3 著力不足：疏通洙水，所以防齐。显示鲁弱齐强，力不足以御齐。著，显著，显示。

庄公十年

原文

【经】十年，春，王正月，公败齐师于长勺[1]。

【传】不日，疑战[2]也。疑战而曰败，胜内也。

【经】二月，公侵宋。

【传】侵，时，此其月，何也？乃深其怨于齐，又退侵宋以众其敌，恶之，故谨而月之。

【经】三月，宋人迁宿。

【传】迁，亡辞也。其不地，宿不复见也。迁者，犹未失其国家以往者也。

【经】夏，六月，齐师、宋师次于郎。

【传】次，止也。畏我也。

译文

【经】鲁庄公十年，春季，周王的正月，鲁庄公在长勺打败齐国军队。

【传】没有记日子，因为是使用巧诈手段作战。用巧诈手段作战而说"败"，因为胜在鲁国。

【经】二月，鲁庄公侵伐宋国。

【传】侵伐，记季度，这里记月份，是什么缘故？是因为加深了齐对鲁的怨恨，刚收兵又侵伐宋国，从而树敌众多，谴责这件事，所以郑重地记上月份。

【经】三月，宋人迁徙宿国。

【传】迁徙，是灭亡的代用语。不说迁到什么地方，宿国从此不见于史书了。所谓迁徙，是还没有失掉他的国家前往所迁之地的。

【经】夏季，六月，齐军、宋军在郎驻扎。

【传】驻扎，是停止。是因为怕我国军队。

【经】公败宋师于乘丘[3]。

【传】不日,疑战也。疑战而曰败,胜内也。

【经】鲁庄公在乘丘打败宋军。

【传】没有记日子,是因为用巧诈手段作战。用巧诈手段作战而说"败",因为胜在鲁国。

注释 1 长勺:在今山东曲阜北境。 2 疑战:不与对方约定战期而以诈术突袭。 3 乘(shèng)丘:在今山东济宁兖州区境。

【经】秋,九月,荆败蔡师于莘[1],以蔡侯献武[2]归。

【传】荆者,楚也。[3]何为谓之荆?狄之也。何为狄之?圣人立,必后至;天子弱,必先叛。故曰荆,狄之也。蔡侯何以名也?绝之也。何为绝之?获也。中国不言败,此其言败,何也?中国不言败,蔡侯其见获乎?其言败,何也?释蔡侯之获也。"以归",犹愈乎执也。

【经】秋季,九月,荆在莘地打败蔡国军队,把蔡侯献武带回。

【传】荆就是楚。为什么叫它荆?是把它看成夷狄。为什么把它看成夷狄?圣人即位,必定最后归附;天子削弱,必定首先反叛。所以说荆,把它看成夷狄。蔡侯为什么记名?是(在道义上)和他决绝。为什么和他决绝?因为他被俘获。中原各诸侯国不说"败",这里说"败",是为什么?中原各诸侯国不说"败",蔡侯岂能被俘获?这里说"败",是什么用意?解释蔡侯的被俘(以减轻耻辱)。"把他带回",比说抓住要好一点。

【经】冬,十月,齐师灭谭[4]。谭子奔莒。

【经】冬季,十月,齐军打败谭国。谭子出奔到莒国。

注释　1 莘(shēn):蔡地,在今河南汝南一带。　2 献武:蔡哀侯名。　3 荆者,楚也:旧注以为"荆"是州名,"楚"是国名,经文不称"楚"而称"荆",是把它看成夷狄之邦。　4 谭:国名,在今山东济南东。

庄公十一年

原文

【经】十有一年,春,王正月。

【经】夏,五月,戊寅,公败宋师于鄑[1]。

【传】内事不言战,举其大者。其日,成[2]败之也。宋万[3]之获也。

【经】秋,宋大水。

【传】外灾不书,此何以书?王者之后也。高下有水灾,曰大水。

【经】冬,王姬归于齐。

【传】其志,过我也。

译文

【经】鲁庄公十一年,春季,周王的正月。

【经】夏季,五月,戊寅日,鲁庄公在鄑地打败宋国军队。

【传】鲁国的事不说"战",举其大的而言。这里记日,是堂堂正正的打败宋军。宋万在这次作战中被俘。

【经】秋季,宋国发大水。

【传】国外的灾情不记,这里为什么记?因为宋是王者的后嗣。高处低处都有水灾,叫作"大水"。

【经】冬季,王姬出嫁到齐。

【传】记这事,是因为从我国经过。

注释　1 鄑(zī):鲁地,在宋与鲁之间。不是庄公元年的鄑。　2 成:是说双方预约战期,堂堂正正地作战。　3 宋万:即南宫长万,南宫是氏,万是名,长是字。他是宋国的大力士,乘丘之战时,鲁庄公射伤他,被鲁人活捉。

庄公十二年

原文

【经】十有二年,春,王三月,纪叔姬归于酅[1]。

【传】国而曰归,此邑也,其曰归,何也?吾女也,失国,喜得其所,故言归焉尔。

【经】夏,四月。

【经】秋,八月,甲午,宋万弑其君捷[2]及其大夫仇牧。

【传】宋万,宋之卑者也。卑者以国氏。以尊及卑也。仇牧,闲[3]也。

【经】冬,十月,宋万出奔陈。

译文

【经】鲁庄公十二年,春季,周王的三月,纪叔姬回到酅。

【传】对国才叫"归",这(酅)是邑,这里说"归",是为什么?是我国的姑娘,国亡了,高兴她有了归宿,所以说"归"。

【经】夏季,四月。

【经】秋季,八月,甲午日,宋万杀死他的国君捷以及大夫仇牧。

【传】宋万,宋国官位不高的人。官位不高的人以国为氏。(先说国君后说大夫,)这是从尊到卑。仇牧,是(宋君的)保卫者。

【经】冬季,十月,宋万出逃到陈国。

注释 **1** 归于酅(xī):叔姬是鲁侯的姑妹之一,嫁到纪国。纪被齐灭,而酅邑早由纪季(纪君之弟)献于齐为其附庸,立有宗庙。现在叔姬去那里居住,算是终得其所,经文便高兴地称之曰"归"。 **2** 捷:宋闵公。 **3** 闲:

防闲,这里是说保卫。

庄公十三年

原文

【经】十有三年,春,齐人、宋人、陈人、蔡人、邾人会于北杏[1]。

【传】是齐侯、宋公也。其曰人,何也?始疑之。何疑焉?桓非受命之伯[2]也,将以事授之者也。曰:"可矣乎?未乎?"举人,众之辞也。

【经】夏,六月,齐人灭遂[3]。

【传】遂,国也。其不日,微国也。

【经】秋,七月。

【经】冬,公会齐侯,盟于柯[4]。

【传】曹刿之盟[5]也,信齐侯也。桓盟虽内与,不日,信也。

译文

【经】鲁庄公十三年,春季,齐人、宋人、陈人、蔡人、邾人在北杏会晤。

【传】这是齐侯、宋公。这里说"人",是为什么?在(齐桓公)初年怀疑齐桓公(是否有能力)。怀疑什么?齐桓公不是受王命的方伯,却是将要把大事交给他的人。(好像是)说:"可以了?还是不可以?"举出"人"字,表示人数众多。

【经】夏季,六月,齐人灭了遂国。

【传】遂,是国。这里不记日子,因为(遂)是小国。

【经】秋季,七月。

【经】冬季,鲁庄公会见齐侯,在柯地结盟。

【传】这会盟是曹刿(参与)的会盟,是相信齐侯。齐桓公的会盟虽然我国参与,也不记日子,是坚信不疑。

注释 1 北杏：齐地，在今山东东阿北。 2 伯(bà)：方伯，春秋时诸侯盟主之称，诸侯之长之称。 3 遂：妫(guī)姓，虞舜之后。地在今山东宁阳西北。 4 柯：齐邑，在今山东阳谷东北。 5 曹刿(guì)之盟：《公羊》说鲁庄公和齐桓公盟于柯时，曹子劫持齐侯，要他归还汶阳之田，齐侯许诺。从此，"桓公之信，著乎天下"。《穀梁》以为曹子是曹刿。

庄公十四年

原文

【经】十有四年，春，齐人、陈人、曹人伐宋。

【经】夏，单伯会伐宋。

【传】会，事之成[1]也。

【经】秋，七月，荆入蔡。

【传】荆者，楚也。其曰荆，何也？州[2]举之也。州不如国，国不如名，名不如字。[3]

【经】冬，单伯会齐侯、宋公、卫侯、郑伯于鄄[4]。

【传】复同会[5]也。

译文

【经】鲁庄公十四年，春季，齐人、陈人、曹人攻伐宋国。

【经】夏季，单伯会见伐宋(将领)。

【传】"会"，是伐宋的事已经完成。

【经】秋季，七月，荆人进入蔡国。

【传】荆，就是楚。这里说荆，是什么缘故？以州来说，楚是荆州。说州不如说国，说国不如说名，说名不如说字。

【经】冬季，单伯在鄄地会见齐侯、宋公、卫侯、郑伯。

【传】这是(继春季的会之后)又一次共同与会。

注释 1 事之成：是说伐宋战事已毕，单伯才带兵赶来。 2 州：上古有九州，楚地属荆州。 3 州不如国：称荆不如称吴，吴是国名。国不如名：称楚不如称介葛卢，葛卢是介国国君之名。名不如字：称介葛卢不如称郏仪父。仪父，郏君之字。 4 鄄(juàn)：卫邑，在今山东鄄城西北。
5 复同会：继春季之会后，再次共同会商（齐桓公为霸主的事）。

庄公十五年

原文

【经】十有五年，春，齐侯、宋公、陈侯、卫侯、郑伯会于鄄。

【传】复同会也。

【经】夏，夫人姜氏如齐。

【传】妇人既嫁不逾竟，逾竟，非礼也。

【经】秋，宋人、齐人、邾人伐郳。

【经】郑人侵宋。

【经】冬，十月。

译文

【经】鲁庄公十五年，春季，齐侯、宋公、陈侯、卫侯、郑伯在鄄地会晤。

【传】这是又一次共同与会。

【经】夏季，夫人姜氏到齐国。

【传】妇人已嫁不越过国境，越过国境，是不合礼的。

【经】秋季，宋人、齐人、邾人攻伐郳国。

【经】郑人侵伐宋国。

【经】冬季，十月。

庄公十六年

原文

【经】十有六年，春，王正月。

【经】夏，宋人、齐人、卫人伐郑。

【经】秋，荆伐郑。

【经】冬，十有二月，会齐侯、宋公、陈侯、卫侯、郑伯、许男、曹伯、滑[1]伯、滕子，同盟于幽[2]。

【传】同者，有同也，同尊周也。不言公，外内寮一疑之[3]也。

【经】邾子克卒。

【传】其曰子，进之也。

译文

【经】鲁庄公十六年，春季，周王的正月。

【经】夏季，宋人、齐人、卫人攻伐郑国。

【经】秋季，荆攻伐郑国。

【经】冬季，十二月，会合齐侯、宋公、陈侯、卫侯、郑伯、许男、曹伯、滑伯、滕子，在幽共同举行会盟。

【传】所谓“同”，是有所同，同尊周（王）。不说鲁庄公（与会），是远近的诸侯们都怀疑鲁庄公（能否列在诸侯之中共推齐桓公为霸主）。

【经】邾子克去世。

【传】这里说“子”，是把他提了一级。

注释 1 滑：国名，姬姓，都城在费，故又名“费滑”，地在今河南偃师。 2 幽：宋地。 3 外内寮一疑之：外内诸侯都怀疑鲁庄公是否同意拥戴齐为霸主。寮，同官为寮，这里指诸侯们。外，指宋、陈、卫、郑、许这些诸侯，内自是指鲁国。一，同一，全都。

庄公十七年

原文

【经】十有七年,春,齐人执郑詹。

【传】人者,众辞也。以人执,与[1]之辞也。郑詹,郑之卑者。卑者不志,此其志,何也?以其逃来志之也。逃来则何志焉?将有其末[2],不得不录其本[3]也。郑詹,郑之佞人也。

【经】夏,齐人歼于遂。

【传】歼者,尽也。然则何为不言遂人尽齐人也?无遂之辞也。无遂则何为言遂?其犹存遂也。存遂奈何?曰:齐人灭遂,使人戍之。遂之因氏[4]饮戍者酒[5]而杀之,齐人歼焉。此谓狎[6]敌也。

译文

【经】鲁庄公十七年,春季,齐人逮捕郑詹。

【传】"人",是说众多。讲"人"逮捕,是赞许的话。郑詹,是郑国卑下的人。卑下的人不记,这里记,是什么缘故?因为他逃来所以记。逃来又记什么?将有结果的事情,不得不记事情的本源。郑詹,是郑国的巧言谄媚的人。

【经】夏季,齐国人在遂被歼灭。

【传】歼是尽的意思。那么为什么不说遂人杀尽了齐国人?这是遂国已灭的话。遂已灭了为什么还说遂?仍然保存遂。保存是怎么一回事?(回答)说:齐人灭亡遂国,派人戍守。遂地的因氏请戍守人员喝酒,杀死他们,(戍守的)齐国人全部被消灭。这就叫作轻敌。

【经】秋,郑詹自齐逃来。

【传】逃义[7]曰逃。

【经】冬,多麋[8]。

【经】秋季,郑詹从齐国逃来。

【传】逃避正义(的制裁)叫作逃。

【经】冬季,出现很多麋鹿。

注释 1 与:赞同,赞许。 2 末:谓"秋,郑詹自齐逃来"。 3 本:谓"齐人执郑詹"。 4 因氏:原遂国大夫因氏宗族。 5 饮戍者酒:请齐之戍守者喝酒。 6 狎:轻视。 7 逃义:逃避正义的惩罚。 8 麋(mí):麋鹿。

庄公十八年

原文

【经】十有八年,春,王三月,日有食之。

【传】不言日,不言朔,夜食也。何以知其夜食也?曰:王者朝日[1]。故虽为天子,必有尊也;贵为诸侯,必有长也。故天子朝日,诸侯朝朔[2]。

【经】夏,公追戎于济西。

【传】其不言戎之伐我,何也?以公之追

译文

【经】鲁庄公十八年,春季,周王的三月,发生日食。

【传】不记日子,不说是朔日,是晚上的日食。根据什么知道是晚上的日食?(回答)说:王者早上向日行朝见礼(当时日还有亏缺)。所以,即使是天子,必定有所尊崇;尊贵到做诸侯,必定有所敬重。所以天子每天早上行朝日礼,诸侯(每月朔日)举行朝朔的仪式。

【经】夏季,鲁庄公追戎到济水西岸。

【传】这里不说戎攻伐我国,是为什么?因为鲁庄公(领兵)追赶他们,不使

之，不使戎迩于我也。“于济西”者，大之[3]也。何大焉？为公之追之。

【经】秋，有蜮[4]。

【传】一有一亡[5]曰“有”。蜮，射人者也。

【经】冬，十月。

戎得以逼近我国。“到济水西岸”，是夸大这件事。为什么夸大？是因为鲁庄公（领兵）追赶他们。

【经】秋季，发生蜮灾。

【传】有时有，有时没有，这才记“有”。蜮，是（含沙）射人的动物。

【经】冬季，十月。

注释 1 朝日：每月初一，天子戴着玄冕在东门外朝拜日神。所以太阳刚出而有亏损或全不见，就知道是夜食。 2 朝朔：诸侯北面朝拜，接受天子所颁朔政（来年十二个月的政事），存于祖庙。每月初一，诸侯都要朝拜祖庙，使大夫南面奉天子命，自己则北面接受，然后照章施行。 3 大之：济西不是地名，而是指济水以西一大片地方，这样写，显得鲁师声势浩大。4 蜮(yù)：就是螣(tè)，一种食禾苗的害虫。《传》下文说是“射人者也”，那是据古代传说。相传蜮是一种又名“短狐”的动物，能含沙射人，使人发病。5 亡：同“无”。

庄公十九年

原文

【经】十有九年，春，王正月。

【经】夏，四月。

【经】秋，公子结媵[1]

译文

【经】鲁庄公十九年，春季，周王的正月。

【经】夏季，四月。

【经】秋季，公子结为陈人送陪嫁

陈人之妇于鄄，遂及齐侯、宋公盟。

【传】媵，浅事也，不志，此其志，何也？辟要盟[2]也。何以见其辟要盟也？媵，礼之轻者也；盟，国之重也。以轻事遂乎国重，无说[3]。其曰陈人之妇，略之[4]也。其不日，数渝[5]，恶之也。

【经】夫人姜氏如莒。

【传】妇人既嫁不逾竟，逾竟非正也。

【经】冬，齐人、宋人、陈人伐我西鄙[6]。

【传】其曰鄙，远之也。其远之，何也？不以难[7]迩我国也。

姑娘到鄄，就与齐侯、宋公结盟。

【传】送陪嫁姑娘，是小事，不记，这里记，是为什么？是回避说邀请参盟。怎么见得是回避说邀请参盟？送陪嫁姑娘，礼数上是轻的；结盟，是国家的大事。因轻事就参与国家大事，没有别的解释。这里说为陈人送陪嫁姑娘，(没有说陈人是谁，)是略去了没有说。这里不记日子，因为(盟约)很快就变卦了，是谴责这事。

【经】夫人姜氏来到莒国。

【传】妇人已嫁不越过国境，越过国境是不正当的。

【经】冬季，齐人、宋人、陈人攻伐我国西部边境地区。

【传】这里说边境地区，是说攻伐处在远处。说攻伐处在远处，是什么用意？是表示战争灾难没有逼近我国国都。

注释　1 媵(yìng)：诸侯娶于一国，二国以庶出之女陪嫁。卫女嫁陈宣公为夫人，鲁以女陪嫁，使公子结往送女。媵，在此句中，是送女陪嫁的意思。2 辟要(yāo)盟：回避说是邀请参盟。辟，避。要，邀请。　3 无说：无可解释。4 略之：故意省去不说陈人即陈侯，陈人之妇是陈侯夫人。　5 数渝(shuòyú)：屡次改变，屡屡违约。　6 鄙：边境。　7 难：灾难，战祸。

庄公二十年

原文

【经】二十年，春，王二月，夫人姜氏如莒。

【传】妇人既嫁不逾竟，逾竟非正也。

【经】夏，齐大灾。

【传】其志，以甚[1]也。

【经】秋，七月。

【经】冬，齐人伐我[2]。

译文

【经】鲁庄公二十年，春季，周王的二月，夫人姜氏来到莒国。

【传】妇人已嫁不越过国境，越过国境是不正当的。

【经】夏季，齐国发生大灾。

【传】记这件事，是因为灾害严重。

【经】秋季，七月。

【经】冬季，齐人攻伐戎。

注释 1 以甚：因为严重。 2 我：《左传》《公羊传》皆作“戎”，作“戎”为是。

庄公二十一年

原文

【经】二十有一年，春，王正月。

【经】夏，五月，辛酉，

译文

【经】二十一年，春季，周王的正月。

【经】夏季，五月，辛酉日，郑伯

郑伯突[1]卒。

突去世。

【经】秋，七月，戊戌，夫人姜氏薨。

【经】秋季，七月，戊戌日，夫人姜氏去世。

【传】妇人弗目[2]也。

【传】妇人不列细目（记地点）。

【经】冬，十有二月，葬郑厉公。

【经】冬季，十二月，安葬郑厉公。

注释 1 郑伯突：郑厉公，名突。 2 弗目：未列细目。是说没有记夫人死地。

庄公二十二年

原文

【经】二十有二年，春，王正月，肆大眚[1]。

【传】肆，失[2]也。眚，灾[3]也。灾，纪也。[4]失，故也。[5]为嫌天子之葬[6]也。

【经】癸丑，葬我小君文姜。

【传】小君，非君也。其曰君，何也？以其为公配[7]，可以言小君也。

【经】陈人杀其公子御寇。

译文

【经】鲁庄公二十二年，春季，周王的正月，赦免犯有大罪的人。

【传】肆是失的意思。眚是灾害、罪过。罪过，应当惩治。失而不治，因为有变故。（进行大赦）是因为怕说是天子特许葬文姜。

【经】癸丑日，安葬我国小君文姜。

【传】小君，不是君。这里说"君"，是什么缘故？因为她是国君（桓公）的配偶，可以说是小君。

【经】陈人杀他们的公子御寇。

【传】言公子而不言大夫,公子未命为大夫也。其曰公子,何也?公子之重视大夫[8],命以执公子[9]。

【经】夏,五月。

【经】秋,七月,丙申,及齐高傒盟于防。

【传】不言公,高傒伉[10]也。

【经】冬,公如齐纳币[11]。

【传】纳币,大夫之事也。礼有纳采[12],有问名[13],有纳徵[14],有告期[15],四者备而后娶,礼也。公之亲纳币,非礼也,故讥之。

【传】记“公子”而不记“大夫”,是公子但还没有命为大夫。这里说“公子”,是为什么?公子的重要地位与大夫相等,命为大夫可行公子的礼节。

【经】夏季,五月。

【经】秋季,七月,丙申日,与齐国高傒在防地结盟。

【传】不说鲁庄公(与高傒结盟),是因为高傒高傲。

【经】冬季,鲁庄公到齐国纳币。

【传】纳币是大夫的事。(婚)礼有纳采,有问名,有纳徵,有告期。四者齐备然后亲迎,这是礼。鲁庄公亲自纳币,不合礼,所以讥讽他。

注释 1 肆大眚(shěng):赦免犯有大罪的人。眚,过错,罪责,这里指罪人。 2 失:借为“佚”,释放,赦免。 3 灾:灾眚,也是罪的意思。 4 灾,纪也:有罪,就要治罪。纪,治。 5 失,故也:失而不治,那是因为有变故。 6 为嫌天子之葬:为了避嫌天子认可安葬文姜之事。 7 公配:鲁桓公的配偶。 8 视大夫:与大夫一样看待。 9 执公子:执公子之礼。 10 伉(kàng):高傲。高傒以齐臣身份而与鲁君结盟。 11 纳币:男方给女方送聘礼。币,本专指帛。这里泛指玉、马、皮、圭、璧、帛六种常用礼物。 12 纳采:男方送去求婚的礼物。 13 问名:男方具书问女名,女方复书告以出生年月,与其姓名。 14 纳徵:男方派人纳币以成婚礼。徵,成。 15 告期:男方把结婚日期通知女方。

庄公二十三年

原文

【经】二十有三年，春，公至自齐。

【经】祭叔[1]来聘。

【传】其不言使，何也？天子之内臣[2]也。不正其外交，故不与使也。

【经】夏，公如齐观社[3]。

【传】常事曰视，非常曰观。观，无事之辞也，以是为尸女[4]也。无事不出竟。

【经】公至自齐。

【传】公如往时[5]，正也。致月，故也。[6]如往月、致月，有惧焉尔[7]。

【经】荆人来聘。

【传】善累[8]而后进之。其曰人，何也？举道[9]不待再。

译文

【经】鲁庄公二十三年，春季，鲁庄公从齐国回国。

【经】祭叔来鲁国聘问。

【传】这里不说“使”，是什么缘故？(祭叔)是天子直辖区内的臣子。不认为他与诸侯交往是正当的，所以不写“使”。

【经】夏季，鲁庄公到齐国观看(祭祀土地之神的)社祭。

【传】做经常的事叫作“视”，做非常的事叫作“观”。“观”，是说没有(朝会的)事，认为鲁庄公是为妇女去的。没有事不出国境。

【经】鲁庄公从齐国回国。

【传】凡是说公到哪里去，去的时候记季度，是正常的。回时抵达国都，记月份，就有变故。去的时候记月份，回时抵达国都记月份，其间有危惧的事发生。

【经】荆人来鲁国聘问。

【传】积累善行然后提升他。这里说“人”(比起称“荆”来高了一级)，是什么缘故？举动符合正道不必等待再三积累。

注释 1 祭叔:祭公采邑内的大夫。 2 内臣:祭公是天子寰内诸侯,即王畿内的大臣,不得与外诸侯交往。 3 社:祭祀土地之神的盛大祭典。4 尸女:主要目的是看美女。尸,主。 5 如往时:去的时候记季度。如往,即往。 6 致月,故也:回来时记月份,那是因为有变故发生。 7 有惧焉尔:可能有可怕的事情在此时发生。 8 累:谓叠加,不一而足。9 举道:举动符合正道。一说,提举夷狄之道。

【经】公及齐侯遇于穀[1]。

【传】及者,内为志焉尔。遇者,志相得也。

【经】萧[2]叔朝公。

【传】微国之君,未爵命者。其不言来,于外也。朝于庙,正也;于外,非正也。

【经】秋,丹桓宫楹[3]。

【传】礼,天子、诸侯黝垩[4],大夫仓[5],士黈[6]。丹楹,非礼也。

【经】冬,十有一月,曹伯射姑[7]卒。

【经】十有二月,甲寅,公会齐侯,盟于扈[8]。

【经】鲁庄公与齐侯在穀相遇。

【传】"及",是鲁国想这么做。"遇",是两情相投。

【经】萧叔朝见鲁庄公。

【传】(萧叔)是小国的国君,没有接受爵命。这里没有说"来",是在外(朝见)。在庙里朝见,是正当的;在外(朝见),是不正当的。

【经】秋季,把鲁桓公庙里的大柱漆成红色。

【传】礼制:天子、诸侯庙柱子黑色、墙白色,大夫青色,士黄色。红漆柱子,不合礼制。

【经】冬季,十一月,曹伯射姑去世。

【经】十二月,甲寅日,鲁庄公会晤齐侯,在扈地结盟。

注释 1 穀:齐地,今山东东阿。 2 萧:萧本宋邑,因为它的守土者萧叔大心在鲁庄公十二年讨南宫万有功,所以,宋封以萧,使为附属国,地在今安徽萧县。 3 丹桓宫楹：把鲁桓公祭庙的廊柱漆成红色。丹，红。宫，庙。楹，廊柱。 4 黝(yǒu)垩(è)：黑、白。 5 仓：通“苍”，深青色。 6 黈(tǒu)：黄色。 7 曹伯射(yì)姑：曹庄公，名射姑。 8 扈：齐地，或在今山东观城废县境。

庄公二十四年

原文

【经】二十有四年，春，王三月，刻[1]桓宫桷[2]。

【传】礼，天子之桷，斫之礲[3]之，加密石[4]焉。诸侯之桷，斫之礲之。大夫斫之。士斫本[5]。刻桷，非正也。夫人，所以崇宗庙也，取非礼与非正[6]而加之于宗庙，以饰[7]夫人，非正也。刻桓宫桷，丹桓宫楹，斥言桓宫，以恶庄也。

【经】葬曹庄公。

【经】夏，公如齐逆女。

【传】亲迎，恒事也，不志。此其志，何也？不

译文

【经】鲁庄公二十四年，春季，周王的三月，雕刻鲁桓公庙方椽的末端。

【传】礼制：天子的方椽头，砍削它，打磨它，再加细磨石去磨。诸侯的方椽头，砍削它，打磨它。大夫的砍削它。士人的只砍去树根。雕刻椽头，不是正当的。夫人是崇敬地侍奉宗庙的，拿不合礼的（红漆楹柱）与不正当的（雕刻椽头）强加到宗庙里，用来向夫人夸耀，是不正当的。雕刻桓宫庙方椽的末端，红漆桓宫庙里的大柱，指名说“桓宫”，是为了谴责鲁庄公。

【经】安葬曹庄公。

【经】夏季，鲁庄公到齐国迎娶齐女。

【传】迎亲，是常事，不记。这里记，是为什么？不认为鲁庄公迎娶齐女是正当的。

正其亲迎于齐也。

【经】秋,公至自齐。

【传】迎者,行见诸[8],舍见诸。先至,非正也。

【经】秋季,鲁庄公从齐国回来。

【传】所谓“迎”,就是行路看见她,休息看见她。(鲁庄公)先抵达国都,不是正当的。

注释 1 刻:雕刻。 2 桷(jué):方形的椽。 3 砻(lóng):磨光,磨平。4 密石:光滑密致的石子。 5 斫本:砍削木头,不及木身。 6 取非礼与非正:娶亲而娶仇人之女儿或妹妹,行事又不当,指丹桓宫楹,刻桓宫桷。7 饰:装饰,炫耀。 8 诸:之,指代夫人姜氏。

原文

【经】八月,丁丑,夫人姜氏入。

【传】入者,内弗受也。日入,恶入者也。何用不受也?以宗庙弗受也。其以宗庙弗受,何也?娶仇人子弟,以荐舍[1]于前,其义不可受也。

【经】戊寅,大夫、宗妇[2]觌[3],用币。

【传】觌,见也。礼,大夫不见夫人。不言及,不正其行妇道,故列数之也。男子之贽[4],羔、雁、雉、腒[5]。妇人之贽,枣、栗、锻

译文

【经】八月,丁丑日,夫人姜氏进入鲁国。

【传】“入”,所进入的地方不接受进入者。记进入的日子,是谴责进入的人。为什么不接受?因为宗庙不接受。因为宗庙不接受,是怎么一回事?娶仇人家的姑娘为妻,让她在鲁桓公的牌位前祭祀,在义理上说是不可以接受的。

【经】戊寅日,大夫、同宗大夫的妻子(与国君夫人)相见,用玉帛作见面礼。

【传】觌,是见的意思。礼制:大夫不见(国君)夫人。不说“及”,不认为大夫们行妇人之道(见夫人)是正当的,所以把大夫和同宗大夫的妻子并列。男

脩[6]。用币，非礼也。用者，不宜用者也。大夫，国体也，而行妇道，恶之，故谨而日之也。

【经】大水。

【经】冬，戎侵曹。曹羁[7]出奔陈。赤归于曹。郭公[8]。

【传】赤，盖郭公也。何为名也？礼，诸侯无外归之义，外归，非正也。

子的见面礼：羔羊、雁、野鸡、干鸟肉。妇人的见面礼：枣、栗、香肉脯。用玉帛，不合礼。“用”，意思是不当用的。大夫，是国家的栋梁，却行妇人之道，认为是坏事，所以郑重地记上日子。

【经】发大水。

【经】冬季，戎侵伐曹国。曹羁出逃到陈国。赤归附于曹国。这就是郭公。

【传】赤，大概是郭公。为什么举出他的名？礼制：诸侯没有归附外国的道理，归附于外国，是不正当的。

注释 1 荐舍：谓祭祀。荐，进献。舍，置，安置祭品。 2 宗妇：与鲁侯同姓的大夫的妻子。 3 觌(dí)：见，卑见尊。 4 贽(zhì)：见尊长时所送的礼品。 5 腒(jū)：干鸟肉。 6 锻脩：加姜桂等料制作的干肉。锻，通“腶”。 7 曹羁：曹国大夫，或是曹世子。 8 郭公：其下或有阙文。《穀梁传》解释，郭公，就是郭公赤，归附于曹国。

庄公二十五年

原文

【经】二十有五年，春，陈侯使女叔[1]来聘。

【传】其不名，何也？

译文

【经】鲁庄公二十五年，春季，陈侯派女叔来鲁国聘问。

【传】这里不称名，是为什么？因

天子之命大夫也。

【经】夏，五月，癸丑，卫侯朔[2]卒。

【经】六月，辛未，朔，日有食之。

【传】言日言朔，食正朔也。

【经】鼓[3]，用牲[4]于社[5]。

【传】鼓，礼也。用牲，非礼也。天子救日，置五麾[6]，陈五兵[7]、五鼓[8]。诸侯置三麾，陈三鼓、三兵[9]。大夫击门[10]；士击柝[11]。言充其阳也。

【经】伯姬归于杞。

【传】其不言逆，何也？逆之道微，无足道焉尔。

【经】秋，大水。鼓，用牲于社、于门。

【传】高下有水灾，曰大水。既戒鼓而骇众[12]，用牲可以已矣。救日以鼓兵[13]，救水以鼓众[14]。

【经】冬，公子友[15]如陈。

为他是接受了天子爵命的大夫。

【经】夏季，五月，癸丑日，卫侯朔去世。

【经】六月，辛未日，朔日，发生日食。

【传】记日记朔，日食正在朔日。

【经】击鼓，在社坛处用牲祭祀（以救日）。

【传】击鼓，是礼。用牲，不合礼。天子救日，竖立五杆旌旗，陈设五种兵器、五面鼓。诸侯竖立三杆旌旗，陈设三种兵器、三面鼓。大夫击门；士击梆子。（这一切）是说要使阳气充盛。

【经】伯姬出嫁到杞国。

【传】这里不说（杞国人）迎女，是什么缘故？迎女的规矩被轻视，这类事情就不值得称道了。

【经】秋季，发大水。击鼓，在社坛和城门处用牲祭祀。

【传】高处、低处都有水灾，叫作大水。既已敲响警戒的鼓惊动了众人，牲就可以不用了。救日用击鼓陈兵（御侮），救水用击鼓聚集众人。

【经】冬季，公子友到陈国。

注释 1 女叔:陈国大夫。女,氏;叔,字。 2 卫侯朔:卫惠公,名朔。 3 鼓:击鼓。 4 用牲:杀牲畜以祭。 5 社:祭土地神之处。 6 置五麾:设置五种颜色的旌旗,分别插在五个方位:东方青旗,南方赤旗,西方白旗,北方黑旗,中央黄旗。 7 陈五兵:陈列五种兵器,分放五处:东方戈,南方殳,西方戟,北方酋矛,中央弓矢。 8 五鼓:东方青色鼓,南方赤色鼓,西方白色鼓,北方黑色鼓,中央黄色鼓。 9 三麾、三鼓、三兵:从五麾、五鼓中去其黑黄二色,从五兵中去其北方与中央之兵。 10 门:谓城门。 11 柝(tuò):梆子。 12 戒鼓而骇众:击鼓报警,惊动民众。 13 鼓兵:击鼓并陈列兵器,以助兵威。 14 鼓众:击鼓并聚众,以壮士气。 15 公子友:鲁庄公同母弟。

庄公二十六年

原文

【经】二十有六年,春,公伐戎。

【经】夏,公至自伐戎。

【经】曹杀其大夫。

【传】言大夫而不称名姓,无命大夫也。无命大夫而曰大夫,贤也,为曹羁崇[1]也。

【经】秋,公会宋人、齐人伐徐[2]。

译文

【经】鲁庄公二十六年,春季,鲁庄公攻伐戎。

【经】夏季,鲁庄公从攻伐戎的战场回国。

【经】曹国杀死他们的大夫。

【传】说"大夫"而不称名姓,因为他是没有受爵命的大夫。没有受爵命的大夫而说"大夫",是因为他贤能,是为了尊敬曹羁。

【经】秋季,鲁庄公会合宋人、齐人攻伐徐国。

【经】冬，十有二月，癸亥，朔，日有食之。

【经】冬季，十二月，癸亥日，朔日，发生日食。

注释 1 曹羁崇：推崇曹羁，尊重他。《穀梁传》以为曹所杀大夫便是曹羁。2 徐：嬴姓国，在今安徽泗县西北。

庄公二十七年

原文

【经】二十有七年，春，公会杞伯姬[1]于洮[2]。

【经】夏，六月，公会齐侯、宋公、陈侯、郑伯，同盟于幽。

【传】同者，有同也，同尊周也，于是而后授之诸侯也。其授之诸侯，何也？齐侯得众也。桓会不致，安之也。桓盟不日，信之也。信其信，仁其仁[3]。衣裳之会十有一[4]，未尝有歃血[5]之盟也，信厚也。兵车之会四[6]，未尝有大战也，爱民也。

译文

【经】鲁庄公二十七年，春季，鲁庄公在洮地会见杞伯姬。

【经】夏季，六月，鲁庄公会见齐侯、宋公、陈侯、郑伯，在幽地共同会盟。

【传】“同”，是有所同，是共同尊奉周王，从此以后把诸侯的领导权授给齐桓公了。这里说把诸侯的领导权授给齐桓公，是怎么一回事？是说齐侯获得了众诸侯的拥护。齐桓公的会不记归国，认为这样的会安全。齐桓公结盟不记日子，是相信这样的盟会。相信他的信实，敬爱他的仁德。（齐桓公参加过）十一个穿礼服的会，未曾有含血的盟誓，是因为忠信厚道。（齐桓公又参加过）四个有兵车的会，未曾有过大战，是因为爱护人民。

注释 1 伯姬：鲁庄公女。 2 洮(táo)：鲁地，在今山东泗水东南。 3 仁其仁：以仁爱回应他的仁爱。 4 衣裳之会十有一：鲁庄公十三年会北杏，十四年会鄄，十五年又会鄄，十六年会幽，二十七年又会幽，鲁僖公元年会柽，二年会贯，三年会阳穀，五年会首戴，七年会宁母，九年会葵丘：共为十一会。 5 歃(shà)血：诸侯会盟时，口含牲畜的血，或用血涂口旁，表示信誓不变。 6 兵车之会四：鲁僖公八年会洮，十三年会咸，十五年会牡丘，十五年会淮。

原文

【经】秋，公子友如陈葬原仲[1]。

【传】言葬不言卒，不葬者也。不葬而曰葬，讳出奔也。

【经】冬，杞伯姬来。

【经】莒庆来逆叔姬。

【传】诸侯之嫁子于大夫，主大夫[2]以与之。来者，接内也。不正其接内，故不与夫妇之称也。

【经】杞伯来朝。

【经】公会齐侯于城濮[3]。

译文

【经】秋季，公子友到陈国参加原仲的葬礼。

【传】记葬(前文)没有记去世，是不当记葬的。不当记葬而说“葬”，是隐讳(公子友)出奔。

【经】冬季，杞伯姬回来。

【经】莒庆来迎娶叔姬。

【传】诸侯的女儿嫁给大夫，以大夫主婚嫁给他。说“来”，那就是与鲁国国君打交道。不认为莒庆与鲁国国君打交道是正当的，所以(不说“逆女”)不给他以夫妇的称呼。

【经】杞伯来鲁国朝见。

【经】鲁庄公在城濮会见齐侯。

注释 1 原仲：陈国大夫。 2 主大夫：本国大夫主婚。 3 城濮：卫地，在今山东鄄城西南。

庄公二十八年

原文

【经】二十有八年，春，王三月，甲寅，齐人伐卫。卫人及齐人战，卫人败绩。

【传】于伐与战，安[1]战也？战卫。战则是师也，其曰人，何也？微之[2]也。何为微之也？今授之诸侯[3]，而后有侵伐之事，故微之也。其人卫，何也？以其人齐，不可不人卫也。卫小齐大，其以卫及之，何也？以其微之，可以言及也。其称人以败，何也？不以师败于人也。

【经】夏，四月，丁未，邾子琐卒。

译文

【经】鲁庄公二十八年，春季，周王的三月，甲寅日，齐人攻伐卫国。卫人与齐人作战，卫人大败。

【传】在攻伐中相互战斗，在什么地方作战？在卫国战。作战就是军队，这里说“人”，是什么缘故？是小看他（齐桓公）。为什么小看他？刚任命他为诸侯长，就有侵伐的事，所以小看他。那么对卫也称“人”，是为什么？因为称齐人，就不可以不称卫人。卫国小，齐国大，这里（卫列在前）说卫人“及”齐人作战，是什么缘故？因为小看他（齐桓公），就可以说“及”了。这里说（卫）“人”败，是什么缘故？是不让军队为别人所败。

【经】夏季，四月，丁未日，邾子琐去世。

注释 1 安：疑问代词，在哪里。 2 微之：小看他。 3 授之诸侯：谓任命他为诸侯长。

原文

【经】秋，荆伐郑。

【传】荆者，楚也。其曰荆，州举之也。

【经】公会齐人、宋人救郑。

【传】善救郑也。

【经】冬，筑微[1]。

【传】山林薮[2]泽之利，所以与民共[3]也。虞之[4]，非正也。

【经】大无麦、禾。

【传】大者，有顾之辞[5]也，于无禾及无麦也。

译文

【经】秋季，荆攻伐郑国。

【传】荆，就是楚。这里说“荆”，是举楚所在的州名。

【经】鲁庄公会合齐人、宋人援救郑国。

【传】这是认为救郑是好事。

【经】冬季，在微筑墙。

【传】山林沼泽所出产的财利，是与人民共同享有的。设置虞官管理这一地区，(禁止人民进入)不是正当的。

【经】麦与黍稷(等粮食作物)完全没有收成。

【传】“大”，是说顾及了全年的情况，在黍稷等无收成的时候，回顾到夏季麦也没有收成。

注释 1 微：地约在今山东阳谷东南。 2 薮(sǒu)：水浅草茂的泽地。 3 与民共：国家和人民共同所有。山林出产竹木和野兽，薮泽地产野兽和鱼类，这些应该听任民众去砍伐、捕捉。 4 虞之：加以管理，不让民众去获取利益。虞，主管山泽之官，这里用作动词。 5 有顾之辞：回过头来总结的话。麦在禾先，麦已无，禾又无，于无禾时总结一年的收成，麦无收成，禾也无收成，于是说“大无”。禾，包括黍、稷、稻、瓜、粱等。

【经】臧孙辰[1]告籴[2]于齐。

【传】国无三年之畜[3]，

【经】臧孙辰向齐国请求购粮。

【传】国家没有三年的粮食储备，可以说这个国家就称不上是(君主)他

曰国非其国也。一年不升[4],告籴诸侯。告,请也。籴,籴也[5]。不正,故举臧孙辰以为私行也。国无九年之畜,曰不足。无六年之畜,曰急。无三年之畜,曰国非其国也。诸侯无粟,诸侯相归[6]粟,正也。臧孙辰告籴于齐,告然后与之,言内之无外交也。古者税什一[7],丰年补败[8],不外求而上下皆足也,虽累凶年,民弗病也。一年不艾[9]而百姓饥,君子非之。不言如,为内讳也。

所有的国家了。一年没有收成,(就)向诸侯请求购粮。告,是请求。籴,是买进粮食。这是不正当的,所以说出臧孙辰来,好像这是他私人的行为。国家没有九年的粮食储备,叫作不足。没有六年的储备,叫作紧急。没有三年的储备,就称为国不是(君主)他所有的国家了。诸侯没有粮,(其他)诸侯国相赠送,这是正当的行为。"臧孙辰向齐国请求购粮",请求才给予,是说鲁国没有良好的外交。古时纳十分之一的税,丰收年度补歉收年度,不向外请求,(君民)上下都不缺粮,即使连年歉收,人民也不会受饥饿之苦。一年不收百姓就发生饥荒,君子谴责这种情况。不说"如",是为鲁国隐讳。

注释 1 臧孙辰:即臧文仲,鲁国执政大臣,氏臧孙,名辰。 2 籴(dí):买进粮食。 3 畜:读为"蓄",积蓄。 4 升:谷物登场,谓收成。 5 籴,籴也:古者籴、粜同音,这话意思是,说的是买进的"籴",不是卖出的"粜"。 6 归:通"馈",赠送。 7 什一:十分之一。 8 败:谓歉收之年。 9 艾:通"刈",收割。

庄公二十九年

原文

【经】二十有九年，春，新延厩。

【传】延厩者，法厩[1]也。其言新，有故也。有故则何为书也？古之君人者，必时[2]视民之所勤。民勤于力，则功筑罕；民勤于财，则贡赋少；民勤于食，则百事废矣。冬筑微，春新延厩，以其用民力为已悉[3]矣。

【经】夏，郑人侵许。

【经】秋，有蜚[4]。

【传】一有一亡曰有。

【经】冬，十有二月，纪叔姬卒。

【经】城诸及防[5]。

【传】可城也。以大及小也。

译文

【经】鲁庄公二十九年，春季，装修延厩，使它像新的一样。

【传】延厩，按礼法应有的马厩。这里说“新”，那就本有旧的。本有旧的，记它做什么？古代为人君的，必定按时视察人民所勤苦的是什么。人民苦于劳役，就减少土木建筑；人民苦于缴纳钱谷，就减少贡赋；人民苦于没有吃的，那就什么事情都不兴办了。去年冬天在微筑墙，今年春天又装修延厩，认为鲁国用民力已经用尽了。

【经】夏季，郑人侵伐许国。

【经】秋季，有名为蜚的小飞虫。

【传】一时有一时没有才记“有”。

【经】冬季，十二月，纪叔姬去世。

【经】修筑诸和防的城墙。

【传】这是可以筑城墙的时候。（说“诸及防”）是由大到小。

注释 1 法厩(jiù):其建筑规格合乎礼法的马棚。厩,马棚。 2 时:按时。一说时时,经常。 3 悉:尽。 4 蜚(fěi):害虫名,体轻如蚊,形椭圆,发恶臭,群集食稻花,使稻穗不结实。 5 诸、防:鲁国二邑,诸大防小。诸,故城在今山东诸城西南。防,即东防。

庄公三十年

原文

【经】三十年,春,王正月。

【经】夏,师次于成。

【传】次,止也,有畏也,欲救鄣而不能也。不言公,耻不能救鄣也。

【经】秋,七月,齐人降鄣[1]。

【传】降,犹下也。鄣,纪之遗邑也。

【经】八月,癸亥,葬纪叔姬。

【传】不日卒而日葬,闵纪之亡也。

【经】九月,庚午,朔,日有食之。鼓,用牲于社。

【经】冬,公及齐侯遇

译文

【经】鲁庄公三十年,春季,周王的正月。

【经】夏季,军队驻扎在成地。

【传】驻扎,是停止(不进),是有所畏惧,想救鄣却不能救。不说鲁庄公,是以不能救鄣为耻。

【经】秋季,七月,齐人迫使鄣投降。

【传】降,如同说攻下。鄣,是纪国剩下的一个邑。

【经】八月,癸亥日,安葬纪叔姬。

【传】没有记去世的日子,而记葬的日子,是悲伤纪国的灭亡。

【经】九月,庚午日,朔日,发生日食。鸣鼓,在社坛用牲祭祀。

【经】冬季,鲁庄公及齐侯在鲁济相遇。

【传】"及",是鲁国本愿如此。

于鲁济[2]。

【传】及者，内为志焉尔。遇者，志相得也。

【经】齐人伐山戎[3]。

【传】齐人者，齐侯也。其曰人，何也？爱齐侯乎山戎[4]也。其爱之何也？桓内无因国[5]，外无从诸侯，而越千里之险北伐山戎，危之也。则非之乎？善之也。何善乎尔？燕[6]，周之分子[7]也，贡职不至，山戎为之伐矣。

遇，是心意相投。

【经】齐人攻伐山戎。

【传】"齐人"，是齐侯。这里说"人"，是为什么？爱惜齐侯免与山戎并称。要爱惜齐桓公是怎么一回事？齐桓公内无近于山戎的国家的帮助，外无诸侯国随从征战，竟然越过千里的险阻到北方去攻伐山戎，为他感到危险。那么是谴责他吗？（不是，）是赞扬他。为什么赞扬他？燕，是周的分支的后代子孙，（燕的）进贡物品不能到达京师，是因为山戎向它进行攻击。

注释 1 郚：纪之遗邑。纪亡于齐已二十五年，纪季还保有酅，并有郚邑。现在，齐桓公才占有它。郚地在今江苏赣榆旧城北。 2 鲁济：春秋时济水经过曹、卫、齐、鲁的国境，在鲁境内的称为"鲁济"。 3 山戎：春秋时北方民族名，在今河北东部，和齐、郑、燕等国境界相接。 4 爱齐侯乎山戎：爱惜齐侯免与山戎并称。 5 因国：亲近于齐国的国家（的帮助）。一说谓近于山戎的国家（的帮助）。因，亲，亲近。 6 燕（yān）：周初太保召康公的子孙所封国。 7 分子：分支的后代。

庄公三十一年

原文

【经】三十有一年，

译文

【经】鲁庄公三十一年，春季，在郎筑台。

春，筑台于郎[1]。

【经】夏，四月，薛伯卒。筑台于薛[2]。

【经】六月，齐侯来献戎捷。

【传】齐侯来献捷者，内齐侯也。不言使，内与同[3]，不言使也。献戎捷，军得曰捷。戎菽[4]也。

【经】秋，筑台于秦[5]。

【传】不正罢民三时[6]，虞[7]山林薮泽之利，且财尽则怨，力尽则怼[8]，君子危之，故谨而志之也。或曰：倚诸桓[9]也。桓外无诸侯之变，内无国事，越千里之险，北伐山戎，为燕辟地。鲁外无诸侯之变，内无国事，一年罢民三时，虞山林薮泽之利，恶内也。

【经】冬，不雨。

【经】夏季，四月，薛伯去世。在薛筑台。

【经】六月，齐侯来献征伐山戎所得战利品。

【传】"齐侯来献征伐山戎所得胜利品"，(这样措辞)是把齐侯看成自己人。不说"使"，是因为既看成自己人就如同鲁本国一样，不说"使"。"献征伐山戎所得战利品"，军队(从战争中)所得叫作战利品。(这里)就是胡豆。

【经】秋季，在秦筑台。

【传】以为使人民在春夏秋三季疲于筑台，禁守山林沼泽，使人民不能得利是不正当的，而且财尽人民就怨，力尽人民就恨，君子为他感到危险，所以郑重地记下这些事。有人说：这是使他(鲁庄公)区别于齐桓公。齐桓公外无诸侯侵伐的变故，内无重大的灾丧的事情，越过千里之遥的险阻，向北征伐山戎，为燕国开辟土地。鲁国外无诸侯侵伐的变故，内无重大的灾丧的事情，一年之内使人民三个季度疲困于筑台，禁守山林沼泽，使人民不能得利，(《春秋》在这里)是谴责鲁国。

【经】冬季，没有下雨。

注释 1 郎：曲阜南郊之邑。台在曲阜东南。 2 薛：鲁地。 3 内与同：与内同。内，指鲁。 4 戎菽：胡豆，山戎出产的豆类。 5 秦：鲁地，今山东范县西北有秦亭,或是其地。 6 罢(pí)民三时:使人民三个时节都疲累,让他们不堪重负。罢,通“疲”,使……疲。 7 虞:本是管理山林湖泊水泽的官。这里用如动词,犹如说管制,不让百姓得利。 8 怼(duì):怨恨。 9 倚(jī)诸桓:不同于齐桓公。倚,通“奇”,不同。

庄公三十二年

原文

【经】三十有二年,春,城小穀[1]。

【经】夏,宋公、齐侯遇于梁丘[2]。

【传】遇者,志相得也。梁丘,在曹、邾之间,去齐八百里。非不能从[3]诸侯而往也,辞所遇,遇所不遇,大齐桓也。

【经】秋,七月,癸巳,公子牙[4]卒。

译文

【经】鲁庄公三十二年,春季,修筑小穀的城墙。

【经】夏季,宋公、齐侯在梁丘相遇。

【传】遇,是志意相投。梁丘,在曹国与邾国之间,距齐国八百里。不是不能使诸侯相从前往,谢绝(沿途八百里)可以相遇的诸侯,去遇不必相遇(的宋公),这是夸赞齐桓公。

【经】秋季,七月,癸巳日,公子牙去世。

注释 1 小穀:鲁邑,在今山东曲阜西北。《左传》说是齐桓公为管仲在小穀筑城,鲁派工役参加。 2 梁丘:宋邑,在今山东武成东北。 3 从:使……从。 4 公子牙:鲁庄公同母弟。他企图在鲁庄公死后,废除鲁庄公之子公子般,而立同母兄庆父为君。他的同母弟公子友鸩杀了他,但又为他立后,施以恩礼,似乎他是善终的。所以经文也就这样写,从而掩盖他的罪恶。

原文

【经】八月，癸亥，公薨于路寝。

【传】路寝，正寝[1]也。寝疾居正寝，正也。男子不绝于妇人之手，以齐[2]终也。

【经】冬，十月，乙未，子般[3]卒。

【传】子卒日，正也。不日，故也。有所见[4]则日。

【经】公子庆父如齐。

【传】此奔也，其曰"如"，何也？讳莫如深[5]，深则隐。苟有所见，莫如深也。

【经】狄伐邢[6]。

译文

【经】八月，癸亥日，鲁庄公在路寝去世。

【传】路寝，是正寝。卧病的时候居于正寝，是正当的。男子不死在妇人手里，是因为要在庄敬整洁中死去。

【经】冬季，十月，乙未日，子般去世。

【传】在丧的嗣君死，记日子，是正当的。不记日子，是因为有变故。如果在别的地方看得出来有变故，也可以记日子。

【经】公子庆父到齐国。

【传】这是出逃，这里说"如"，是为什么？《春秋》讳法，措辞不如幽深的好，但措辞幽深，史实就不明白。如果能在别处看出史实来，还是措辞幽深的好。

【经】狄攻伐邢国。

注释　1 正寝：天子诸侯有三个寝室，一叫高寝，二叫路寝，三叫小寝。平时居于小寝，卧病不起，要移到正寝（也就是路寝）。人君之所以要移居正寝，为的是公卿可以进来问病，病危也好商量后事。　2 齐（zhāi）：同"斋"，使心身整洁。　3 子般：鲁庄公太子，名般。鲁庄公死，般继位，当年为其叔庆父所弑。　4 有所见（xiàn）：指下面的经文不写鲁闵公即位，由此看出他是继承被弑者的君位。所以这里经文就记下子般卒的日期，好像子般是正常死的一样。　5 讳莫如深：既要隐讳就不如深深地隐讳。6 邢：姬姓国，周公之子所封，地在今河北邢台西南。

闵公

闵公元年

原文

【经】元年[1],春,王正月。

【传】继弑君不言即位,正也。亲之[2]非父也,尊之非君也。继之如君父也者,受国焉尔。

【经】齐人救邢。

【传】善救邢也。

【经】夏,六月,辛酉,葬我君庄公。

【传】庄公葬而后举谥,谥所以成德也,于卒事乎加之矣。

【经】秋,八月,公[3]及齐侯盟于洛姑[4]。

【传】盟纳季子[5]也。

译文

【经】鲁闵公元年,春季,周王的正月。

【传】接着被杀的国君为君不说"即位",是正当的。对被杀的国君亲敬,他不是父亲,对他尊崇,他还不是国君。但接他的位如同接国君、父亲的位一样,是因为接受了国家。

【经】齐人援救邢国。

【传】(记这事)是认为救邢是好事。

【经】夏季,六月,辛酉日,安葬我国的国君鲁庄公。

【传】"庄公",葬了之后才举谥号,谥号是表示德行的,在丧葬的事完毕后给他加上。

【经】秋季,八月,鲁闵公与齐侯在洛姑结盟。

【传】结盟,是为了接受季子回国。

【经】季子回到鲁国。

【经】季子来归。

【传】其曰季子，贵之也。其曰来归，喜之也。

【经】冬，齐仲孙来。

【传】其曰齐仲孙[6]，外之也。其不目[7]而曰仲孙，疏之也。其言齐，以累桓[8]也。

【传】这里说"季子"(不说"公子友")，是尊崇他。这里说"来归"，是对他回国感到喜悦。

【经】冬季，齐国的仲孙来鲁国。

【传】这里说"齐仲孙"，是把他当外人看待。这里不确指公子庆父而说"仲孙"，是疏远他。前面加上"齐"，是连累到齐桓公(，怪他没有除去恶人)。

注释 1 元年：鲁闵公元年，公元前661年。 2 之：代子般。子般是闵公的异母兄。下文"尊之""继之"的"之"也是代子般。 3 公：鲁闵公，鲁庄公的儿子，夫人哀姜的妹妹叔姜所生，名启方。鲁庄公死，子般立。还未正式即位，被庆父杀死。于是改立启方为国君，是为鲁闵公。 4 洛姑：齐地。 5 季子：公子友，鲁庄公幼弟，鲁闵公叔父。兄弟排行小的叫季，公子友，又叫"季友"。这里说"季子"，子，是男子的美称。说"纳季子"，可知他曾出国避难，这时请他回来。 6 齐仲孙：《公羊传》和《榖梁传》都认为就是庆父，其实别有其人，两《传》误会。 7 不目：不列细目，指不在名字上加"公子"这样的称呼。 8 累桓：连累齐桓公也受到谴责。庆父弑君，罪大恶极，而齐桓公接受他，不加诛讨，现在又让他回鲁去捣乱，所以经文谴责齐桓公。

闵公二年

原文

【经】二年，春，王正月，齐人迁阳[1]。

译文

【经】鲁闵公二年，春季，周王的正月，齐人迁徙阳国人。

【经】夏，五月，乙酉，吉禘[2]于庄公。

【传】吉禘者，不吉者也。丧事未毕[3]而举吉祭，故非之也。

【经】秋，八月，辛丑，公薨。

【传】不地，故也。其不书葬，不以讨母葬子[4]也。

【经】九月，夫人姜氏孙于邾。

【传】孙之为言犹孙也，讳奔也。

【经】公子庆父[5]出奔莒。

【传】其曰出，绝之也。庆父不复见矣。

【经】冬，齐高子[6]来盟。

【传】其曰来，喜之也。其曰高子，贵之也。盟立僖公也。不言使，何也？不以[7]齐侯使高子也。

【经】十有二月，狄入

【经】夏季，五月，乙酉日，在鲁庄公庙里举行吉祥的禘祭。

【传】"吉祥的禘祭"，是不吉祥的。三年之丧还没有到期就举行吉祥的祭祀，所以谴责它。

【经】秋季，八月，辛丑日，鲁闵公去世。

【传】没有记地点，是因为有变故。没有记安葬闵公，（哀姜参与杀闵公，闵公是哀姜的儿子，）不在诛讨母亲之后才安葬儿子。

【经】九月，夫人姜氏到邾逊避。

【传】逊避的意思（实际上）是逊遁，是隐讳出逃。

【经】公子庆父出逃到莒国。

【传】这里说"出"，是与他决绝。庆父不再出现了。

【经】冬季，齐国的高子来鲁国结盟。

【传】这里说"来"，是为他来感到高兴。这里说"高子"，是尊崇他。结盟，是立鲁僖公为君。不说"使"，是为什么？不认为是齐侯使高子。

【经】十二月，狄侵入卫国。

卫。

【经】郑弃其师。

【传】恶其长[8]也，兼不反其众[9]，则是弃其师也。

【经】郑国抛弃它的军队。

【传】（这样做）是因为憎恶这支军队的将领，同时不让他率领的军队回国，那就是抛弃他的军队。

注释 1 齐人迁阳：这是齐人逼迫阳的民众搬迁而占有其地。阳，姬姓国，地在今山东沂水西南。 2 吉禘(dì)：三年之丧，二十五月而毕，送新死者的神主到宗庙里，举行大祭，分清祖先神主牌位的顺序。然后举行禫(dàn)祭，脱掉丧服，改穿吉服。这里所说"吉禘"，是合大祭、禫祭而言。 3 丧事未毕：鲁庄公死于庄公三十二年八月，至今闵公二年五月，不到二十二个月，所以说"丧事未毕"。 4 不以讨母葬子：按《春秋》例，君弑贼不讨，不得书葬。经文不书鲁闵公之葬，是因为他被弑是由于庆父想自立为君，哀姜和庆父通奸，参加了篡弑阴谋。后来庆父虽然自缢，哀姜也被齐桓公缢死，而继承鲁闵公君位的鲁僖公，是鲁庄公妾成风所生，哀姜是他和鲁闵公的嫡母，经文如果记下鲁闵公的葬，就是说鲁僖公已声讨哀姜的罪行，成为"讨母葬子"了，而这是违背孝道的，所以经文只好不书葬。 5 公子庆父：鲁桓公子，鲁庄公长弟，与鲁庄公夫人哀姜通奸，欲自立为君，先弑子般，又弑鲁闵公。在公子友和国人的声讨之下，自缢死。 6 高子：齐国大夫高傒。子，美称。 7 不以：不认为是。 8 恶其长：郑文公憎恶郑军统帅高克。 9 不反其众：不命令军众返回。反，返。

僖公

僖公元年

原文

【经】元年[1]，春，王正月。

【传】继弑君不言即位，正也。

【经】齐师、宋师、曹师次于聂北[2]，救邢。

【传】救不言次，言次非救也。非救而曰救，何也？遂齐侯之意也。是齐侯与？齐侯也。何用见其是齐侯也？曹无师，曹师者，曹伯也。其不言曹伯，何也？以其不言齐侯，不可言曹伯也。其不言齐侯，何也？以其不足乎扬[3]，不言齐侯也。

【经】夏，六月，邢迁于

译文

【经】鲁僖公元年，春季，周王的正月。

【传】接着被杀的君主为君不说"即位"，是正当的。

【经】齐军、宋军、曹军驻扎在聂北，援救邢国。

【传】援救不说"驻扎"，说"驻扎"就不是援救。不是援救却说"援救"，是什么缘故？是顺着齐侯的本意记的。这是齐侯吗？这是齐侯。凭什么知道他是齐侯？曹国没有军队，"曹军"，就是曹伯。为什么又不说"曹伯"？因为《春秋》没有说"齐侯"，就不可以说"曹伯"。《春秋》这里不说"齐侯"，是什么缘故？因为他不值得赞扬，所以不说"齐侯"。

夷仪[4]。

【传】迁者，犹得其国家以往者也。其地，邢复见也。

【经】齐师、宋师、曹师城邢。

【传】是向[5]之师也，使之如改事然，美齐侯之功也。

【经】夏季，六月，邢国迁徙到夷仪。

【传】迁徙，是还保存了国家往那里去的。记上地点，是因为邢在《春秋》上还会重新出现。

【经】齐军、宋军、曹军为邢筑城。

【传】这些军队就是前面(救邢)的军队，派遣他们就好像在另外做一件事一样，(这样记)是赞美齐侯的功绩。

注释 **1** 元年：鲁僖公元年，公元前659年。 **2** 聂北：邢地，在今山东聊城茌平区博平镇。 **3** 不足乎扬：不值得表扬称道。 **4** 夷仪：邢地，在今山东聊城西南。邢迁夷仪，为了避开狄人。 **5** 向：上一次，原先。

【经】秋，七月，戊辰，夫人姜氏[1]薨于夷[2]。

【传】夫人薨不地。地，故也。

【经】齐人以归。

【传】不言以丧归，非以丧归也。加丧焉，讳以夫人归也，其以归薨之[3]也。

【经】楚[4]人伐郑。

【经】八月，公[5]会齐侯、宋公、郑伯、曹伯、邾人

【经】秋季，七月，戊辰日，夫人姜氏在夷地去世。

【传】夫人死不记地点。记地点，是发生了变故。

【经】齐人把她带回去。

【传】不说把遗体带回去，因为本不是把遗体带回去。先加上死了的话，是隐讳把(活着的)夫人带回去，事实是把夫人带回去处死的。

【经】楚人攻伐郑国。

【经】八月，鲁僖公在柽会见齐侯、宋公、郑伯、曹伯、邾人。

于柽[6]。

【经】九月，公败邾师于偃[7]。

【传】不日，疑战也。疑战而曰败，胜内也。

【经】九月，鲁僖公在偃地打败邾国军队。

【传】不记日子，因为这是用巧诈手段进行的战争。巧诈的战争却说“打败”（邾国军队），因为胜利在鲁国一方。

注释 1 夫人姜氏：哀姜，鲁庄公夫人。 2 夷：一说鲁地，一说齐地，一说夷国。故城在今山东即墨西。哀姜先逃到邾国，再逃到夷国，在夷国逝世。 3 薨之：弄死她。《左传》以为是齐人把哀姜带回齐国去弄死的。 4 楚：庄公二十八年还称荆，到僖公元年始称楚。 5 公：鲁僖公，名申，鲁庄公之少子，母成风，鲁闵公之庶兄。 6 柽(chēng)：宋邑，在今河南淮阳。 7 偃：邾地，在今山东费县南。

【经】冬，十月，壬午，公子友帅师败莒师于丽[1]，获莒挐[2]。

【传】莒无大夫，其曰莒挐，何也？以吾获之目之也。内不言获，此其言获，何也？恶公子之绐[3]。绐者奈何？公子友谓莒挐曰：“吾二人不相说[4]，士卒何罪？”屏[5]左右而相搏，公子友处下，左右曰：“孟劳！”孟劳者，鲁之宝刀也。公子友

【经】冬季，十月，壬午日，公子友领兵在丽打败莒国军队，俘获莒挐。

【传】莒国没有大夫，这里记下“莒挐”，是什么缘故？因为我国俘获了他才记下的。对于鲁国不说俘获，这里却说俘获，是为什么？是谴责公子（友）的欺骗。欺骗是怎么一回事？公子友对莒挐说：“我们两人不相好，兵士有什么罪过？”遣开左右随从徒手搏斗，公子友处于下风，左右侍从说：“孟劳！”孟劳，是鲁国的宝刀。公子友用这宝刀杀了莒挐。

以杀之。然则何以恶乎绐也？曰：弃师之道也。

【经】十有二月，丁巳，夫人氏之丧至自齐。

【传】其不言姜，以其杀二子，贬之也。或曰：为齐桓讳杀同姓也。

那么为什么谴责欺骗？（回答）说：这是抛弃军队的做法。

【经】十二月，丁巳日，夫人的遗体从齐国运回鲁国。

【传】这里不说“姜”，是因为她杀死两个儿子，所以贬斥她。有人说：这是为齐桓公杀同姓隐讳。

注释 1 丽：鲁地。 2 莒挐(rú)：莒君之弟。 3 绐(dài)：欺骗。 4 说：通“悦”。 5 屏(bǐng)：使……退避。

僖公二年

原文

【经】二年，春，王正月，城楚丘[1]。

【传】楚丘者何？卫邑也。国而[2]曰城，此邑也，其曰城，何也？封卫也。则其不言城卫，何也？卫未迁也。其不言卫之迁焉，何也？不与齐侯专封也。其言城之者，专辞[3]也。故非天子不得专封诸侯。诸侯不得专封诸侯，虽通其

译文

【经】鲁僖公二年，春季，周王的正月，在楚丘筑城。

【传】楚丘是什么地方？是卫国的邑。国都才叫筑城，这是邑，《春秋》说筑城，是为什么？是封卫（让它恢复国家）。这里不说为卫筑城，是什么缘故？因为卫没有迁徙。《春秋》为什么不说卫的迁徙？是不赞同齐侯有封诸侯的权力。如果说为它筑城，那是封诸侯的措辞。不是天子就不得专封诸侯。诸侯不能专封诸侯，即使在

仁以[4]义而不与也。故曰：仁不胜道[5]。

仁义道德方面讲得通也不赞许。所以说：仁爱不能胜过道义。

【经】夏，五月，辛巳，葬我小君哀姜。

【经】夏季，五月，辛巳日，安葬我国小君哀姜。

注释 1 楚丘：卫地，在今河南滑县东。卫本都朝歌，在今河南淇县，在黄河北，楚丘在黄河南，和曹邑接近。曹邑即今河南滑县西南的白马故城，狄灭卫后，卫的流亡政府暂驻于此。 2 而：相当于副词"才"。 3 专辞：用的是专封的措辞。 4 以：连词，和。 5 道：实指政体、政制。古有以为封建制就是道。

【经】虞师、晋师灭夏阳[1]。

【传】非国而曰灭，重夏阳也。虞无师，其曰师，何也？以其先晋，不可以不言师也。其先晋，何也？为主乎灭夏阳[2]也。夏阳者，虞、虢之塞邑[3]也。灭夏阳而虞、虢举矣。虞之为主乎灭夏阳，何也？晋献公欲伐虢，荀息[4]曰："君何不以屈[5]产之乘、垂棘[6]之璧而借道乎虞[7]也？"公[8]曰："此晋国之宝也，如受吾币而不借吾道，则如之何？"荀息曰："此

【经】虞国军队、晋国军队灭了夏阳。

【传】（夏阳）不是国却说"灭"，是看重夏阳。虞国没有军队，这里却说"军队"，是什么缘故？因为把它排在晋国前面，不可以不说"军队"。排在晋国前面，是为什么呢？因为灭夏阳它是为主的。夏阳，是虞国、虢国边塞上险要的地方。灭了夏阳，虞和虢就都可以攻破了。虞为主灭掉夏阳，是怎么一回事？晋献公想攻伐虢国，荀息说："君何不用屈地产的骏马、垂棘出的玉璧向虞国借道？"晋献公说："这都是晋国的宝物，如果接受了我们的礼物却不借道给我们，又怎么办呢？"荀息说："这就是小国侍

小国之所以事大国也。彼不借吾道,必不敢受吾币。如受吾币而借吾道,则是我取之中府而藏之外府,取之中厩而置之外厩也。[9]”公曰:“宫之奇[10]存焉,必不使受之也。”荀息曰:“宫之奇之为人也,达心[11]而懦,又少长于君。达心则其言略,懦则不能强谏,少长于君,则君轻之。且夫玩好在耳目之前,而患在一国之后,此中知[12]以上乃能虑之,臣料虞君中知以下也。”公遂借道而伐虢。

宫之奇谏曰:“晋国之使者,其辞卑而币重,必不便于虞。”虞公弗听,遂受其币而借之道。宫之奇谏曰:“语曰:唇亡则齿寒。其斯之谓与!”挈[13]其妻子以奔曹。献公亡虢,五年而后举虞。荀息牵马操璧而前,曰:“璧则犹是也,而马齿加长[14]矣。”

奉大国的做法了。他不借道给我们,就必定不敢接受我们的礼物。如果接受我们的礼物,借给我们道路,那便是从内库藏到外库,从内厩放到外厩。”晋献公说:“宫之奇在,一定不会让虞君接受财物。”荀息说:“宫之奇的为人,心里灵通却性格怯懦,又只比国君稍年长一些。心里灵通讲话就简略,性格怯懦就不能力谏,只比国君年长一点,国君就轻视他。况且玩好就在眼前,而忧患在国家的长远,这是中等以上智能的人才会考虑的,我料想虞君的智能在中等以下。”晋献公就借道伐虢。

宫之奇劝谏说:“晋国的使者言辞谦卑,礼物很重,一定对虞不利。”虞公不听,就接受了礼物借给晋国通道。宫之奇劝谏说:“俗话说:唇亡齿寒。大概说的就是这类事情吧!”就带领他的妻子和孩子出逃到曹国。晋献公灭了虢国,五年以后把虞国灭了。荀息牵马拿璧向前说:“玉璧还是那原来的玉璧,马的年岁可是增加了啊!”

注释 1 夏阳:原北虢(guó)都城,在今山西平陆。 2 为主乎灭夏阳:在灭夏阳事件中起了主要作用。 3 塞(sài)邑:边境险要之邑。 4 荀息:

晋大夫。 5 屈：北屈，晋邑，在今山西吉县东北，其地产骏马。 6 垂棘：晋地，在今山西长治潞城区北，产良璧。 7 借道乎虞：虞，今山西平陆东北，在晋国之南，虢又在虞之南。所以晋伐虢必须向虞借路经过。 8 公：晋献公。 9 中府、外府、中厩、外厩：府是国家储藏财物或文书的地方。厩是马棚。中，宫中。中府、中厩，指晋侯的府、厩；外府、外厩，晋侯宫外的府、厩。 10 宫之奇：虞国贤大夫。 11 达心：内心通达，心里明白。 12 中知：才智中等。 13 挈(qiè)：携带。 14 马齿加长：谓马的年岁大了些。马的牙齿随着年龄的增大而添换，看马齿就知道马的年岁。

【经】秋，九月，齐侯、宋公、江人、黄人[1]盟于贯[2]。

【传】贯之盟，不期而至者，江人、黄人也。江人、黄人者，远国之辞也。中国[3]称齐、宋，远国称江、黄，以为诸侯皆来至也。

【经】冬，十月，不雨。

【传】不雨者，勤雨[4]也。

【经】楚人侵郑。

【经】秋季，九月，齐侯、宋公、江人、黄人在贯地结盟。

【传】在贯地的盟会，没有邀约就来的，是江人、黄人。江人、黄人，是说远地的国家。中原诸侯国举出齐国、宋国，远地的国家举出江国、黄国，认为(这一次会)诸侯国都来到了。

【经】冬季，十月，没有下雨。

【传】记“没有下雨”，是为雨而忧心。

【经】楚人侵伐郑国。

注释 1 江、黄：江，嬴姓国，故城约在今河南息县西南。黄，也是嬴姓国，故城或在今河南潢川西。 2 贯：宋地，约在今山东曹县南。 3 中国：古时华夏族建国于黄河流域，以为居天下之中，故称“中国”。这里泛指中原地区大的诸侯国。 4 勤雨：鲁僖公忧虑不下雨会影响农业生产。勤，忧。

僖公三年

原文

【经】三年，春，王正月，不雨。

【传】不雨者，勤雨也。

【经】夏，四月，不雨。

【传】一时言不雨者，闵[1]雨也。闵雨者，有志乎民[2]者也。

【经】徐人取舒[3]。

【经】六月，雨。

【传】雨云者，喜雨也。喜雨者，有志乎民者也。

【经】秋，齐侯、宋公、江人、黄人会于阳縠[4]。

【传】阳縠之会，桓公委端[5]、搢笏[6]而朝[7]诸侯，诸侯皆谕乎桓公之志。

【经】冬，公子季友如齐莅盟[8]。

【传】莅者，位也[9]。其不日，前定也。不言及

译文

【经】鲁僖公三年，春季，周王的正月，没有下雨。

【传】记“没有下雨”，是为雨担忧。

【经】夏季，四月，没有下雨。

【传】经一个季度说没有下雨，是为雨非常担忧。为雨非常担忧的人，是有志于为人民做好事的人。

【经】徐人夺取舒国。

【经】六月，下雨。

【传】说“下雨”，是为下雨而高兴。为下雨高兴的人，是有志于为人民做好事的人。

【经】秋季，齐侯、宋公、江人、黄人在阳縠相会。

【传】阳縠之会，齐桓公戴吉祥的黑礼帽，穿端正的礼服，腰间插上笏板与诸侯朝会，诸侯都懂得齐桓公的心意。

【经】冬季，公子季友到齐国参加会盟。

【传】莅，是(盟誓已定)前往就位。这里不记日子，是先前已定了的。不说

者，以国与之[10]也。不言其人，亦以国与之也。

【经】楚人伐郑。

"及"，是以国的名义参盟。不说那与他结盟的人，也是因为以国的名义参盟。

【经】楚人攻伐郑国。

注释 1 闵：同"悯"，忧，程度较"勤"更甚。 2 有志乎民：自去年十月不雨，到今年五月，共九个月，经文不书"旱"，说明未成灾。传文认为虽未成灾，鲁僖公却非常忧虑，说明他关心民众。 3 舒：偃姓国，地在今安徽舒城一带。 4 阳穀：齐地。古城在今山东阳谷北。 5 委端：身穿礼服。委，周代礼帽名。端，玄端，黑赤色的礼服。 6 搢笏(jìnhù)：插笏板于腰带上。 7 朝：使……朝。 8 莅(lì)盟：参盟。莅，来临。 9 位也：那儿原有鲁侯的位次，现在派人按位就坐。鲁侯已参加过贯之会，接受了齐桓公的领导。 10 以国与之：是鲁国参盟，不是公子友个人。

僖公四年

原文

【经】四年，春，王正月，公会齐侯、宋公、陈侯、卫侯、郑伯、许男、曹伯侵蔡。蔡溃。

【传】溃之为言，上下不相得也。侵，浅事也。侵蔡而蔡溃，以桓公为知所侵[1]也。不土其地，不分

译文

【经】鲁僖公四年，春季，周王的正月，鲁僖公会合齐侯、宋公、陈侯、卫侯、郑伯、许男、曹伯侵伐蔡国。蔡国溃败。

【传】溃的意思是君民上下不相团结一致。侵，是不重要的事。侵蔡，蔡就溃败了，认为齐桓公是懂得入侵的道理。不占有它的土地，不俘虏那

其民，明正[2]也。

【经】遂伐楚，次于陉[3]。

【传】遂，继事也。次，止也。

【经】夏，许男新臣卒。

【传】诸侯死于国，不地；死于外，地。死于师，何为不地？内桓师[4]也。

里的人民，表明做法是正当的。

【经】于是就攻伐楚国，驻扎在陉。

【传】"遂"，是接着干。"次"，是停止（不进）。

【经】夏季，许男新臣去世。

【传】诸侯死在国内，不记地点；死在国外，记地点。死在军队里，为什么不记地点？是把齐桓公率领的军队看成自己人。

注释 1 知所侵：懂得入侵之道。 2 明正：表明做法是正当的。 3 陉（xíng）：楚地，在今河南郾城东。 4 内桓师：以齐桓所领导的联军为自己的队伍。

【经】楚屈完来盟于师，盟于召陵[1]。

【传】楚无大夫，其曰屈完，何也？以其来会桓，成之为大夫也。其不言使，权在屈完也。则是正乎？曰：非正也。以其来会诸侯，重之也。来者何？内桓师也。"于师"，前定也。[2]"于召陵"，得志乎桓公也。得志者，不得志也，以桓公得志为仅[3]矣。屈完曰："大国

【经】楚国屈完到部队里来结盟，结盟地点在召陵。

【传】楚国没有大夫，（不是大夫不记，）这里说"屈完"，是什么缘故？因为他来与齐桓公相会，将他作为大夫看待。这里不说（受楚）派遣，是因为决定权在屈完。那么这是正当的吗？（回答）说：不正当。因为他来与（中原）诸侯相会，所以看重他。说"来"是什么意思？是以齐桓公的军队为内（屈完是从"外"来）。"到部队里"，是预先约定的。"在召陵"，是齐桓公得志。所谓得志，（实

之以兵向楚,何也?”桓公曰:“昭王[4]南征不反,菁茅[5]之贡不至,故周室不祭。”屈完曰:“菁茅之贡不至,则诺。昭王南征不反,我将问诸江[6]!”

际上)是不得志,认为齐桓公得志仅仅在这一点上。屈完说:“大国对楚用兵,是什么缘故?”齐桓公说:“昭王到南方巡行没有回去,进贡的菁茅不到,以致周王室不能祭祀。”屈完说:“进贡的菁茅不到,那就答应(进贡)。昭王南巡没有回去,我们将向江边的老百姓询问这事。”

注释　1 召陵:楚地,在今河南漯河郾城区东。　2 “于师”,前定也:又说盟于师,又说盟于召陵,是前者决定后者,没有联军临于楚地,就不会有召陵之盟。　3 为仅:是仅仅一小点。　4 昭王:周成王孙,率师伐楚,渡汉江到中流而船沉,昭王溺死。　5 菁茅:祭祀时用以漉酒的草,产于楚地,是荆州的贡物。　6 江:长江,昭王溺死的汉水是长江支流。

【经】齐人执陈袁涛涂[1]。

【传】齐人者,齐侯也。其人之,何也?于是哆然[2]外齐侯也,不正其逾国而执也。

【经】秋,及江人、黄人伐陈。

【传】不言其人及之者何?内师也。

【经】八月,公至自伐楚。

【传】有二事偶,则以后

【经】齐人逮捕陈国袁涛涂。

【传】“齐人”,是齐侯。这里把他称为“人”,是为什么?是在此疏远齐侯,把他看成外人,不认为他到别国抓人是正当的。

【经】秋季,与江人、黄人攻伐陈国。

【传】不说是谁与江人、黄人一起,是什么缘故?因为这是鲁国的军队。

【经】八月,鲁僖公从伐楚的战场回国。

【传】有两件事情相当,就写办完后面那件事回国;后面这件事不重要,

事致；后事小，则以先事致。其以伐楚致，大伐楚也。

就写办完前面那件事回国。这里写从伐楚的战场回国，认为伐楚之事更重要。

【经】葬许穆公。

【经】安葬许穆公。

【经】冬，十有二月，公孙兹[3]帅师会齐人、宋人、卫人、郑人、许人、曹人侵陈。

【经】冬季，十二月，公孙兹领兵会合齐人、宋人、卫人、郑人、许人、曹人侵伐陈国。

注释　1 袁涛涂：陈国大夫。他担心诸侯联军回师时经过陈国，陈要供应军需物资，便建议齐桓公路出东方，沿海岸线回去。这一企图被郑大夫申侯揭露，齐桓公便把袁涛涂抓起来问罪。　2 哆(chǐ)然：涣散的样子。这里是说离心离德，不拥护的样子。　3 公孙兹：鲁国大夫。

僖公五年

原文

【经】五年，春，晋侯[1]杀其世子申生。

【传】目[2]晋侯，斥[3]杀，恶晋侯也。

【经】杞伯姬来朝其子[4]。

【传】妇人既嫁不逾竟，逾竟非正也。诸侯相见曰朝，伯姬为志乎朝其子

译文

【经】鲁僖公五年，春季，晋侯杀死他的世子申生。

【传】举出“晋侯”，指明是“杀”，这是谴责晋侯。

【经】杞伯姬让她的儿子来鲁国朝见(僖公)。

【传】妇人已嫁不越过国境，越过国境是不正当的。诸侯相见叫作朝，伯姬(却)要他儿子朝见。伯姬要他

也。伯姬为志乎朝其子，则是杞伯失夫之道矣。诸侯相见曰朝，以待人父之道待人之子，非正也。故曰杞伯姬来朝其子，参讥[5]也。

儿子朝见，杞伯就失去为夫之道了。诸侯相见叫作"朝"，用待人家父亲的规格待人家的儿子，是不正当的。所以说"杞伯姬让她的儿子来鲁国朝见"，是讥讽三个方面。

注释 1 晋侯：晋献公。 2 目：列举细目，这里是举出的意思。 3 斥：直指。 4 来朝其子：让其子来朝于鲁。 5 参讥：一讥伯姬，二讥其夫杞国君杞成公，三讥鲁僖公。"参"通"叁"，即"三"。

【经】夏，公孙兹如牟。

【经】公及齐侯、宋公、陈侯、卫侯、郑伯、许男、曹伯会王世子[1]于首戴[2]。

【传】及以会[3]，尊之也。何尊焉？王世子云者，唯王之贰[4]也。云可以重之存焉[5]，尊之也。何重焉？天子世子，世天下[6]也。

【经】夏季，公孙兹到牟国。

【经】鲁僖公与齐侯、宋公、陈侯、卫侯、郑伯、许男、曹伯在首戴会晤王世子。

【传】及诸侯，然后会王世子，是尊重王世子。尊重什么呢？王世子是王的继承人。可以把天下这副重担交给他，所以尊重他。尊重什么呢？因为天子的世子，世世领有天下。

注释 1 王世子：周惠王太子，名郑，后即位为周襄王。 2 首戴：卫地，约在今河南睢县东南。 3 及以会：经文中用了"及"和"会"这两个词。以，连词"和"。 4 贰：副贰，这里是指继承人。 5 云可以重之存焉：是说可把天下这副重担子放到他的肩上。 6 世天下：世世领有天下。

【经】秋，八月，诸侯盟于首戴。

【经】秋季，八月，诸侯在首戴结盟。

【传】无中事[1]而复举诸侯，何也？尊王世子而不敢与盟也。尊则其不敢与盟，何也？盟者，不相信也，故谨信也，不敢以所不信而加之尊者。桓，诸侯也，不能朝天子，是不臣也。王世子，子也，块然[2]受诸侯之尊己而立乎其位，是不子也。桓不臣，王世子不子，则其所善焉，何也？是则变之正也。天子微，诸侯不享觐[3]。桓控大国[4]扶小国，统诸侯，不能以朝天子，亦不敢致天王[5]。尊王世子于首戴，乃所以尊天王之命也。世子含王命会齐桓，亦所以尊天王之命也。世子受之，可乎？是亦变之正也。天子微，诸侯不享觐。世子受诸侯之尊己，而天王尊矣，世子受之，可也。

【传】中间没有别的事却再次举出"诸侯"，是什么缘故？是尊重王世子而不敢与他结盟。尊重就不敢与他结盟，是怎么一回事？盟，是互相不信任，所以才结盟为信，不敢用不相信的想法加到尊者身上。齐桓公是诸侯，不去朝天子，就不是臣。王世子是周王的儿子，一个人心安理得地受到诸侯的尊奉站在他的位置上，这就不是儿子。齐桓公不尽臣道，王世子不尽子道，《春秋》却认为这是好的，是什么缘故？这就是变化了的情况中的正道。天子微弱，诸侯不进贡，不朝王。齐桓公控制大国，扶持小国，统领诸侯，不能带他们朝见天子，也不敢把周王招来。在首戴尊奉王世子，是尊奉周王之命的行为。世子秉承王命来会齐桓公，也是尊奉周王之命的行为。世子受诸侯的尊崇，可以吗？这也是变化了的情况中的正道。天子微弱，诸侯不进贡，不朝王。世子接受诸侯对自己的尊崇，那么周王就尊崇了，世子接受，是可以的。

注释 1 无中事：其间无事。 2 块然：安然，心安理得的样子。 3 享觐(jìn)：享，献，向天子献方物珍品。觐，朝见天子。 4 控大国：控制大国。 5 致天王：劳天王的驾，请他到会盟的地方来。

【经】郑伯逃归，不盟。

【传】以其去诸侯，故逃之也。

【经】楚人灭弦。弦子奔黄。

【传】弦，国也。其不日，微国也。

【经】九月，戊申，朔，日有食之。

【经】冬，晋人执虞公。

【传】执不言所于地，缊于晋[1]也。其曰公，何也？犹曰其下执之之辞也。其犹下执之之辞，何也？晋命行乎虞民矣。虞虢之相救，非相为赐也，今日亡虢而明日亡虞矣。

【经】郑伯逃回郑国，不参盟。

【传】因为他离诸侯而去，所以记他逃去。

【经】楚人灭弦国。弦子出奔到黄国。

【传】弦，是国。这里不记日子，因为它是小国。

【经】九月，戊申日，朔日，发生日食。

【经】冬季，晋人逮捕虞公。

【传】逮捕了却不说在什么地方，因为那地方已包括在晋的版图之内了。这里说“公”，是为什么？如同说是臣民抓住了他。如同说是臣民抓住他，是怎么一回事？晋国的命令已在（原）虞国的人民中施行了。虞国与虢国互相救援，并不是互相赐予，今天灭虢明天就灭虞了。

注释　1 缊(yùn)于晋：包含在晋国中。缊，通“蕴”，藏。

僖公六年

原文

【经】六年，春，王正月。

【经】夏，公会齐侯、宋公、陈侯、卫侯、曹伯伐郑，围新城[1]。

【传】伐国不言围邑，此其言围，何也？病[2]郑也，著郑伯之罪也。

【经】秋，楚人围许，诸侯遂救许。

【传】善救许也。

【经】冬，公至自伐郑。

【传】其不以救许致，何也？大伐郑也。

译文

【经】鲁僖公六年，春季，周王的正月。

【经】夏季，鲁僖公会合齐侯、宋公、陈侯、卫侯、曹伯攻伐郑国，包围新城。

【传】攻伐国家不说围邑，这里说“围”，是为什么？是谴责郑国，是使郑伯的罪明显。

【经】秋季，楚人包围许国，诸侯于是援救许国。

【传】这是认为救许国是好事。

【经】冬季，鲁僖公从伐郑的战场回国。

【传】这里不说救许回国，是什么缘故？是认为伐郑的事重大些。

注释　1 新城：在今河南新密东南。　2 病：用如动词，犹谴责。

僖公七年

原文

【经】七年，春，齐人伐郑。

【经】夏，小邾子来朝。

【经】郑杀其大夫申侯[1]。

【传】称国以杀大夫，杀无罪也。

【经】秋，七月，公会齐侯、宋公、陈世子款、郑世子华，盟于宁母[2]。

【传】衣裳之会[3]也。

【经】曹伯班[4]卒。

【经】公子友如齐。

【经】冬，葬曹昭公。

译文

【经】鲁僖公七年，春季，齐人攻伐郑国。

【经】夏季，小邾子来鲁国朝见。

【经】郑国杀它的大夫申侯。

【传】以国家的名义杀大夫，所杀的人是无罪的。

【经】秋季，七月，鲁僖公会晤齐侯、宋公、陈世子款、郑世子华，在宁母结盟。

【传】这是（属于礼节性的）衣裳之会。

【经】曹伯班去世。

【经】公子友到齐国。

【经】冬季，安葬曹昭公。

注释　1 郑杀其大夫申侯：陈国的袁涛涂劝申侯大筑虎牢城，并帮他请求诸侯派人相助。城筑好后，袁涛涂却向郑伯进谗言，说申侯大规模地修建虎牢城，是打算叛国。郑文公于是杀申侯。　2 宁母：鲁地，在今山东鱼台。　3 衣裳之会：礼节性的盟会。　4 曹伯班：曹昭公，名班。

僖公八年

原文

【经】八年，春，王正月，公会王人[1]、齐侯、宋公、卫侯、许男、曹伯、陈世子款，盟于洮[2]。

【传】王人之先诸侯，何也？贵王命也。朝服虽敝，必加于上；弁冕虽旧，必加于首；周室虽衰，必先诸侯。兵车之会[3]也。

【经】郑伯乞盟。

【传】以向之逃归乞之也。乞者，重辞也，重是盟也。乞者，处其所而请与也。盖汋[4]之也。

译文

【经】鲁僖公八年，春季，周王的正月，鲁僖公会见王室官员、齐侯、宋公、卫侯、许男、曹伯、陈世子款，在洮地结盟。

【传】王室官员列在诸侯之前，是为什么？是以王命为贵。朝服虽然破旧，必定加在上面；冠冕虽然陈旧，必定戴在头上；周王室虽然衰弱，必定列在诸侯之前。这是（属于与战争有关的）兵车之会。

【经】郑伯请求参盟。

【传】因为上次逃归，所以这次请求参盟。请求，措辞很重，是看重这次盟会。所谓请求，是在他所在的地方（派人）请求参与。是试探一下（看齐侯是否同意）。

注释　1 王人：周天子的代表。　2 洮：地名，北部属鲁，南部属曹，这是曹地。约在今山东鄄城西南。　3 兵车之会：与战争有关的盟会。王世子郑（即周襄王）受到其弟太叔带的威胁，担心不能即位，求救于齐。齐桓公便召集诸侯在洮举行这次会盟，商量安定周室，准备武力平叛。　4 汋(zhuó)：酌量，探测，试探。

【经】夏，狄伐晋。

【经】秋，七月，禘于大庙，用致夫人[1]。

【传】用者，不宜用者也。致者，不宜致者也。言夫人，必以其氏姓。言夫人而不以氏姓，非夫人也，立妾之辞也，非正也。夫人之[2]，我可以不夫人之乎？夫人卒葬之，我可以不卒葬之乎？一则以宗庙临之[3]，而后贬焉；一则以外之弗夫人[4]，而见正焉。

【经】冬，十有二月，丁未，天王崩[5]。

【经】夏季，狄人攻伐晋国。

【经】秋季，七月，在太庙举行(三年一次的)禘祭，用这一仪式迎接夫人来到。

【传】"用"，是不应该用的。举行到达仪式，是不应该举行的。说"夫人"，必定连带说她的氏姓。说"夫人"而不说她的氏姓，那就不是夫人，是立妾的话，不是正当的。国君以她为夫人，我可以不把她当夫人来记吗？国君以夫人之礼对待她的去世和安葬，我可以不把她当夫人来记去世和安葬吗？（史臣只能）一则以到宗庙时不称氏姓来贬她，一则用外国人不称她为"夫人"来看出正意。

【经】冬季，十二月，丁未日，周王驾崩。

注释　1 用致夫人：用这一大合祭的仪式立为夫人。夫人，指鲁僖公母成风，原是鲁庄公之妾。　2 夫人之：尊之为夫人。　3 宗庙临之：指这里经文不书夫人的姓氏。　4 外之弗夫人：指鲁文公九年"秦人来归僖公、成风之禭"的经文，表示外国也不称成风为夫人。　5 天王崩：周惠王实死于鲁僖公七年冬闰十二月丁未日。因为继位的周襄王受到王子带的威胁，没有及时发丧，鲁国史官未见讣告，记无所据。现在才得到讣告，是据讣告之日书"天王崩"，以致记录时间被推后一年。

僖公九年

原文

【经】九年，春，王三月，丁丑，宋公御说[1]卒。

【经】夏，公会宰周公[2]、齐侯、宋子、卫侯、郑伯、许男、曹伯于葵丘。

【传】天子之宰，通于四海。宋其称子，何也？未葬之辞也。礼，柩在堂上，孤无外事。今背殡而出会，以宋子为无哀矣。

【经】秋，七月，乙酉，伯姬卒。

【传】内女也，未适人不卒，此何以卒也？许嫁笄而字之[3]，死则以成人之丧治之。

译文

【经】鲁僖公九年，春季，周王的三月，丁丑日，宋公御说去世。

【经】夏季，鲁僖公在葵丘会晤宰周公、齐侯、宋子、卫侯、郑伯、许男、曹伯。

【传】天子的宰臣，可以通达到四海之内。称宋国国君为子，是什么缘故？这是他父死未葬的话。礼制：(父亲的)灵柩在堂上，儿子不从事外交活动。现在离开未下葬的父亲的灵柩出国盟会，认为宋子是没有哀痛了。

【经】秋季，七月，乙酉日，伯姬去世。

【传】(伯姬)是鲁国的姑娘，没有嫁人不记去世，这里为什么记去世？答应嫁人就梳拢头发，插上簪子，称她的字，如果死了，就用成人的丧礼治丧。

注释 1 宋公御说(yuè)：宋桓公，名御说。 2 宰周公：周的太宰，食邑于周。 3 笄(jī)而字之：笄，用以插定发髻。女年十五，订了婚，就给这女子簪发，并称呼她的字(伯姬是字)。

【经】九月，戊辰，诸侯盟于葵丘[1]。

【传】桓盟不日，此何以日？美之也。为见[2]天子之禁，故备之[3]也。葵丘之会，陈牲而不杀[4]，读书[5]加于牲上，壹明[6]天子之禁，曰："毋雍泉[7]，毋讫籴[8]，毋易树子[9]，毋以妾为妻[10]，毋使妇人与国事[11]！"

【经】甲子，晋侯诡诸[12]卒。

【经】冬，晋里克杀其君之子奚齐。

【传】"其君之子"云者，国人不子也。国人不子，何也？不正其杀世子申生而立之也。

【经】九月，戊辰日，诸侯在葵丘结盟。

【传】齐桓公盟会不记日子，这里为什么记日子？是赞美他。为诸侯宣布天子的禁令，所以（记月记日），日月齐备。在葵丘的结盟，陈设祭牲但不杀，读盟约本文，把它放在祭牲之上，专门阐明天子的禁令说："不要阻塞水源，不要有粮不卖，不要改换嫡子，不要把妾当成妻，不要让女人参与国家大事！"

【经】甲子日，晋侯诡诸去世。

【经】冬季，晋国的里克杀死他国君的儿子奚齐。

【传】说"他国君的儿子"，是因为晋国人不认为他是嗣君。晋国人不认为他是嗣君，是什么缘故？是因为不认为他（晋献公）杀世子申生改立奚齐是正当的。

注释 1 葵丘：宋地，在今河南兰考东南，其地有盟台。 2 见：同"现"，出现。这里是宣布的意思。 3 备之：记述详备。 4 陈牲而不杀：陈列牺牲作为祭品，但不杀它歃血。 5 书：谓载书，即盟书，上面写着与盟者必须遵守的条款。 6 壹明：专一写明。 7 毋雍泉：不要壅塞他国水源，妨碍其农业生产。 8 毋讫籴：不要囤积粮食，阻止他国买粮去救济灾荒。 9 毋易树子：不要改换掉本来应该立的君位继承人。 10 毋以妾为妻：不要废掉嫡妻，把妾扶正。 11 毋使妇人与国事：不准妇人参与国事，以免扰乱国政。 12 晋侯诡诸：晋献公，名诡诸。

僖公十年

原文

【经】十年，春，王正月，公如齐。

【经】狄灭温[1]，温子奔卫。

【经】晋里克弑其君卓，及其大夫荀息。

【传】以尊及卑也。荀息闲[2]也。

【经】夏，齐侯、许男伐北戎。

译文

【经】鲁僖公十年，春季，周王的正月，鲁僖公到齐国。

【经】狄灭亡温国，温子出奔到卫国。

【经】晋国的里克杀死他的国君卓，以及晋国的大夫荀息。

【传】（先说杀君次说杀大夫）是由尊到卑。荀息是君主的保驾大臣。

【经】夏季，齐侯、许男攻伐北戎。

注释 1 温：周王畿内的小国，在今河南温县西南。 2 闲：防闲，保卫。

【经】晋杀其大夫里克。

【传】称国以杀，罪累上[1]也。里克弑二君与一大夫，其以累上之辞言之，何也？其杀之不以其罪也。其杀之不以其罪奈何？里克所为杀者，为重耳[2]也。夷吾[3]曰："是又将杀我乎？"故杀之不以

【经】晋国杀死它的大夫里克。

【传】（杀人）说是国杀的，是罪行延及君上。里克杀死两位君主和一名大夫，这里用延及君上的话来记这件事，是什么缘故？晋国杀他并不是因为他本身的罪。晋国杀他不是因为他本身的罪是怎么一回事？里克之所以被杀，是因为重耳。

其罪也。其为重耳弑奈何？晋献公伐虢，得丽姬，献公私[4]之。有二子，长曰奚齐，稚曰卓子。丽姬欲为乱，故谓君曰："吾夜者梦夫人趋而来，曰：'吾苦畏[5]。'胡不使大夫将卫士而卫冢乎？"公曰："孰可使？"曰："臣莫尊于世子，则世子可。"故君谓世子曰："丽姬梦夫人趋而来，曰：'吾苦畏。'女[6]其将卫士而往卫冢乎！"世子曰："敬诺！"筑宫，宫成。丽姬又曰："吾夜者梦夫人趋而来，曰：'吾苦饥。'世子之宫已成，则何为不使祠[7]也？"故献公谓世子曰："其祠！"世子祠。已祠，致福[8]于君。君田[9]而不在。丽姬以鸩[10]为酒，药脯以毒[11]。献公田来，丽姬曰："世子已祠，故致福于君。"君将食，丽姬跪曰："食自外来者，不可不试也。"覆酒于地而地贲[12]。以脯与

夷吾说："这个人恐怕又将杀我（立重耳）吧？"所以杀他（里克）不是由于他本身的罪。他因为重耳而被杀是怎么一回事？晋献公伐虢，获得丽姬，献公嬖爱她。她有两个儿子，大的叫奚齐，小的叫卓子。丽姬想作乱，所以对晋献公说："我昨夜梦见夫人快步而来，说：'我为恐惧所折磨。'何不派遣大夫带领卫士保卫她的坟墓？"晋献公说："可以派遣谁？"（回答）说："臣下没有比世子更尊贵的，世子可以派遣。"所以晋献公对世子说："丽姬梦见夫人快步而来，说：'我为恐惧所折磨。'你带领卫士去守卫坟墓吧！"世子说："遵命！"建筑（世子领卫士住的）宫室，宫室建成。丽姬又说："我昨晚梦见夫人快步而来，说：'我为饥饿所折磨。'世子的宫室已经建成，为什么不要他去祭祀呢？"所以晋献公对世子说："去祭祀！"世子就去祭祀。祭祀完毕，送祭肉给晋献公。晋献公出猎不在。丽姬制作毒酒，把毒药放在祭肉里面。晋献公打猎回来，丽姬说："世子已经祭祀过了，送祭肉给您。"晋献公将要吃，丽姬下跪说："食物从外面来的，不

犬,犬死。丽姬下堂而啼呼曰:“天乎!天乎!国,子之国也,子何迟于为君?”君喟然[13]叹曰:“吾与女未有过切[14],是何与我[15]之深也!”使人谓世子曰:“尔其图之!”世子之傅里克谓世子曰:“入自明!入自明则可以生,不入自明则不可以生。”世子曰:“吾君已老矣,已昏矣!吾若此而入自明,则丽姬必死;丽姬死,则吾君不安。所以使吾君不安者,吾不若自死。吾宁自杀以安吾君,以重耳为寄矣!”刎脰[16]而死。故里克所为弑者,为重耳也。夷吾曰:“是又将杀我也。”

【经】秋,七月。

【经】冬,大雨雪。

可不试验。”把酒泼到地上,地就突起。把祭肉给狗吃,狗就死了。丽姬下堂哭喊着说:“天哪!天哪!国,是你的国,你为什么要嫌为君迟了?”晋献公长叹道:“我对你没有过失,没有要求你过急,你为什么仇恨我这样深!”派人对世子说:“你早做打算吧!”世子的老师里克对世子说:“进宫去表白自己!进去表白自己就可以生,不进去表白自己就不可以生。”世子说:“我的国君已经老了,已经昏了!我如果这样进宫去表白自己,丽姬必定会被处死;丽姬死了,我的国君会不安。如果做使我君不安的事,我还不如自己去死。我宁愿自杀使我的国君心安,把重耳拜托给您了!”于是断颈而死。所以说里克之所以被杀,是因为重耳。夷吾说:“这个人恐怕又将杀我了。”

【经】秋季,七月。

【经】冬季,下大雪。

注释 1 累上:连及国君晋惠公。 2 重耳:晋献公次子。因丽姬之乱,流亡在外十九年。后由秦护送回晋,是为晋文公。 3 夷吾:晋献公三子。因丽姬之乱,逃亡国外。献公死,由齐秦二大国护送回晋为君,是为晋惠公。这时他是国君。 4 私:谓宠爱异常。 5 苦畏:为恐惧所苦。 6 女:通“汝”,你。 7 祠:动词,祭祀。 8 福:这里指胙,祭肉。 9 田:畋,打猎。

10 鸩(zhèn):鸩羽有毒,入酒饮之,能杀人。 **11** 药脯以毒:把毒药下到祭肉上。脯,干肉,这里指祭肉。 **12** 贲(fèn):突起。 **13** 喟(kuì)然:感叹的样子。 **14** 过切:有过失,急切地相逼迫。 **15** 与我:给予我的仇恨。 **16** 脰(dòu):颈项。

僖公十一年

原文

【经】十有一年,春,晋杀其大夫丕郑父[1]。

【传】称国以杀,罪累上也。

【经】夏,公及夫人姜氏[2]会齐侯[3]于阳穀。

【经】秋,八月,大雩。

【传】雩,月,正也。雩,得雨曰雩,不得雨曰旱。

【经】冬,楚人伐黄。

译文

【经】鲁僖公十一年,春季,晋国杀了它的大夫丕郑父。

【传】(杀大夫)用国的名义杀,是表明(杀人的)罪延及君上。

【经】夏季,鲁僖公与夫人姜氏在阳穀会见齐侯。

【经】秋季,八月,举行大雩祭。

【传】举行雩祭,记月,是正当的。举行雩祭,得雨叫作雩,不得雨叫作旱。

【经】冬季,楚人攻伐黄国。

注释 **1** 丕(pī)郑父:与里克一样,是效忠于重耳的晋国大臣。 **2** 姜氏:齐桓公女,鲁僖公夫人。 **3** 齐侯:齐桓公。

僖公十二年

原文

【经】十有二年,春,王正月,庚午,日有食之。

【经】夏,楚人灭黄。

【传】贯之盟,管仲曰:"江、黄远齐而近楚。楚,为利之国也。若伐而不能救,则无以宗诸侯[1]矣。"桓公不听,遂与之盟。管仲死[2],楚伐江灭黄,桓公不能救,故君子闵之也。

【经】秋,七月。

【经】冬,十有二月,丁丑,陈侯杵臼[3]卒。

译文

【经】鲁僖公十二年,春季,周王的正月,庚午日,发生日食。

【经】夏季,楚人灭亡黄国。

【传】在贯地结盟时,管仲说:"江国、黄国离齐远,离楚近。楚是便于进攻(江国、黄国)的国家。如果楚攻伐江、黄,齐不能救助,就没有可以成为诸侯宗主的理由了。"齐桓公不听,就同它们结盟。管仲死后,楚攻伐江国,灭亡黄国,齐桓公不能救助,所以君子怜悯江、黄二国。

【经】秋季,七月。

【经】冬季,十二月,丁丑日,陈侯杵臼去世。

注释 1 宗诸侯:为诸侯宗主。 2 管仲死:管仲死于鲁僖公十五年,《穀梁》误记。 3 陈侯杵臼:陈宣公,名杵臼。

僖公十三年

原文

【经】十有三年,春,狄侵卫。

【经】夏,四月,葬陈宣公。

【经】公会齐侯、宋公、陈侯、卫侯、郑伯、许男、曹伯于咸[1]。

【传】兵车之会[2]也。

【经】秋,九月,大雩。

【经】冬,公子友如齐。

译文

【经】鲁僖公十三年,春季,狄人侵犯卫国。

【经】夏季,四月,安葬陈宣公。

【经】鲁僖公在咸地会见齐侯、宋公、陈侯、卫侯、郑伯、许男、曹伯。

【传】这是(部署征战的)兵车之会。

【经】秋季,九月,举行盛大的雩祭。

【经】冬季,公子友到齐国。

注释 1 咸:卫地,在今河南濮阳东南。 2 兵车之会:这次会是因为淮夷威胁杞国,商讨对策,同时为了安定王室,所以传文认为是一次军事会议。

僖公十四年

原文

【经】十有四年,春,诸侯城缘陵[1]。

【传】其曰诸侯,散辞

译文

【经】鲁僖公十四年,春季,诸侯在缘陵修筑城墙。

【传】这里说"诸侯"(没有大小序

也。聚而曰散，何也？诸侯城，有散辞也，桓德衰矣。

【经】夏，六月，季姬[2]及缯[3]子遇于防，使缯子来朝[4]。

【传】遇者，同谋也。来朝者，来请己也。朝不言使，言使非正也。以病缯子也。

【经】秋，八月，辛卯，沙鹿崩。

【传】林属于山为鹿[5]。沙，山名也。无崩道而崩，故志之也。其日，重其变也。

【经】狄侵郑。

【经】冬，蔡侯肸[6]卒。

【传】诸侯时卒，恶之[7]也。

次），是分散的话。本聚在一起却说分散，是什么缘故？诸侯修筑城墙（不是霸主领头），就有分散的意思了，齐桓公的德业已经衰落了。

【经】夏季，六月，季姬及缯子在防相遇，让缯子来鲁国朝见。

【传】遇，是共同谋划。来朝，是来请求让自己回去。朝不说“使”，说“使”是不正当的。这是用来谴责缯子。

【经】秋季，八月，辛卯日，沙鹿崩塌。

【传】树林属于山（足）是“鹿”，沙，是山的名称。没有崩塌的道理却崩塌了，所以记载它。记崩塌的日子，是看重这次变故。

【经】狄侵犯郑国。

【经】冬季，蔡侯肸去世。

【传】诸侯去世记季度，是谴责他。

注释　1 缘陵：杞邑，今山东昌乐东南。　2 季姬：鲁僖公女。　3 缯：同“鄫”，姒姓国，故城在今山东枣庄东。　4 使缯子来朝：季姬是缯子的夫人，归鲁省亲。鲁僖公怒缯子不来朝，便留住季姬不让她回去，打算就此断绝婚姻关系。季姬于是私约缯子来鲁的防邑见面，叫他去朝见鲁侯。僖公果然息怒，在第二年九月让“季姬归于缯”。　5 鹿：同“麓”，山脚。6 肸(xī)：蔡穆侯名。　7 恶之：蔡穆侯之父哀侯为楚所执，穆侯却不倒向中原诸国，仍然屈意事楚，所以《春秋》憎恶他。

僖公十五年

原文

【经】十有五年，春，王正月，公如齐。

【经】楚人伐徐。

【经】三月，公会齐侯、宋公、陈侯、卫侯、郑伯、许男、曹伯，盟于牡丘[1]。

【传】兵车之会也。

【经】遂次于匡[2]。

【传】遂，继事也。次，止也，有畏也。

【经】公孙敖帅师及诸侯之大夫救徐。

【传】善救徐也。

【经】夏，五月，日有食之。

【经】秋，七月，齐师、曹师伐厉[3]。

【经】八月，螽。

【传】螽，虫灾也。甚则月，不甚则时。

译文

【经】鲁僖公十五年，春季，周王的正月，鲁僖公到齐国。

【经】楚人攻伐徐国。

【经】三月，鲁僖公会见齐侯、宋公、陈侯、卫侯、郑伯、许男、曹伯，在牡丘结盟。

【传】这是(部署征战的)兵车之会。

【经】接着就在匡地驻扎。

【传】“遂”，是接着办事。“次”，是停止(不前)，是有所畏惧。

【经】公孙敖领兵与诸侯国的大夫援救徐国。

【传】(记这事)是认为援救徐国是好事。

【经】夏季，五月，发生日食。

【经】秋季，七月，齐军、曹军攻伐厉国。

【经】八月，发生蝗灾。

【传】发生蝗灾，是虫灾。厉害就记月，不厉害就记季度。

【经】九月，公至自会。

【经】季姬归于缯。

【经】九月，鲁僖公从盟会归国。

【经】季姬回到缯国。

注释 1 牡丘：齐地，在今山东聊城东。 2 匡：卫地，在今河南睢县西。 3 厉：国名，故地在今河南鹿邑东。

【经】己卯，晦[1]，震[2]夷伯之庙。

【传】晦，冥也。震，雷也。夷伯，鲁大夫也。因此以见天子至于士皆有庙。天子七庙[3]，诸侯五[4]，大夫三[5]，士二[6]。故德厚者流光[7]，德薄者流卑。是以贵始，德之本也。始封必为祖。

【经】冬，宋人伐曹。

【经】楚人败徐于娄林[8]。

【传】夷狄相败，志也[9]。

【经】十有一月，壬戌，晋侯及秦伯战于韩[10]。获晋侯。

【传】韩之战，晋侯失民矣，以其民未败，而君获也。

【经】己卯日，晦暗，雷击夷伯的庙。

【传】"晦"，是幽冥的意思。"震"，就是雷击。夷伯，是鲁国的大夫。由此可知从天子到士都有庙。天子七庙，诸侯五庙，大夫三庙，士二庙。所以德泽深厚的就流传广远，德泽浅薄的就流传不长。因此特别重视始封者，因为他们是以德泽为根本的。始封者的庙一定是祖庙。

【经】冬季，宋人侵犯曹国。

【经】楚人在娄林打败徐国。

【传】夷狄打败夷狄，记载下来。

【经】十一月，壬戌日，晋侯与秦伯在韩地作战。秦军俘获晋侯。

【传】韩地的战斗，晋侯失去人民拥护了，因为晋国的人民没有战败，国君却被俘获了。

注释 1 晦：农历每月的最后一日。这里是指九月三十日。《传》以为是"晦暗不明"的"晦"。 2 震：雷击。 3 七庙：三昭三穆并太祖之庙而七。

4 诸侯五:二昭二穆,加太祖庙。 5 大夫三:一昭一穆并太祖之庙。 6 士二:考(父)庙,王考(祖父)庙。 7 流光:流传广远。光,通"广"。 8 娄林:徐地,在今安徽泗县东北。 9 志也:《传》以为楚为南蛮,徐为淮夷,他们相攻,徐败楚胜,谈不上是非曲直,只不过如实记录下来罢了。志,记载。10 韩:晋地,在今山西芮城。

僖公十六年

原文

【经】十有六年,春,王正月,戊申,朔,陨石于宋,五。

【传】先陨而后石,何也?陨而后石也。于宋四竟之内曰宋。后数,散辞也。耳治[1]也。

【经】是月,六鹢[2]退飞,过宋都[3]。

【传】是月也,决不日而月也[4]。六鶂退飞,过宋都,先数,聚辞也,目治也。子[5]曰:石,无知之物;鶂,微有知之物。石无知,故日之;

译文

【经】鲁僖公十六年,春季,周王的正月,戊申日,朔日,坠落石块到宋国,计五块。

【传】先说"坠落"然后说"石块",是什么缘故?因为坠落之后才知道是石块。"到宋国",(宋)四境之内叫作宋。最后是数字(五块),是分散计数出来的话。这件事是从耳朵听到(坠落)声音这个角度说的。

【经】就在这同一个月,六只鶂鸟退着飞,经过宋的国都。

【传】说"就在这同一个月",是分清楚不是(戊申)同一天而是同一个月。"六只鶂鸟退着飞,经过宋的国都",首先出现数字,这是就总体来说的话,记这件事是记眼睛看到的。孔子说:石,是无知的东西;鶂,是略微有知的东西。石无知,

鹢微有知之物，故月之。君子之于物，无所苟而已。石、鹢且犹尽其辞，而况于人乎？故五石六鹢之辞不设，则王道不亢[6]矣。民所聚曰都。

所以记日；鹢是略微有知的东西，所以记月。君子对于事物，没有任何马虎草率之处就可以了。对于石块、鹢鸟尚且尽心措辞（不马虎），何况对于人呢？所以五块石头、六只鹢鸟这一类的话如果不摆在这里，王道就不得弘扬了。人民聚居的地方叫作都。

注释 1 耳治：耳朵听到。 2 鹢(yì)：下文又作"鹢"，水鸟名，如鹭而大，羽色苍白，善飞。 3 宋都：商丘，在今河南商丘睢阳区。 4 决不日而月也：为的是明确六鹢这件事和五石那件事不是同一天发生的，所以经文记为：就在这同一个月。 5 子：孔子，修《春秋》的君子也是指他。 6 亢：弘扬。

【经】三月，壬申，公子季友卒。

【传】大夫日卒，正也。称公弟叔仲[1]，贤也。大夫不言"公子""公孙"，疏之也。

【经】夏，四月，丙申，缯季姬卒。

【经】秋，七月，甲子，公孙兹[2]卒。

【传】大夫日卒，正也。

【经】冬，十有二月，公会齐侯、宋公、陈侯、卫

【经】三月，壬申日，公子季友去世。

【传】大夫记去世的日子，是正当的。称公的弟弟为叔、仲，是认为他贤能。大夫（如果）不记"公子""公孙"，就是疏远他。

【经】夏季，四月，丙申日，缯季姬去世。

【经】秋季，七月，甲子日，公孙兹去世。

【传】大夫记去世的日子，是正当的。

【经】冬季，十二月，鲁僖公在淮地会见齐侯、宋公、陈侯、卫侯、郑伯、

侯、郑伯、许男、邢侯、曹伯于淮[3]。

【传】兵车之会也。

许男、邢侯、曹伯。

【传】这是(部署征战的)兵车之会。

注释 1 称公弟叔仲:意思是经文写明伯、仲、叔、季的“季”。 2 公孙兹:叔孙戴伯,公子牙的儿子,鲁卿。 3 淮:在今江苏盱眙。

僖公十七年

原文

【经】十有七年,春,齐人、徐人伐英氏[1]。

【经】夏,灭项[2]。

【传】孰灭之?桓公也。何以不言桓公也?为贤者讳也。项,国也,不可灭而灭之乎?桓公知项之可灭也,而不知己之不可以灭也。既灭人之国矣,何贤乎?君子恶恶[3],疾[4]其始;善善,乐其终。桓公尝有存亡继绝[5]之功,故君子为之讳也。

【经】秋,夫人姜氏

译文

【经】鲁僖公十七年,春季,齐人、徐人攻伐英氏国。

【经】夏季,灭亡项国。

【传】谁灭它?是齐桓公。为什么不说是齐桓公?是为贤者隐讳。项,是国家,(霸者)不可灭人的国家,为什么灭项国呢?齐桓公知道项国该灭,却不知道他自己不可以去灭。已经把人家的国灭了,还有什么贤呢?君子憎恶坏人,谴责他开始为恶;嘉奖善人,希望他最终为善。齐桓公曾经有保存亡国、延续绝代的功绩,所以君子为他隐讳。

【经】秋季,夫人姜氏在下地会见齐侯。

会齐侯于卞[6]。

【经】九月，公至自会[7]。

【经】冬，十有二月，乙亥，齐侯小白[8]卒。

【传】此不正，其日之，何也[9]？其不正，前见矣[10]。其不正之前见，何也？以不正入虚国[11]，故称嫌[12]焉尔。

【经】九月，鲁僖公从（淮之）会回国。

【经】冬季，十二月，乙亥日，齐侯小白去世。

【传】此人（得位）不正，这里却记他去世的日子，是什么缘故？他的得位不正，已见于前文了。他得位不正前文已见，是怎么一回事？他以不合礼制的方式进入无君的齐国，所以对他表示憎恶。

注释 1 英氏：英，国名，氏是配词，无义。偃姓，地约在安徽金寨。英是楚的友好国家，鲁僖公十五年，曾助楚败徐于娄林，所以现在齐国和徐国联军伐英以示报复。 2 项：国名，地在今河南项城。 3 恶(wù)恶(è)：憎恶坏家伙。 4 疾：厌恶，憎恨。 5 存亡继绝：卫已亡，邢、杞将亡，都是齐国出力得以保存下来。继绝，例如为鲁立僖公。 6 夫人姜氏：声姜，齐桓公女，鲁僖公夫人。卞：鲁邑，在今山东泗水东。鲁僖公因灭项事被齐国扣押，因此声姜向父求情，请予释放。因妇人不出国境，所以请其父来卞相会。此据《左传》为说。《左传》以为灭项的是鲁，齐人责鲁，扣押其君。 7 至自会：据《左传》，淮之会齐桓公以鲁灭项，扣押鲁僖公，经声姜求情，才放回来。这里经文记为"至自会"，是鲁史为尊者讳，掩盖被扣押的耻辱。8 齐侯小白：齐桓公，名小白。 9 其日之，何也：《传》以为齐桓公由莒返国为君是不合礼的，按《春秋》惯例，是不该记其卒日的，故有是问。 10 其不正，前见矣：指鲁庄公九年经文"齐小白入于齐"，不记月日，也不称"公子"，这就是贬其不正。 11 虚国：当时齐国无君，称之为"虚国"。 12 称嫌：表示憎恶。

僖公十八年

原文

【经】十有八年，春，王正月，宋公、曹伯、卫人、邾人伐齐。

【传】非伐丧也[1]。

【经】夏，师救齐。

【传】善救齐也。

【经】五月，戊寅，宋师及齐师战于甗[2]。齐师败绩。

【传】战不言伐，客不言及。言及，恶宋也[3]。

【经】狄救齐。

【传】善救齐也。

【经】秋，八月，丁亥，葬齐桓公。

【经】冬，邢人、狄人伐卫。

【传】狄其称人，何也？善累而后进之[4]。伐卫，所以救齐也，功近而德远[5]矣。

译文

【经】鲁僖公十八年，春季，周王的正月，宋公、曹伯、卫人、邾人攻伐齐国。

【传】这是谴责趁齐国丧君攻伐它。

【经】夏季，鲁军援救齐国。

【传】（记这事）是嘉许援救齐国。

【经】五月，戊寅日，宋军与齐军在甗作战。齐军大败。

【传】作战就不说“伐”，客军（宋军）不说“及”。这里说“及”，是谴责宋国。

【经】狄援救齐国。

【传】（记这事）是嘉许援救齐国。

【经】秋季，八月，丁亥日，安葬齐桓公。

【经】冬季，邢人、狄人攻伐卫国。

【传】狄在这里称“人”，是为什么？做好事积累起来然后给它进一级。攻伐卫国，借以援救齐国，伐卫之功在目前，德业却可以流传长远。

注释 1 非伐丧也：齐桓公刚死，宋襄公企图继承霸业，率领诸侯伐齐，所以经文书月表示谴责。非，反对，责备。据《左传》，宋襄公是实践齐桓公所托，送齐太子昭返齐，平定齐乱。《传》解为责宋伐丧，有误。 2 甗(yǎn)：齐地，在今山东济南附近。 3 言及，恶宋也：宋是伐者，是客；齐是被伐者，是主。现在经文写成“宋师及齐师战……”，把客当成主，这是谴责宋。 4 善累而后进之：狄前已救齐，今又伐卫以救齐，这是善行累积，经文褒奖它，进之与中国同，称之为“人”。 5 德远：德业流传长远。或以为这里说的是狄人。或以为这里说的是齐桓公。

僖公十九年

原文

【经】十有九年，春，王三月，宋人执滕子婴齐。

【经】夏，六月，宋公、曹人、邾人盟于曹南[1]。

【经】缯子会盟于邾。

【经】己酉，邾人执缯子，用之。

【传】微国之君因邾以求与之盟[2]。人因己以求与之盟，己迎而执之。恶之，故谨而日之

译文

【经】鲁僖公十九年，春季，周王的三月，宋人逮捕滕子婴齐。

【经】夏季，六月，宋公、曹人、邾人在曹国南部（某个地方）结盟。

【经】缯子来参加会盟行至邾国。

【经】己酉日，邾人逮捕缯子，把他用于祭祀。

【传】小国君主托邾国请求参加这次盟会。人家托自己请求参盟，自己却对他进行逮捕。谴责他（邾子），所以郑重地记上日子。“把他用于祭祀”，是敲他的鼻子取血用来社祭。

也。用之者,叩[3]其鼻以衈[4]社也。

【经】秋,宋人围曹。

【经】卫人伐邢。

【经】冬,会陈人、蔡人、楚人、郑人盟于齐。

【经】梁亡。

【传】自亡也,湎[5]于酒,淫于色,心昏,耳目塞,上无正长[6]之治,大臣背叛,民为寇盗。梁亡,自亡也。如加力役[7]焉,湎不足道也。梁亡,郑弃其师,我无加损焉,正名而已矣。梁亡,出恶正[8]也。郑弃其师,恶其长也。

【经】秋季,宋人围攻曹国。

【经】卫人攻伐邢国。

【经】冬季,与陈人、蔡人、楚人、郑人相会,在齐地结盟。

【经】梁国灭亡。

【传】(梁国灭亡)是自取灭亡。国君纵酒,淫色,心神昏愦,耳目闭塞,上面没有卿大夫等官长对国家进行治理,大臣背叛,人民为寇为盗。梁国灭亡,是自取灭亡。如同有武装力量灭亡它一样,纵酒淫色都是不值得记载的。梁国灭亡,郑国抛弃它的军队,我们没有增删(旧史的记载),只是使名分归于正当而已。梁国灭亡,是因为它实行恶政。郑国抛弃它的军队,是憎恶这支军队的统帅。

注释 1 曹南:曹国南部。 2 与之盟:参与曹南之盟。 3 叩:敲击。 4 衈(èr):取血祭祀。 5 湎(miǎn):沉溺。 6 正长(zhǎng):官长,卿大夫之类。 7 如加力役:好像受到外力侵伐一样。 8 正:通“政”。

僖公二十年

原文

【经】二十年,春,新作南

译文

【经】鲁僖公二十年,春季,新

门。

【传】作，为也，有加其度[1]也。言新，有故也，非作也。南门者，法门[2]也。

【经】夏，郜子来朝。

【经】五月，己巳，西宫灾。

【传】谓之新宫，则近为祢宫[3]。以谥言之[4]，则如疏之然，以是[5]为闵宫也。

【经】郑人入滑。

【经】秋，齐人、狄人盟于邢。

【传】邢为主焉尔。邢小，其为主，何也？其为主乎救齐。

【经】冬，楚人伐随。

【传】随，国也。

建造南门。

【传】作，是建造的意思，对南门的高度和宽度有所增加。说"新"，因为原有旧的，是指责这次建造。南门，是根据礼法应有的正门。

【经】夏季，郜子来鲁国朝见。

【经】五月，己巳日，西宫发生火灾。

【传】如果把这个宫称为新宫，那就近似祢宫(父亲的庙)。如果用谥号称呼它(为闵宫)，又好像对它疏远了，由此知道是闵宫。

【经】郑人进入滑国。

【经】秋季，齐人、狄人在邢结盟。

【传】这次盟会是以邢国为主的。邢是小国，以它为主，是怎么一回事？因为它曾为主救齐。

【经】冬季，楚人攻伐随。

【传】随，是国家。

注释 1 度：高度和宽度，实指规模。 2 法门：按礼法应有的正门。 3 近为祢(nǐ)宫：近似父庙。祢宫，父庙。 4 以谥言之：意思是如果说是闵公庙。 5 以是：由此推论。

僖公二十一年

原文

【经】二十有一年,春,狄侵卫。

【经】宋人、齐人、楚人盟于鹿上[1]。

【经】夏,大旱。

【传】旱时,正也。

【经】秋,宋公、楚子、陈侯、蔡侯、郑伯、许男、曹伯会于雩[2]。执宋公以伐宋。

【传】以,重辞也。[3]

【经】冬,公伐邾。

【经】楚人使宜申来献捷。

【传】捷,军得也。其不曰宋捷,何也?不与楚捷于宋也。

【经】十有二月,癸丑,公会诸侯,盟于薄[4]。

【传】会者,外为主焉尔。

译文

【经】鲁僖公二十一年,春季,狄侵犯卫国。

【经】宋人、齐人、楚人在鹿上结盟。

【经】夏季,大旱。

【传】旱,记季度,是正当的。

【经】秋季,宋公、楚子、陈侯、蔡侯、郑伯、许男、曹伯在雩地集会。逮捕宋公以攻伐宋国。

【传】"以",这样措辞表明是国家间的重大事件。

【经】冬季,鲁僖公攻伐邾国。

【经】楚人派遣宜申来进献战利品。

【传】战利品,是战争中军队获得的东西。这里不说"从宋国获得的战利品",是什么缘故?是不赞许楚国从宋国获得战利品。

【经】十二月,癸丑日,鲁僖公会见诸侯,在薄地结盟。

【传】说会见,是外国人为主。

【经】释宋公。

【传】外释不志，此其志，何也？以公之与之盟目之也。不言楚，不与楚专释也。

【经】释放宋公。

【传】外国释放人不记，这里记，是为什么？因为鲁僖公参与了（在雩地的）结盟，所以称说这件事。不说楚国（释放），是因为不赞许楚国单独做主释放。

注释 1 鹿上：宋地，约在今山东巨野西南。 2 雩：宋地，在今河南睢县境。 3 以，重辞也："以"是连词，所连接的两项都是重大事件。 4 薄：商的故都，在今河南商丘北。

僖公二十二年

原文

【经】二十有二年，春，公伐邾，取须句[1]。

【经】夏，宋公、卫侯、许男、滕子伐郑。

【经】秋，八月，丁未，及邾人战于升陉[2]。

【传】内讳败，举其可道者也。不言其人，以吾败也。不言及之者，为内讳也。

译文

【经】鲁僖公二十二年，春季，鲁僖公攻伐邾国，夺取须句。

【经】夏季，宋公、卫侯、许男、滕子攻伐郑国。

【经】秋季，八月，丁未日，与邾人在升陉作战。

【传】为鲁国隐讳战败，只举出那可以说的。不说邾国谁人参战，因为我们败了。不说谁与邾人作战，是为鲁国隐讳。

注释 1 须句(qú)：风姓国，子爵，鲁僖公母成风的母家。地在今山东东

平东南。上年邾人灭须句,须句子奔鲁。本年鲁僖公因母命而伐邾,收回须句故地,送须句子回去。 2 升陉:鲁地,今在何处待考。

【经】冬,十有一月,己巳,朔,宋公及楚人战于泓[1]。宋师败绩。

【传】日事遇朔曰朔[2]。《春秋》三十有四战,未有以尊败乎卑,以师败乎人者也。以尊败乎卑,以师败乎人,则骄其敌。襄公以师败乎人,而不骄其敌,何也?责之也。泓之战,以为复雩之耻也。雩之耻,宋襄公有以自取之。伐齐之丧[3],执滕子[4],围曹[5],为雩之会,不顾其力之不足而致楚成王,成王怒而执之。故曰:礼人而不答,则反其敬[6];爱人而不亲,则反其仁[7];治人而不治,则反其知[8]。过而不改,又之,是谓之过。襄公之谓也。古者被甲婴胄[9],非以兴国也,则以征无道也,岂曰以报其耻

【经】冬季,十一月,己巳日,朔日,宋公与楚人在泓作战。宋国军队大败。

【传】记事件的日子,遇着朔日就记朔日。《春秋》记了三十四次战争,没有以尊者败给贱者的,没有以"军队"败给"人"的。尊者败给贱者,"军队"败给"人",那是因为骄傲轻敌。宋襄公以"军队"败给楚"人",却并没有骄傲轻敌,是什么缘故?那是谴责他。在泓地的战争,是用来报复在雩地所受耻辱的。在雩地的耻辱,是宋襄公咎由自取。趁齐有君丧攻伐它,逮捕滕子,围攻曹国,举行在雩地的会盟,不顾自己力量不足把楚成王召来,楚成王发怒,将宋公逮捕。所以说:以礼待人却得不到以礼相待,就反省自己是否恭敬;亲爱人,人却不亲爱我,就反省自己是否仁爱;治理人民却不能得到治理,就反省自己为政是否明智。有过错却不改正,又错上加错,这就叫作过错。这些话正是指宋襄公而言。古代披甲戴盔,不是用来振兴国家,而是用来攻伐无道的人,难道说是用来报仇雪耻的吗?宋公与楚人在泓水边上作战。司马子反说:"楚人多,我兵

哉？宋公与楚人战于泓水之上。司马子反[10]曰："楚众我少，鼓险而击之[11]，胜无幸焉[12]。"襄公曰："君子不推人危，不攻人厄。须其出[13]。"既出，旌乱于上，陈[14]乱于下。子反曰："楚众我少，击之，胜无幸焉。"襄公曰："不鼓不成列。"须其成列而后击之，则众败而身伤焉，七月而死。倍则攻，敌则战，少则守。人之所以为人者，言也。人而不能言，何以为人？言之所以为言者，信也。言而不信，何以为言？信之所以为信者，道也。信而不道[15]，何以为道[16]？道之贵者时，其行势也。

少，趁楚军处于险境，击鼓进攻它，可以得胜，没有比这更侥幸的了。"宋襄公说："君子不乘人之危打击他，不在敌人处于困境时攻击他。等待楚军从险境中出来。"楚军已经出来了，旌旗乱在上，阵脚乱在下。子反说："楚军多，我兵少，(乘敌人混乱的时机)攻击它，可以得胜，没有比这更侥幸的了。"宋襄公说："不击鼓进攻没有成为队列的军队。"等到楚军阵势列好后才攻击它，于是兵众失败，宋襄公自己也受了伤，过了七个月死去。多出敌人一倍就进攻，人数相当就作战，少于敌人就固守。人之所以为人，是因为能言语。人如果不能言语，凭什么叫作人？言语之所以为言语，是因为能守信用。言而无信，凭什么成为言语？信用之所以为信用，是因为所说的是道义。如果讲信用却不遵守道义，还讲什么信用呢？道义所看重的是时机，道义能够实行，是因为具备了客观的形势。

注释 1 泓：水名，在今河南柘城西北。 2 日事遇朔曰朔：宋楚泓之战发生在己巳朔，所以经文这样记，"遇朔曰朔"，并没有别的意思。这是驳《公羊传》的。《公羊传》以为经文书朔是赞美宋襄公在泓之战中能坚持正道。3 伐齐之丧：齐桓公初死，群公子争立，宋襄公为送齐太子昭返国而伐齐。4 执滕子：鲁僖公十九年，宋襄公执滕子婴齐。 5 围曹：同年秋宋人围曹。

6 反其敬:反躬自问,是否恭敬程度还不够。 7 反其仁:反躬自问,是否友好程度还不够。 8 反其知:反躬自问,是否明智。知,通“智”。 9 被(pī)甲婴胄(zhòu):披上铠甲,戴上头盔。被,同“披”。婴,戴。胄,头盔。
10 子反:当作“子夷”。 11 鼓险而击之:是说趁其渡河处于险境,击鼓进攻。 12 胜无幸焉:取胜没有比这侥幸的了。无,莫。焉,于此。 13 须其出:等楚军过了河出于险境,方始攻击。须,等待。 14 陈:通“阵”,谓阵列。 15 不道:不合于道,不符合战争规律。 16 道:依后世学者观点,当作“信”。

僖公二十三年

原文

【经】二十有三年,春,齐侯伐宋,围闵[1]。

【传】伐国不言围邑,此其言围,何也?不正其以恶报恶[2]也。

【经】夏,五月,庚寅,宋公兹父[3]卒。

【传】兹父之不葬,何也?失民也。其失民何也?以其不教民战,则是弃其师也。[4]为人君而弃其师,其民孰以为君哉?

【经】秋,楚人伐陈。

译文

【经】鲁僖公二十三年,春季,齐侯攻伐宋国,包围闵邑。

【传】攻伐国家不说包围邑,这里说包围,是为什么?不认为齐国用恶行报复恶行是正当的。

【经】夏季,五月,庚寅日,宋公兹父去世。

【传】兹父去世不记葬,是什么缘故?因为他失去了人民的拥护。他失去人民的拥护是怎么一回事?他用没有经过训练的人民作战,就是抛弃他的军队。做人家的国君却抛弃自己的军队,他的人民凭什么要以他为君呢?

【经】冬，十有一月，杞子[5]卒。

【经】秋季，楚人攻伐陈国。

【经】冬季，十一月，杞子去世。

注释 1 闵：宋邑，在今山东金乡东北。 2 以恶报恶：传文认为宋伐齐丧是恶行；现在齐孝公乘宋泓战新败来侵宋也是恶行，所以说是以恶报恶。 3 宋公兹父：宋襄公，名兹父。 4 这里是引孔子的话。《论语·子路》原文："以不教民战，是谓弃之。"这里只是用其大意。 5 杞子：杞成公。

僖公二十四年

原文

【经】二十有四年，春，王正月。

【经】夏，狄伐郑。

【经】秋，七月。

【经】冬，天王出居于郑[1]。

【传】天子无出。出，失天下也。居者，居其所也。虽失天下，莫敢有也。

【经】晋侯夷吾[2]卒。

译文

【经】鲁僖公二十四年，春季，周王的正月。

【经】夏季，狄攻伐郑国。

【经】秋季，七月。

【经】冬季，周王(从京师)出来居住在郑国。

【传】天子不说"出"，说"出"，就是失去天下。所谓居住，是居住在他自己的地方。虽然失去天下，也没有人敢领有他的天下。

【经】晋侯夷吾去世。

注释 1 天王出居于郑：王子带作乱，周襄王出奔，暂驻郑地氾(fán)。氾，在今河南襄城南。 2 晋侯夷吾：晋惠公，名夷吾。

僖公二十五年

原文

【经】二十有五年，春，王正月，丙午，卫侯燬[1]灭邢。

【传】燬之名，何也？不正其伐本[2]而灭同姓也。

【经】夏，四月，癸酉，卫侯燬卒。

【经】宋荡伯姬来逆妇[3]。

【传】妇人既嫁不逾竟。宋荡伯姬来逆妇，非正也。其曰妇，何也？缘姑言之之辞也。

【经】宋杀其大夫。

【传】其不称名姓，以其在祖之位[4]，尊之也。

【经】秋，楚人围陈。纳顿子于顿[5]。

【传】纳者，内弗受也。围，一事也。纳，一事也。

译文

【经】鲁僖公二十五年，春季，周王的正月，丙午日，卫侯燬灭亡邢国。

【传】为什么称卫侯燬的名？不认为他伐除根本灭同姓国是正当的。

【经】夏季，四月，癸酉日，卫侯燬去世。

【经】宋国荡伯姬来迎娶儿媳妇。

【传】妇人已嫁不越过国境。宋国荡伯姬来迎娶儿媳妇，是不正当的。这里说“妇”，是为什么？这是从婆婆的角度说的话。

【经】宋国杀它的大夫。

【传】这里不称名姓，因为他在孔子之祖(孔父)的(司马)官位上，所以尊崇他。

【经】秋季，楚人包围陈国。把顿子送进顿国。

【传】送进，意思是所送进的地方不肯接受。包围，是一件事。送进，是一件事。把两件事接起来说，原来送

而遂言之，盖纳顿子者陈也。

【经】葬卫文公。

【经】冬，十有二月，癸亥，公会卫子、莒庆，盟于洮。

【传】莒无大夫，其曰莒庆，何也？以公之会目之也。

顿子归国的是陈国。

【经】安葬卫文公。

【经】冬季，十二月，癸亥日，鲁僖公会同卫子、莒庆，在洮地结盟。

【传】莒国没有大夫（大夫才记入史册），这里说“莒庆”，是怎么一回事？因为鲁僖公参加了会，所以才把莒庆列进来。

注释 1 卫侯燬：卫文公，名燬。 2 本：根本。 3 宋荡伯姬来逆妇：宋桓公生公子荡，后嗣便以荡为氏。伯姬，鲁女，嫁于荡氏，这次回鲁是迎娶儿媳。 4 在祖之位：祖，指孔父，他是孔子的祖先。他担任大司马，传文“祖之位”，即指宋的大司马职位。现在宋所杀的大夫，也担任大司马之职；而且按世官原则，这人一定也是孔姓。所以孔子修《春秋》不忍书其名姓。 5 纳顿子于顿：顿，姬姓国，子爵，其地即今河南项城西南顿故城。顿子被陈逼迫，出奔于楚。楚派兵围陈，迫使陈侯送顿子回顿国。

僖公二十六年

原文

【经】二十有六年，春，王正月，己未，公会莒子、卫甯速[1]，盟于向[2]。

【传】公不会大夫，

译文

【经】鲁僖公二十六年，春季，周王的正月，己未日，鲁僖公会同莒子、卫国的甯速，在向地结盟。

【传】公不与大夫相会，这里记“甯

其曰甯速，何也？以其随莒子，可以言会也。

速”，是什么缘故？因为他随同莒子，可以称氏名参加盟会。

【经】齐人侵我西鄙。公追齐师，至巂[3]，弗及。

【经】齐人侵犯我国西部边境地区。鲁僖公追击齐国军队，追到巂，没有追上。

【传】人，微者也。侵，浅事也。公之追之，非正也。至巂，急辞也。弗及者，弗与[4]也，可以及而不敢及也。其侵也曰人，其追也曰师，以公之弗及，大之也。弗及，内辞[5]也。

【传】“人”，是地位不高的人。“侵犯”，是小事。鲁僖公去追，是不正当的。“追到巂”，是急切的言辞。“没有追上”，是没有和齐军交战，是可以追上而不敢追上。侵犯说“人”，追赶说“军队”，是因为鲁僖公没有追上，所以往大处说。“没有追上”，是站在鲁国立场上说的话。

【经】夏，齐人伐我北鄙。卫人伐齐。

【经】夏季，齐人攻伐我国北部边境地区。卫国人攻伐齐国。

注释 1 甯速：卫大夫，又称甯庄子。 2 向：莒地，在今山东莒县南。 3 巂(xī)：齐地，即今山东东河南的鄘下集。 4 与：谓与之战，与齐师作战。 5 内辞：是从鲁国方面说的，以掩饰鲁惧齐人。

【经】公子遂[1]如楚乞师[2]。

【经】公子遂到楚国请求发兵。

【传】乞，重辞也。何重焉？重人之死也，非所乞也[3]。师出不必反，战不必胜，故重之也。

【传】“请求”，是重视军队的话。看重什么呢？是看重人的死亡，（发兵）不是应当请求的。军队出战不一定回来，作战不一定胜利，所以看重这件事。

【经】秋，楚人灭夔[4]，以夔子归。

【经】秋季，楚人灭亡夔国，把夔子带回国。

【传】夔，是国家。没有记日，因为

【传】夔,国也。不日,微国也。以归,犹愈乎执也。

它是小国。“把夔子带回国”,比抓起来好听一点。

【经】冬,楚人伐宋,围闵。

【经】冬季,楚人攻伐宋国,包围闵邑。

【传】伐国不言围邑,此其言围,何也?以吾用其师,目其事[5]也,非道用师也。

【传】攻伐国家不说包围邑,这里说包围,是什么缘故?因为我国要用楚国军队(抗齐),所以列出军队的行事,(记这一条)是谴责在半路上用兵(滋事)。

【经】公以楚师伐齐,取穀。

【经】鲁僖公用楚国军队攻伐齐国,夺取穀地。

【传】以者,不以者也。民者,君之本也。使民以其死,非其正也。

【传】用,是不该用的。人民,是国君的根本。役使人民拼死作战,不是正当的用民之道。

【经】公至自伐齐。

【经】鲁僖公攻伐齐国后回国。

【传】恶事不致,此其致之,何也?危之也。

【传】做了坏事不记回国,这里为什么记?是为鲁僖公感到危险。

注释 1 公子遂:鲁庄公之子,鲁卿。 2 乞师:请求发兵助己抗齐。 3 非所乞也:不是应当请求他国发兵的。 4 夔:楚的同姓国,地在今湖北秭归东。 5 目其事:列出其军事行动的细目。

僖公二十七年

原文

【经】二十有七年,春,杞子来朝。

译文

【经】鲁僖公二十七年,春季,杞子来鲁国朝见。

【经】夏，六月，庚寅，齐侯昭[1]卒。

【经】夏季，六月，庚寅日，齐侯昭去世。

【经】秋，八月，乙未，葬齐孝公。

【经】秋季，八月，乙未日，安葬齐孝公。

【经】乙巳，公子遂帅师入杞。

【经】乙巳日，公子遂领兵进入杞国。

【经】冬，楚人、陈侯、蔡侯、郑伯、许男围宋。

【经】冬季，楚人、陈侯、蔡侯、郑伯、许男包围宋国。

【传】楚人者，楚子也。其曰人，何也？人楚子，所以人诸侯也。其人诸侯，何也？不正其信夷狄而伐中国也。

【传】楚人，是楚子。这里说"人"，是为什么？称楚子为"人"，也就是将诸侯作"人"看待。为什么把诸侯当(一般)"人"看待？不认为他们帮助夷狄得志去攻伐中原诸侯国是正当的。

【经】十有二月，甲戌，公会诸侯盟于宋。

【经】十二月，甲戌日，鲁僖公会同诸侯在宋结盟。

注释 1 齐侯昭：齐孝公，名昭。

僖公二十八年

原文

【经】二十有八年，春，晋侯[1]侵曹。晋侯伐卫。

【传】再称晋侯，忌[2]也。

译文

【经】鲁僖公二十八年，春季，晋侯侵犯曹国。晋侯攻伐卫国。

【传】两次称"晋侯"，是忌恨他。

【经】公子买[3]戍卫，不卒戍[4]，刺之[5]。

【传】先名后刺，杀有罪也。公子启[6]曰："不卒戍者，可以卒也。可以卒而不卒，讥在公子也，刺之可也。"

【经】楚人救卫。

【经】公子买戍守卫国，没有完成戍守任务，杀了他。

【传】先说名，后说杀，是杀有罪之人。公子启说："没有完成戍守任务，原本是可以完成的。可以完成而不完成，讥讽是针对公子（买）的，杀他是可以的。"

【经】楚人援救卫国。

注释 1 晋侯：晋文公重耳。 2 忌：忌恨。重耳流亡时，过曹，曹伯侮辱他。过卫，卫侯不接待他。现在侵曹伐卫，是记旧恨。史家以为，侵曹伐卫，所以激怒楚人，并非全是报怨。 3 公子买：字子丛，鲁大夫。 4 不卒戍：没有始终坚持在那里防守，带兵回国了。 5 刺之：杀了他。刺，杀。卫是楚的婚姻国，鲁正与楚友好，故使公子买戍卫。但现在晋、楚相抗，公子买怕得罪晋文公，便带兵回鲁。鲁僖公认为违命，把他杀了，以示对楚忠诚。 6 公子启：鲁大夫。传文引他的话，说明杀公子买是对的。

【经】三月，丙午，晋侯入曹，执曹伯畀宋人[1]。

【传】入者，内弗受也。日入，恶入者也。以晋侯而斥执[2]曹伯，恶晋侯也。畀，与也。其曰人，何也？不以[3]晋侯畀宋公也。

【经】夏，四月，己巳，晋侯、齐师、宋师、秦师及

【经】三月，丙午日，晋侯进入曹国，逮捕曹伯交给宋国人。

【传】说"进入"，是所进入的地方不接受进入者。进入记日子，是谴责进入的人。明指晋侯逮捕曹伯，是谴责晋侯。"畀"，是给的意思。这里说"人"，是为什么？是不赞许晋侯把事情交给宋公去处理。

【经】夏季，四月，己巳日，晋侯、

楚人战于城濮[4]。楚师败绩。

齐军、宋军、秦军与楚人在城濮作战。楚军大败。

【经】楚杀其大夫得臣。

【经】楚国杀它的大夫得臣。

【经】卫侯出奔楚。

【经】卫侯出逃到楚国。

【经】五月，癸丑，公会晋侯、齐侯、宋公、蔡侯、郑伯、卫子[5]、莒子，盟于践土[6]。

【经】五月，癸丑日，鲁僖公会同晋侯、齐侯、宋公、蔡侯、郑伯、卫子、莒子，在践土结盟。

【传】讳会天王[7]也。

【传】（没有记周王与会）是为周王到会隐讳。

注释 1 执曹伯畀宋人：抓住曹国国君交给宋国处理。本《传》如是说。若按《左传》，执曹伯为一事，分曹、卫之田以畀宋为另一事。 2 斥执：数其罪而执之。 3 不以：不赞同。以，用同“与”，意思是赞同。为什么不赞同呢？公、侯、伯、子、男，侯在公之下，晋侯不能以侯爵而把曹伯交给宋公去处理。 4 城濮：卫邑。在今山东鄄城西南临濮集，一说在今河南开封陈留附近。 5 卫子：卫称子，因卫侯（成公）出奔楚，由其弟叔武参加会盟，未成君，所以称“卫子”。 6 践土：郑地，在今河南原阳西南。 7 讳会天王：周襄王亲临践土，慰劳诸侯，令王子虎主盟。经文不记，是为尊者讳，因为君臣共盟是非礼的，所以讳其事。

【经】陈侯如会。

【经】陈侯到会。

【传】如会，外乎会也，于会受命也。

【传】到会，（会盟时）是在会之外，是接受盟会所有条款的约束。

【经】公朝于王所。

【经】鲁僖公到周王所在的地方朝见周王。

【传】朝不言所，言所者，非其所也。

【传】朝见不说处所，说处所，是本

【经】六月，卫侯郑自楚复归于卫。

【传】自楚，楚有奉[1]焉尔。复者，复中国也。归者，归其所也。郑之名，失国也。

【经】卫元咺[2]出奔晋。

【经】陈侯款[3]卒。

【经】秋，杞伯姬[4]来。

【经】公子遂如齐。

【经】冬，公会晋侯、宋公、蔡侯、郑伯、陈子[5]、莒子、邾子、秦人于温[6]。

【传】讳会天王[7]也。

不应在此处所。

【经】六月，卫侯郑从楚国复归到卫国。

【传】"自楚国"，说明在楚国有所依靠。复，是再来到国中。归，是回到他自己的地方。记卫侯的名"郑"，是因为他丧失了国家。

【经】卫国的元咺出奔到晋国。

【经】陈侯款去世。

【经】秋季，杞伯姬回到鲁国。

【经】公子遂到齐国。

【经】冬季，鲁僖公与晋侯、宋公、蔡侯、郑伯、陈子、莒子、邾子、秦人在温地相会。

【传】(周王到会未记，)为周王隐讳。

注释　1 奉：谓提供支持和帮助。　2 元咺(xuān)：卫国大臣，祖先食邑在元，以元为氏。卫成公返国，杀死守国之弟叔武，故元咺奔晋，向霸主晋文公控告。　3 陈侯款：陈穆公，名款。　4 伯姬：鲁庄公女。　5 陈子：陈穆公卒，其子共公立，未逾年，故称子。　6 温：晋邑。在今河南孟县西。一说在今河南温县西南。　7 讳会天王：温之会，周王也参加了，而没有写出来。

【经】天王守[1]于河阳。

【传】全天王之行也，为若[2]将守而遇诸侯之朝

【经】周王在黄河以北巡视。

【传】这是为了使周王此行有一个圆满的说法，好像是将要巡狩，恰巧

也，为天王讳也。水北为阳，山南为阳。温，河阳[3]也。

【经】壬申，公朝于王所。

【传】朝于庙，礼也；于外，非礼也。独公朝与？诸侯尽朝也。其日，以其再致天子[4]，故谨而日之。主善以内，目恶以外。言曰公朝，逆辞[5]也，而尊天子。会于温，言小诸侯[6]。温，河北地，以河阳言之，大天子也。日系于月，月系于时。壬申，公朝于王所，其不月，失其所系也。以为晋文公之行事为已傎[7]矣。

碰上温之会接受诸侯的朝见，这是为周王隐讳。水北为阳，山南为阳。温，是在黄河之北。

【经】壬申日，鲁僖公到周王所在的地方朝见周王。

【传】在庙堂上朝见，是礼；在外面朝见，不合于礼。只有鲁僖公朝见吗？诸侯都朝见。这里记日子，因为晋文公两次召天子到会，所以郑重地记下日子。以鲁国主为善事，以恶事归于外人。说公（在外地）朝见，是反常的话，却是尊奉天子。在温邑集会，是把诸侯看得小。温是黄河以北的一个地方，而说"河阳"，是把天子看得大。日系属于月，月系属于季。"壬申日，鲁僖公到周王所在的地方朝见周王"，没有记月，是丧失了所系属的。认为晋文公行事是颠倒了。

注释 1 守：巡狩，天子出行，到诸侯国去视察。 2 为若：好像是。 3 河阳：黄河以北。 4 再致天子：晋文公五月召王至践土，今又召王到河阳（温）。 5 逆辞：反常的话。 6 言小诸侯：是说把诸侯压低。温与河阳，本指一地。但经文书"温"，这是晋的一个邑，以此来表示对会盟诸侯的压低。 7 傎：同"颠"。是说晋文公以臣召君，行事颠倒。

【经】晋人执卫侯，归之于京师。

【传】此入而执，其不言入，何也？不外王命于卫[1]也。归之于京师，缓辞也，断在京师也。

【经】卫元咺自晋复归于卫。

【传】自晋，晋有奉焉尔。复者，复中国也。归者，归其所也。

【经】诸侯遂围许。

【传】遂，继事也。

【经】曹伯襄复归于曹。

【传】复者，复中国也。天子免之，因与之会。其曰复，通王命也。

【经】遂会诸侯围许[2]。

【传】遂，继事也。

【经】晋人逮捕卫侯，把他送到京师。

【传】这是进入卫国逮捕卫侯，不说进入，是为什么？是不认为王命在卫国之外。“把他送到京师”，是一句宽缓的话，（怎么处置）决断是在京师。

【经】卫国的元咺从晋国回到卫国。

【传】“从晋国”，是在晋国有依靠。复，是再来到国中。归，是回到他自己的地方。

【经】诸侯接着就围攻许国。

【传】“接着就”，是继续办事。

【经】曹伯襄回到曹国。

【传】“复”，是回到国中。天子赦免他，就和他相会。这里说“复”（等于他已返回为君），可以直接领受王命。

【经】接着就与诸侯会合围攻许国。

【传】“接着就”，是继续办事。

注释　1 不外王命于卫：卫亦天子之地，晋文公非以诸侯身份入卫，乃奉王命以执卫侯，故不言入。　2 遂会诸侯围许：曹伯一归国，立即出师会合诸侯围许。

僖公二十九年

原文

【经】二十有九年，春，介[1]葛卢来。

【传】介，国也。葛卢，微国之君未爵者也。其曰来，卑也。

【经】公至自围许。

【经】夏，六月，公会王人、晋人、宋人、齐人、陈人、蔡人、秦人[2]，盟于翟泉[3]。

【经】秋，大雨雹。

【经】冬，介葛卢来[4]。

译文

【经】鲁僖公二十九年，春季，介葛卢来鲁国。

【传】介，是国家。葛卢，是没有接受爵命的小国君主。这里说"来"，是认为他卑贱。

【经】鲁僖公围攻许国后回国。

【经】夏季，六月，鲁僖公会同王室官员、晋人、宋人、齐人、陈人、蔡人、秦人，在翟泉结盟。

【经】秋季，下大冰雹。

【经】冬季，介葛卢来鲁国。

注释 1 介：国名，在鲁国之南，萧国之北。 2 王人：王子虎。晋人：狐偃。宋人：公孙固。齐人：国归父。陈人：辕涛涂。秦人：小子慭。 3 翟泉：周地，在今河南洛阳东北。 4 介葛卢来：春天来，鲁僖公不在家，于是冬天再来。

僖公三十年

原文

【经】三十年，春，王

译文

【经】鲁僖公三十年，春季，周王

正月。

【经】夏，狄侵齐。

【经】秋，卫杀其大夫元咺及公子瑕[1]。

【传】称国以杀，罪累上也，以是为讼君也。卫侯在外，其以累上之辞言之，何也？待其杀而后入也。公子瑕，累也，以尊及卑也。

【经】卫侯郑归于卫。

【经】晋人、秦人围郑。

【经】介人侵萧。

【经】冬，天王使宰周公来聘。

【传】天子之宰，通于四海。

【经】公子遂如京师，遂如晋。

【传】以尊遂乎卑，此言不敢叛京师也。

的正月。

【经】夏季，狄侵犯齐国。

【经】秋季，卫国杀它的大夫元咺与公子瑕。

【传】杀人，称是国杀的，罪行延及君上，认为他（元咺）是告君主状的人。卫侯在国外，这里以罪行延及君上的话说他，是什么缘故？等杀了元咺，卫侯才进入卫国。杀公子瑕，是连累到他的，（先写杀元咺，后说公子瑕）是由尊及卑。

【经】卫侯郑回到卫国。

【经】晋人、秦人围攻郑国。

【经】介人侵犯萧国。

【经】冬季，周王派宰周公来鲁国聘问。

【传】天子的宰臣，可以与四海之内（各个国家）往来。

【经】公子遂到京师，接着就到晋国。

【传】先从尊起，接着到卑，这说明不敢背叛京师。

注释 **1** 僖公二十八年，元咺向晋控告卫侯枉杀叔武，晋执卫侯送京师，以待王决。元咺归卫，立公子瑕。至是（鲁僖公三十年）卫侯获释，赂大夫周歂、冶廑，使杀元咺及公子瑕，然后卫侯入。

僖公三十一年

原文

【经】三十有一年，春，取济西田[1]。

【经】公子遂如晋。

【经】夏，四月，四卜郊[2]，不从，乃免牲[3]，犹三望[4]。

【传】夏，四月，不时[5]也。四卜，非礼[6]也。免牲者，为之缁衣熏裳[7]，有司玄端[8]，奉送至于南郊。免牛[9]亦然。乃者，亡乎人[10]之辞也。犹者，可以已之辞也。

【经】秋，七月。

【经】冬，杞伯姬来求妇。

【传】妇人既嫁不逾竟，杞伯姬来求妇，非正也。

【经】狄围卫。

【经】十有二月，卫迁于帝丘[11]。

译文

【经】鲁僖公三十一年，春季，接收济西的田地。

【经】公子遂到晋国。

【经】夏季，四月，四次占卜郊祭，不吉利，就释放祭牲，仍然望祭名山大川。

【传】“夏季，四月”，不是占卜郊祭的时候。占卜四次，不合于礼。“释放祭牲”，替它制黑衣、浅红色的裳，有关官员穿黑色礼服，陪送它到南郊。释放受伤的祭牛也是一样。“乃”，是不由人意的话。“仍然”，是本来可以不祭的话。

【经】秋季，七月。

【经】冬季，杞伯姬来求娶儿媳妇。

【传】妇人已嫁不越过国境。杞伯姬来求娶儿媳妇，是不正当的。

【经】狄人围攻卫国。

【经】十二月，卫国迁徙到帝丘。

注释 1 取济西田:此田本鲁所有,为曹侵夺。城濮之战,晋文公执曹共公,使退回所侵诸侯地。 2 卜郊:卜问祭天的时间。郊,祭天。 3 免牲:释放作为祭品的牛。 4 三望:祭祀境内山川谓之望。鲁祭祀泰山、淮、海三者,称为“三望”。 5 不时:不是时候。卜郊当于每年春正月。 6 非礼:不合于礼法。当以三卜为限。 7 缁衣纁裳:黑色的上衣,浅红色的下裳。缁,黑色。纁,浅红色。 8 有司玄端:办事官员穿上黑色礼服。 9 牛:指受伤的牛,不能作为祭品的牲。 10 亡乎人:不在于人的愿望。亡,不在。乎,介词,用于动宾之间。 11 帝丘:卫地,今河南濮阳西南。

僖公三十二年

原文

【经】三十有二年,春,王正月。

【经】夏,四月,己丑,郑伯捷[1]卒。

【经】卫人侵狄。

【经】秋,卫人及狄盟。

【经】冬,十有二月,己卯,晋侯重耳[2]卒。

译文

【经】鲁僖公三十二年,春季,周王的正月。

【经】夏季,四月,己丑日,郑伯捷去世。

【经】卫人侵犯狄。

【经】秋季,卫人与狄结盟。

【经】冬季,十二月,己卯日,晋侯重耳卒。

注释 1 郑伯捷:郑文公,名捷。 2 晋侯重耳:晋文公,名重耳,称霸一时。

僖公三十三年

原文

【经】三十有三年，春，王二月，秦人入滑。

【传】滑，国也。

【经】齐侯使国归父来聘。

【经】夏，四月，辛巳，晋人及姜戎[1]败秦师于殽[2]。

【传】不言战而言败，何也？狄秦[3]也。其狄之，何也？秦越千里之险，入虚国[4]，进不能守，退败其师，徒乱人子女之教，无男女之别。秦之为狄，自殽之战始也。秦伯将袭郑，百里子与蹇叔子[5]谏曰："千里而袭人，未有不亡者也。"秦伯曰："子之冢木已拱[6]矣，何知！"师行，百里子与蹇叔子送其子而戒之曰："女死，必于殽之岩

译文

【经】鲁僖公三十三年，春季，周王的二月，秦人进入滑。

【传】滑，是国家。

【经】齐侯派国归父来鲁国聘问。

【经】夏季，四月，辛巳日，晋人及姜戎在殽山打败秦军。

【传】不说战就说败，是什么缘故？是把秦看成夷狄。把秦看成夷狄，是怎么一回事？秦人越过千里远的险阻，进入没有准备的国家，进入滑国不能坚守，退回秦国军队又被打败，（在滑时）只是扰乱对于青年男女的教育，混淆男女的分别。秦成为狄，是从殽之战开始的。秦伯将袭击郑国，百里子与蹇叔子劝谏说："千里之遥去袭击别人，没有不败亡的。"秦伯说："（如果早点死，）你们坟墓上的树木已经合抱了，你们知道什么？"军队出征，百里子与蹇叔子送他们的儿子，告诫说："你们死，必定在殽山的险要的地方。

唫[7]之下。我将尸女于是！”师行，百里子与蹇叔子随其子而哭之。秦伯怒曰：“何为哭吾师也？”二子曰：“非敢哭师也，哭吾子也。我老矣，彼不死，则我死矣！”晋人与姜戎要[8]而击之殽，匹马倚[9]轮无反者。晋人者，晋子也。其曰人，何也？微之也。何为微之？不正其释殡[10]而主乎战也。

我们将在那里收你们的尸骨。”军队出发，百里子与蹇叔子跟在儿子后面哭。秦伯发怒说：“为什么哭我的军队？”两人说：“不敢哭军队，是哭我们的儿子。我们老了，他们不死，就是我们死了！”晋人与姜戎在殽山截击秦军，（秦军）没有一匹马一只车轮返回秦国的。晋人，是晋子。这里说“人”，是为什么？是看轻他。为什么看轻他？因为不认为他抛开父丧去发动战争是正当的。

注释 1 姜戎：姜姓的戎族，住在晋国南方边境。 2 殽：山名，属晋。 3 狄秦：把秦当狄看待。 4 虚国：空虚无守的弱国。 5 百里子与蹇叔子：秦的两位老臣。百里子，百里奚。其子孟明视是这次军事行动的统帅。蹇叔子，即蹇叔。称“子”，表示尊重。这次军事行动的副帅西乞术、白乙丙，据说都是蹇叔之子。 6 拱：合抱。 7 岩唫(yín)：山形高峻险要的样子，这里指高峻险要之处。 8 要(yāo)：拦截。 9 倚：同“奇”，单独。 10 殡(bìn)：停柩待葬。

【经】癸巳，葬晋文公。

【传】日葬，危不得葬[1]也。

【经】狄侵齐。

【经】公伐邾，取訾楼[2]。

【经】秋，公子遂帅师伐邾。

【经】癸巳日，安葬晋文公。

【传】记葬的日子，是因为有战争的危险不得安葬。

【经】狄侵犯齐国。

【经】鲁僖公攻伐邾国，夺取訾楼。

【经】秋季，公子遂领兵攻伐邾国。

【经】晋人败狄于箕[3]。

【经】冬，十月，公如齐。

【经】十有二月，公至自齐。

【经】乙巳，公薨于小寝[4]。

【传】小寝，非正也。

【经】陨霜不杀[5]草。

【传】未可杀而杀，举重也。可杀而不杀，举轻也。

【经】李梅实。

【传】实之为言，犹实[6]也。

【经】晋人、陈人、郑人伐许。

【经】晋人在箕地打败狄。

【经】冬季，十月，鲁僖公到齐国。

【经】十二月，鲁僖公从齐国回国。

【经】乙巳日，鲁僖公在内寝去世。

【传】在内寝去世，是不合正道的。

【经】降霜，没有杀死野草。

【传】(粮食作物)未可杀而被杀，是举重的说。(野草)可杀而没有杀，是举轻的说。

【经】李、梅结果实。

【传】果实的意思如同说里面充实。

【经】晋人、陈人、郑人攻伐许国。

注释 1 危不得葬：是说有军事行动，差点葬不成。 2 訾(zī)楼：邾地。 3 箕：晋地。在今山西蒲县东北，旧有箕城。 4 小寝：内寝，夫人的卧室。礼法以为，人君当死于路寝。 5 杀：使之枯萎凋落。 6 实：充实，结果。

文公

文公元年

原文

【经】元年[1]，春，王正月，公[2]即位。

【传】继正即位[3]，正也。

【经】二月，癸亥，日有食之。

【经】天王使叔服[4]来会葬[5]。

【传】葬曰会，其志[6]，重天子之礼也。

【经】夏，四月，丁巳，葬我君僖公。

【传】薨称公，举上也。葬我君，接上下[7]也。僖公，葬而后举谥，谥所以成德[8]也，于卒事乎加之矣。

译文

【经】鲁文公元年，春季，周王的正月，鲁文公即位。

【传】继正常死亡的先君即位，是正当的。

【经】二月，癸亥日，发生日食。

【经】周王派遣叔服来会葬。

【传】葬叫会葬，记这一点，是看重天子的礼节。

【经】夏季，四月，丁巳日，葬我国的国君鲁僖公。

【传】去世了称呼“公”，是举出他的最高称谓。“葬我君”，是统我国上下臣民而言。记“僖公”，葬之后才称谥号，谥号是用来表明德业的，在丧葬的事完毕后给他加上。

注释 1 元年：鲁文公元年，公元前626年。 2 公：鲁文公，名兴，鲁僖公子，母声姜。 3 继正即位：国君正常死亡，接位的按常规继位，这就叫"继正即位"。与继弑为君相对而言。 4 叔服：当是周王室官吏。《左传》说是内史，《公羊传》注说是王子虎。 5 会葬：实际上就是参加葬礼。 6 其志：史书记载天子派人会葬。志，记载。 7 接上下：谓上下各等皆可称"君"。 8 成德：谓论定其功德业绩。

【经】天王使毛伯[1]来锡公命[2]。

【传】礼有受命，无来锡命，锡命，非正也。

【经】晋侯伐卫。

【经】叔孙得臣如京师。

【经】卫人伐晋。

【经】秋，公孙敖[3]会晋侯于戚[4]。

【经】冬，十月，丁未，楚世子商臣[5]弑其君髡[6]。

【传】日髡之卒，所以谨商臣之弑也。夷狄不言正不正。

【经】公孙敖如齐。

【经】周王派毛伯来赐给鲁文公命服。

【传】按礼制有接受天子所赐的，没有前来赐的，（这样）赐命服，是不正当的。

【经】晋侯攻伐卫国。

【经】叔孙得臣到京师。

【经】卫人攻伐晋国。

【经】秋季，公孙敖在戚地会见晋侯。

【经】冬季，十月，丁未日，楚世子商臣杀死他的国君髡。

【传】记髡去世的日子，是用来郑重地记商臣的杀君。对于夷狄来说，不说"正"或"不正"。

【经】公孙敖到齐国。

注释 1 毛伯：毛是其采邑，伯是其爵位，其名为卫。 2 命：命服，即礼服。 3 公孙敖：鲁大夫。庆父子。 4 戚：卫邑。在今河南濮阳北。前文晋伐卫，取戚。公孙敖去戚谒见晋侯。 5 商臣：即楚穆王。楚成王立商臣为太子,后又欲废之,改立王子职,致酿此杀身之祸。 6 髡(kūn):楚成王名。

文公二年

原文

【经】二年,春,王二月,甲子,晋侯及秦师战于彭衙[1]。秦师败绩。

【经】丁丑,作僖公主[2]。

【传】作,为也,为僖公主也。立主,丧主于虞[3],吉主于练[4]。"作僖公主",讥其后[5]也。作主、坏庙[6]有时日。于练焉坏庙。坏庙之道,易檐[7]可也,改涂可也。

译文

【经】鲁文公二年,春季,周王的二月,甲子日,晋侯与秦军在彭衙作战。秦军大败。

【经】丁丑日,做鲁僖公神主。

【传】做,是造作,是造作鲁僖公神主牌位。立神主牌位:葬毕虞祭,立丧主;周年练祭,立吉主。说"做鲁僖公神主",是讥刺做迟了。做神主、修坏庙有一定的时间。在周年练祭时修坏庙。修坏庙的规矩,换新屋檐可以,另外涂刷可以。

注释 1 彭衙:秦邑,今陕西白水东北之彭衙堡。 2 主:死者的牌位,又称"神主",上书死者名讳,作为祭祀对象。 3 丧主于虞:丧主用于虞祭。灵柩安葬后,孝子回来举行虞祭。丧主用桑木做。 4 吉主于练:吉主用于练祭。练祭是周年祭。吉主用栗木为之。 5 后:诸侯卒,五月而葬。鲁僖公死于三十三年十一月,葬于次年(鲁文公元年)四月,加上闰三月,超过葬限两月。又虞祭必有主,应在鲁文公元年四月做主,今鲁文公二年二月丁丑始做鲁僖公主,又迟了十个月。所以说"后",就是推迟了。
6 坏庙:亦即"毁庙"。实是把亲过高祖的前代祖宗的牌位从自有的专庙中挪到太祖庙中去。空出位置来，让后死者的牌位依次升上来。这时的宗庙必有所装饰刷新。 7 易檐：翻新西北角的屋檐。

【经】三月，乙巳，及晋处父盟。

【传】不言公，处父伉[1]也，为公讳也。何以知其与公盟？以其日也。何以不言公之如晋？所耻也。出不书，反不致也。

【经】夏，六月，公孙敖会宋公、陈侯、郑伯、晋士縠[2]，盟于垂敛[3]。

【传】内大夫可以会外诸侯。

【经】自十有二月不雨，至于秋七月。

【传】历时而言不雨，文不忧雨也。不忧雨者，无志乎民也。

【经】三月，乙巳日，与晋国的处父结盟。

【传】不说公（盟），是因为处父骄傲，为鲁文公隐讳。怎么知道是与鲁文公结盟？因为这里记了日子。为什么不说鲁文公到晋国？因为这是感到耻辱的事情。所以鲁文公出国不记，回国不写回国。

【经】夏季，六月，公孙敖会同宋公、陈侯、郑伯、晋士縠，在垂敛结盟。

【传】国内大夫可以会国外诸侯。

【经】从（去年）十二月不下雨，直到（今年）秋季七月。

【传】经过四个季度才说不下雨，是因为鲁文公不为雨忧心。不为雨忧心，就是没有为民的心意。

注释 1 处父伉(kàng)：晋国大夫阳处父傲骄，以臣而与鲁君盟。 2 士縠：当是“士縠(hú)”，鲁文公九年，即作“士縠”。 3 垂敛：郑地，在今河南荥阳东北。

【经】八月，丁卯，大事于大庙[1]，跻僖公[2]。

【传】大事者何？大是事也，著祫、尝[3]。祫祭者，毁庙之主陈于大祖，未毁庙之主皆升，合祭于大祖。跻，升也，先亲而后祖[4]也，逆祀也。逆祀，则是无昭穆[5]也。无昭穆，则是无祖也。无祖，则无天也。故曰：文无天。无天者，是无天而行也。君子不以亲亲害尊尊，此《春秋》之义也。

【经】冬，晋人、宋人、陈人、郑人伐秦。

【经】公子遂如齐纳币。

【经】八月，丁卯日，在太庙里办大事，把鲁僖公的位次登到鲁闵公之上。

【传】大事是什么？是认为这事重大，指明是把祫祭和尝祭放在一起举行。祫祭，是把毁庙的神主陈列在太庙里，未毁庙的神主都升上来，在太祖庙一起祭祀。登，是提升的意思，把父的位次放在前，把处于祖位的鲁闵公的位次摆在后，这是逆反的祭祀。祭祀逆反，就是没有昭穆的顺序。没有昭穆的顺序，就是没有祖宗。没有祖宗，就是没有上天。所以说：在鲁文公心目中没有上天。没有上天，意思是行事不顾天意。君子不因亲爱亲人而有害于尊敬尊长，这是《春秋》的义理。

【经】冬季，晋人、宋人、陈人、郑人攻伐秦国。

【经】公子遂到齐国下聘礼。

注释　1 大庙：太庙，鲁始祖周公之庙。　2 跻(jī)僖公：把鲁僖公享祀之位升到鲁闵公之上。僖公与闵公是兄弟，但闵公即位在先，僖公是继闵公之位，照礼，僖公本当在闵公之下。跻，升。　3 著祫(xiá)、尝：指明是祫祭、尝祭一起举行。尝，秋祭。　4 先亲而后祖：把父辈放前面，把祖辈放后面。按君位顺序，闵公是文公祖辈。　5 无昭穆：诸侯五庙：其一为太祖庙，百世不祧；其余四庙，左昭右穆，昭为父，穆为子。如有新神主入庙，则将四庙中最先一庙的神主移于祖庙，而将其下三庙神主递升。按规矩，闵公在前，当为昭，僖公在后，当为穆。而文公置僖公主于闵公主之前，所以说是无昭穆。

文公三年

原文

【经】三年，春，王正月，叔孙得臣会晋人、宋人、陈人、卫人、郑人伐沈[1]。沈溃[2]。

【经】夏，五月，王子虎卒。

【传】叔服也，此不卒者也，何以卒之？以其来会葬，我卒之也。或曰，以其尝执重以守[3]也。

【经】秦人伐晋。

【经】秋，楚人围江。

【经】雨螽于宋。

【传】外灾不志，此何以志也？曰：灾甚也。其甚奈何？茅茨[4]尽矣。著于上，见于下，谓之雨。

【经】冬，公如晋。

【经】十有二月，己巳，公及晋侯盟。

译文

【经】鲁文公三年，春季，周王的正月，叔孙得臣会同晋人、宋人、陈人、卫人、郑人攻伐沈国。沈国溃败。

【经】夏季，五月，王子虎去世。

【传】（王子虎）就是叔服，这人是不当记去世的，为什么记他的去世？因为他曾来会葬（僖公），我国为他记去世。有人说，因为他曾执掌守国的重任。

【经】秦人攻伐晋国。

【经】秋季，楚人包围江国。

【经】在宋国，蝗虫像雨一样落下来。

【传】国外的灾不记，这一次为什么记？（回答）说：灾很厉害。灾很厉害是怎么回事？连屋上盖的茅草都被吃尽了。显现在天上，接着在地上看见它们，这就叫像雨一样落下来。

【经】冬季，鲁文公到晋国。

【经】十二月，己巳日，鲁文公与晋侯结盟。

【经】晋国的阳处父领兵攻伐楚国，

【经】晋阳处父帅师伐楚，救江。

【传】此伐楚，其言救江，何也？江远楚近，伐楚所以救江也。

援救江国。

【传】这是攻伐楚国，却说援救江国，是什么缘故？江国远，楚国近，攻伐楚国，借以援救江国。

注释 1 沈：国名。周公之后。在今安徽阜阳西北之沈丘集。 2 溃：按《传》例，下叛上曰溃，民逃其上曰溃。 3 执重以守：鲁僖公二十四年，周天子出居于郑，王子虎曾执掌守国的重任。 4 茅茨：盖屋的茅草。

文公四年

原文

【经】四年，春，公至自晋。

【经】夏，逆妇姜于齐。

【传】其曰妇姜，为其礼成乎齐[1]也。其逆者谁也？亲逆而称妇，或者公与？何其速妇之也？曰：公也。其不言公，何也？非成礼于齐也。曰“妇”，有姑之辞也。其不言氏，何也？贬之也。何为贬之也？夫人与有贬[2]也。

译文

【经】鲁文公四年，春季，鲁文公从晋国回国。

【经】夏季，到齐国迎娶妻子姜。

【传】这里说“妇姜”，因为在齐国完成婚礼。迎娶的是谁？亲迎就称“妇”，或许是鲁文公本人吧？为什么这么快就称她为妇呢？（回答）说：是鲁文公。这里不说鲁文公，是什么缘故？是谴责在齐国完成婚礼。说“妇”，是有婆婆的话。这里不说“氏”，是为什么？是贬斥她。为什么贬斥她？贬斥鲁文公，夫人

【经】狄侵齐。

【经】秋,楚人灭江。

【经】晋侯伐秦。

【经】卫侯使甯俞[3]来聘。

【经】冬,十有一月,壬寅,夫人风氏[4]薨。

也有受贬的份。

【经】狄侵犯齐国。

【经】秋季,楚人灭亡江国。

【经】晋侯攻伐秦国。

【经】卫侯派甯俞来鲁国聘问。

【经】冬季,十一月,壬寅日,夫人风氏去世。

注释 **1** 为其礼成乎齐:是因为鲁文公的婚礼是在齐国举行的。 **2** 夫人与有贬:夫人(出姜)如果明礼,应该阻止鲁侯在齐成婚。她没有这样做,所以同鲁侯一起受到贬斥。 **3** 甯俞:卫大夫,又称“甯速”“甯武子”。 **4** 风氏:鲁庄公妾,僖公母,文公祖母。到僖公时,尊称为夫人。又称“成风”。成是谥号,风是姓。

文公五年

原文

【经】五年,春,王正月,王使荣叔归含且赗[1]。

【传】含,一事也。赗,一事也。兼归之,非正也。其曰且,志兼也。其不言来,不周事之用[2]也。赗以早,而含以晚。[3]

【经】三月,辛亥,葬

译文

【经】鲁文公五年,春季,周王的正月,周王派荣叔赠送死者口含的珠玉和助葬的车马。

【传】口含物,是一事。助葬品,是一事。同时一人赠送两样,是不正当的。这里说“和”,记一人送两样。这里不说“来”,因为没能及时派上丧事的用场。助葬品太早,口含物又太迟了。

我小君成风。

【经】王使毛伯来会葬。

【传】会葬之礼于鄙上[4]。

【经】夏，公孙敖如晋。

【经】秦人入鄀[5]。

【经】秋，楚人灭六[6]。

【经】冬，十月，甲申，许男业[7]卒。

【经】三月，辛亥日，安葬我国的夫人成风。

【经】周王派毛伯来参加葬礼。

【传】会葬的礼，当从边境上直接到墓地。

【经】夏季，公孙敖到晋国。

【经】秦人进入鄀国。

【经】秋季，楚人灭亡六国。

【经】冬季，十月，甲申日，许男业去世。

注释 1 归(kuì)含且赗(fèng)：赠送死者口中含的珠玉和助葬的车马。 2 不周事之用：对鲁国的丧事没有起到实际作用。 3 赗以早，而含以晚：赗应在举行葬礼时送来，成风要在三月下葬，现在正月就送来，太早了。含应在殓前送来，成风薨于上年十一月，早已成殓，现在才送含，又太晚了。 4 鄙上：国境之内，墓地之上。会葬者进入国境，直接到墓地去参加葬礼，以示紧迫，不能先到国都宾馆内。 5 鄀(ruò)：秦楚界上的允姓小国。有上鄀、下鄀之分。上鄀在今湖北宜城东南，后灭于楚。下鄀在今河南内乡，后灭于晋。这次秦人入侵的是下鄀。 6 六：国名，皋陶之后，偃姓，在今安徽六安北。 7 许男业：许僖公，名业，男爵。

文公六年

原文

【经】六年，春，葬许僖公。

译文

【经】鲁文公六年，春季，安葬

【经】夏，季孙行父[1]如陈。

【经】秋，季孙行父如晋。

【经】八月，乙亥，晋侯驩[2]卒。

【经】冬，十月，公子遂如晋。葬晋襄公。

【经】晋杀其大夫阳处父。

【传】称国以杀，罪累上也。襄公已葬，其以累上之辞言之，何也？君漏言也。上泄则下闇[3]，下闇则上聋。且闇且聋，无以相通。夜姑[4]，杀者也。夜姑之杀，奈何？曰：晋将与狄战，使狐夜姑为将军，赵盾佐之。阳处父曰："不可！古者君之使臣也，使仁者佐贤者，不使贤者佐仁者。今赵盾贤，夜姑仁，其不可乎！"襄公曰："诺。"谓夜姑曰："吾始使盾佐女，今女佐盾矣。"夜姑曰："敬诺。"襄公死，处父主竟上事，夜姑使人杀之。君漏言也。故

许僖公。

【经】夏季，季孙行父到陈国。

【经】秋季，季孙行父到晋国。

【经】八月，乙亥日，晋侯驩去世。

【经】冬季，十月，公子遂到晋国。安葬晋襄公。

【经】晋国杀它的大夫阳处父。

【传】（杀人）称是国杀的，罪行延及君上。晋襄公已葬，这里用延及君上的话来说这件事，是什么缘故？因为国君把（机密的）话泄漏出去了。上面把话泄漏出去，下面就不作声了；下面不作声，上面就变成了聋子。又是不作声，又是听不见，心意就没有相通的渠道了。夜姑，是杀处父的。夜姑杀处父，情况怎样？（回答）说：晋将与狄作战，派狐夜姑做将军，赵盾做他的副手。阳处父说："不可！古代君主使用臣下，使仁爱的人佐助贤能的人，不使贤能的人佐助仁爱的人。现在赵盾贤能，夜姑仁爱，（所拟的任命）怕是不可以吧！"晋襄公说："好！"对夜姑说："我起初想使赵盾佐助你，现在由你佐助赵盾了。"夜姑恭敬地说："好！"晋襄公死，处父主持边境接待，夜姑派人杀死了他。这起因是晋襄公泄漏了机

士造辟[5]而言，诡辞[6]而出，曰："用我则可，不用我则无乱其德[7]。"

密的话。所以士人到君前谈话，出来用别的话掩饰，说："用我的话就用，不用我的话就不要三心二意，与别人商量。"

注释 1 季孙行父：鲁大夫，鲁桓公之子季友之孙。 2 晋侯骓：晋襄公，名骓。 3 闇：借为"瘖(yīn)"，哑，不言语。 4 夜姑：狐夜姑，晋大夫，狐偃之子，又称"贾季"。贾为其食邑。夜，一作"射(yè)"。 5 造辟：犹如说促膝，密谈之状。造，通"蹙"，解为促。辟，"膝"之误字。 6 诡辞：诡诈的话，意思是不说实话。 7 德：指专一信任人的德行。

【经】晋狐夜姑出奔狄[1]。

【经】闰月不告月[2]，犹朝于庙[3]。

【传】不告月者，何也？不告朔也。不告朔则何为不言朔也？闰月者，附月之余日也，积分而成于月[4]者也。天子不以告朔，而丧事不数也。犹之为言，可以已也。

【经】晋狐夜姑出奔到狄。

【经】闰月不告月，仍然在太祖庙里朝祭。

【传】不告月是怎么一回事？就是不告朔。不告朔怎么不说"朔"？闰月是附在上一个月的剩余的日子，是把每年剩余的部分积累起来成为闰月的。天子不在闰月告朔，服丧的事不把闰月计算在内。"仍然"的意思是说本来可以不举行(朝庙)的。

注释 1 狐夜姑出奔狄：据《左传》，晋襄公薨后，新君未定，狐夜姑趁机使续鞫居杀阳处父。晋襄公葬后，赵盾以正卿身份执行国法，杀续鞫居。于是狐夜姑逃亡去了狄国。 2 告月：即告朔。天子每年冬季将明年历书颁发给诸侯，诸侯把历书藏在祖庙中。每月初一，朝于祖庙，取出历书，命祝史宣告于众，以为本月政令的依据，这就是告朔。 3 朝于庙：举行告朔之礼后，祭于诸庙。鲁文公在这闰月虽不告朔，却仍朝庙。 4 积分而成于月：夏历一年和地球公转一周相比，约差十日有奇。每效年积所余之时日为闰，而置闰月。

文公七年

原文

【经】七年，春，公伐邾。

【经】三月，甲戌，取须句[1]。

【传】取邑不日，此其日，何也？不正其再取[2]，故谨而日之也。

【经】遂城郚[3]。

【传】遂，继事也。

【经】夏，四月，宋公壬臣[4]卒。

【经】宋人杀其大夫。

【传】称人以杀，诛有罪也。

【经】戊子，晋人及秦人战于令狐[5]。

译文

【经】鲁文公七年，春季，鲁文公攻伐邾国。

【经】三月，甲戌日，夺取须句。

【传】取邑不记日子，这里记日子，是为什么？不认为鲁再次夺取须句是正当的，所以郑重地记下日子。

【经】于是就修筑郚的城墙。

【传】“于是就”，是接着办事。

【经】夏季，四月，宋公壬臣去世。

【经】宋人杀他们的大夫。

【传】（杀人）说是“人”杀的，是惩办有罪的人。

【经】戊子日，晋人与秦人在令狐作战。

注释 1 须句(qú)：风姓国，地在今山东东平东南。时已被邾占领。 2 再取：鲁僖公二十二年已伐邾取须句，交回须句子(即其国君)。今时隔十七年，鲁文公又取须句而占有它，所以说“再取”。 3 郚(wú)：鲁地，在今山东泗水东南。 4 壬臣:宋成公名。壬,《左传》《公羊传》皆作"王"。 5 令狐:晋地,在今山西临猗西。

【经】晋先蔑[1]奔秦。

【传】不言出,在外也。辍战[2]而奔秦,以是为逃军也。

【经】狄侵我西鄙。

【经】秋,八月,公会诸侯、晋大夫[3],盟于扈[4]。

【传】其曰"诸侯",略之也。

【经】冬,徐伐莒。

【经】公孙敖如莒莅[5]盟。

【传】莅,位也。[6]其曰位,何也? 前定也。其不日,前定之盟不日也。

【经】晋国的先蔑逃到秦国。

【传】不说"出",因为本来就在外。停战后就逃向秦国,认为他是逃离军队。

【经】狄侵犯我国西部边境。

【经】秋季,八月,鲁文公会同诸侯、晋大夫,在扈地结盟。

【传】这里说"诸侯",是省略(不一一列举)。

【经】冬季,徐攻伐莒国。

【经】公孙敖到莒莅临盟会。

【传】莅,是位的意思。说"位",是怎么一回事? 是事前约好的(到预定的位置上就可以了)。这里不记日子,是因为事前预定的结盟不记日子。

注释 1 先蔑:晋赵盾派先蔑往秦迎公子雍回晋继位,后赵盾畏穆嬴之逼,改立灵公,并派军队抗御护送公子雍回晋之师,战于令狐。先蔑愤而奔秦。 2 辍(chuò)战:停战。辍,停止。 3 晋大夫:谓赵盾。此时灵公尚在襁褓中,由赵盾代为与会。 4 扈:郑地,在今河南原阳西。 5 莅(lì):到,临。 6 莅,位也:这是所谓声训。莅,从"位"得声,用"位"来解释"莅"。是说:莅的意思是位,这个与盟的位置早已前定。

文公八年

原文

【经】八年,春,王正月。

【经】夏,四月。

【经】秋,八月,戊申,天王[1]崩。

【经】冬,十月,壬午,公子遂会晋赵盾,盟于衡雍[2]。

【经】乙酉,公子遂会雒戎[3],盟于暴[4]。

【经】公孙敖如京师,不至而复。丙戌,奔莒[5]。

【传】不言所至,未如也。未如则未复也。未如而曰如,不废君命也。未复而曰复,不专君命也。其如,非如也。其复,非复也。唯奔莒之为信,故谨而日之也。

【经】螽。

【经】宋人杀其大夫司

译文

【经】鲁文公八年,春季,周王的正月。

【经】夏季,四月。

【经】秋季,八月,戊申日,周王驾崩。

【经】冬季,十月,壬午日,公子遂会晤晋国的赵盾,在衡雍结盟。

【经】乙酉日,公子遂会见雒戎,在暴地结盟。

【经】公孙敖到京师去,没有到达就返回。丙戌日,逃到莒国。

【传】不说到了什么地方,是本没有去。没有去也就没有返回。没有去却说去,是君的命令要执行。没有返回说返回,是因为君的命令不能擅自更动。他的去不是去,他的回不是回,只有逃到莒国是真实可信的,所以郑重地记下日子。

【经】发生蝗灾。

【经】宋人杀他们的大夫司马。

马[6]。

【传】司马，官也。其以官称，无君[7]之辞也。

【经】宋司城[8]来奔。

【传】司城，官也。其以官称，无君之辞也。来奔者，不言出，举其接我也。

【传】司马，是官名。这里称呼官名，是说宋君没有君的德行。

【经】宋国的司城逃来。

【传】司城，是官名。这里称呼官名，是说宋君没有君的德行。逃来的人不说出逃，是写他与我国发生的关系。

注释 1 天王：指周襄王。 2 衡雍：郑地，在今河南原阳西。 3 雒戎：住在洛水（今洛河）之间的戎人。 4 暴：即暴隧，郑地，在今河南原阳西。 5 奔莒：鲁文公派公孙敖往京师吊周襄王之丧，公孙敖未至周，带着吊丧之币逃往莒国，去追求美女己氏。 6 司马：时公子卬为司马。 7 无君：君无人君之德。 8 司城：宋变"司空"为"司城"，时荡意诸为司城，公子荡之孙。宋昭公对祖母宋襄夫人不礼，宋襄夫人依靠宗族的一派杀宋昭公之党。司马、司城都是宋昭公的人。

文公九年

原文

【经】九年，春，毛伯[1]来求金[2]。

【传】求车犹可，求金甚矣。

【经】夫人姜氏[3]如齐。

【经】二月，叔孙得臣如京师。

译文

【经】鲁文公九年，春季，毛伯来鲁国讨钱财。

【传】讨车还可以，讨钱就过分了。

【经】鲁文公夫人姜氏到齐国。

【经】二月，叔孙得臣到京师去。

【传】京，是大的意思。师，是众

【传】京，大也。师，众也。言周，必以众与大言之也。

多的意思。说周，必定要用众多与广大这样的言辞去说它。

【经】辛丑，葬襄王。

【经】辛丑日，安葬周襄王。

【传】天子志崩不志葬。举天下而葬一人，其道不疑也。志葬，危不得葬也。日之，甚矣，其不葬[4]之辞也。

【传】天子记驾崩不记安葬。全天下安葬（天子）一个人，那道理是不容怀疑的。记安葬，是担心不得备礼成葬。记安葬的日子，就更加严重了，等于说是没有安葬。

【经】晋人杀其大夫先都。

【经】晋人杀他们的大夫先都。

【经】三月，夫人姜氏至自齐。

【经】三月，鲁文公夫人姜氏从齐国到达鲁国。

【传】卑以尊致，病文公也。

【传】位卑（的夫人），却与记位尊的国君一样记她到达，是指责鲁文公。

注释　1 毛伯：周大夫毛伯卫。　2 求金：为王家讨要钱财。　3 姜氏：即出姜，鲁文公夫人，齐昭公之女。　4 不葬：谓天下诸侯不亲来出席周王的葬礼。

【经】晋人杀其大夫士縠及箕郑父[1]。

【经】晋人杀他们的大夫士縠与箕郑父。

【传】称人以杀，诛有罪也。郑父，累也。

【传】称“人”杀（大夫），是诛杀有罪的人。郑父，是连累而及。

【经】楚人伐郑。

【经】楚人攻伐郑国。

【经】公子遂会晋人、宋人、卫人、许人，救郑。

【经】公子遂会合晋人、宋人、卫人、许人，援救郑国。

【经】夏，狄侵齐。

【经】夏季，狄侵犯齐国。

【经】 秋，八月，曹伯襄[2]卒。

【经】九月，癸酉，地震。

【传】震，动也。地，不震者也，震，故谨而日之也。

【经】冬，楚子使萩[3]来聘。

【传】楚无大夫，其曰萩，何也？以其来，我褒之也。

【经】秦人来归僖公、成风之襚[4]。

【传】秦人弗夫人[5]也，即外之弗夫人而见正焉。

【经】葬曹共公。

【经】秋季，八月，曹伯襄去世。

【经】九月，癸酉日，发生地震。

【传】震，是动的意思。地是不动的，现在动了，所以郑重地记下日期。

【经】冬季，楚子派萩来鲁国聘问。

【传】楚国没有大夫，这里说“萩”，是什么缘故？是因为他到我国来，所以我们褒扬他。

【经】秦人来赠送给鲁僖公、成风助葬的衣被。

【传】秦人不以成风为夫人，(《春秋》)就用外人不认为她是夫人这一点表示不得以妾为妻的正理。

【经】安葬曹共公。

注释 1 这里的士縠、箕郑父，和前文的先都，都是晋国大臣，因作乱嫌疑被杀。 2 曹伯襄：曹共公，名襄。 3 萩：《左传》《公羊传》作“椒”。鬬氏，名椒，字子越。鬬伯比之孙。鬬伯比生令尹子文及司马子良。椒为子良之子。 4 襚(suì)：助葬的衣被。 5 弗夫人：不称成风为夫人。

文公十年

原文

【经】十年，春，王三月，辛卯，臧孙辰[1]卒。

译文

【经】鲁文公十年，春季，周王的三月，辛卯日，臧孙辰去世。

【经】夏，秦伐晋。

【经】楚杀其大夫宜申[2]。

【经】自正月不雨，至于秋七月。

【传】历时而言不雨，文不闵雨也。不闵雨者，无志乎民也。

【经】及苏子[3]盟于女栗[4]。

【经】冬，狄侵宋。

【经】楚子、蔡侯次于厥貉[5]。

【经】夏季，秦国攻伐晋国。

【经】楚国杀它的大夫宜申。

【经】从正月开始不下雨，直到秋季七月。

【传】经过三个季度才说不下雨，是因为鲁文公不为雨忧心。不为雨忧心，就是不想为民办事。

【经】与苏子在女栗盟誓。

【经】冬季，狄侵犯宋国。

【经】楚子、蔡侯驻扎在厥貉。

注释 1 臧孙辰:即臧文仲。 2 宜申:鬬宜申，又称“子西”。 3 苏子:周卿士。 4 女(rǔ)栗:地名，无考。 5 厥貉(mò):地名，在今河南项城境。

文公十一年

原文

【经】十有一年，春，楚子伐麇[1]。

【经】夏，叔彭生[2]会晋郤缺[3]于承匡[4]。

【经】秋，曹伯[5]来朝。

【经】公子遂如宋。

【经】狄侵齐。

【经】冬，十月，甲午，

译文

【经】鲁文公十一年，春季，楚子攻伐麇国。

【经】夏季，叔彭生在承匡会见晋国的郤缺。

【经】秋季，曹伯来鲁国朝见。

【经】公子遂到宋国。

【经】狄侵犯齐国。

【经】冬季，十月，甲午日，叔孙得臣

叔孙得臣败狄于咸[6]。

【传】不言帅师而言败，何也？直[7]败一人之辞也。一人而曰败，何也？以众焉言之也。传曰：长狄[8]也，弟兄三人，佚[9]宕中国，瓦石不能害。叔孙得臣，最善射者也，射其目，身横九亩，断其首而载之，眉见于轼[10]。然则何为不言获也？曰：古者不重创[11]，不禽二毛[12]，故不言获，为内讳也。其之齐者，王子成父杀之，则未知其之[13]晋者也。

在咸地打败狄人。

【传】不说领兵就说打败，是什么缘故？这是只打败一个人的话。一个人却说被打败，是怎么一回事？因为他力气大可以抗拒众人，就用说众人的话来说他。《传》说：这是长狄，弟兄三人，反复多次对中原诸侯国为害，砖瓦石头不能伤害他们。叔孙得臣，是最会射箭的人。射他的眼睛，（倒下来）身躯横卧占了九亩宽的地方；砍断他的头，载在车上，眉毛露在车轼上面。那么为什么不说“获”呢？（回答）说：古代对于受伤的不再次伤害他，不俘虏头发斑白的人，所以不说“获”，是为国内的人隐讳。那个到齐国去的长狄，王子成父杀了他，就不知到晋国去的那个长狄情况如何。

注释　1 麇(jūn)：国名，在今湖北十堰郧阳区。　2 叔彭生：鲁宗族大夫叔仲惠伯。　3 郤缺：晋臣，又称郤成子。　4 承匡：宋地，在今河南睢县西。　5 曹伯：曹文公，初即位，朝于鲁以敦睦邦交。　6 咸：鲁地，在今山东巨野南。　7 直：只，只是。　8 长狄：狄有赤狄、白狄和长狄，长狄是狄的一种。　9 佚：借为“迭”，交替，轮流。　10 轼：车厢前扶手横木。兵车的轼，高三尺三寸。　11 不重创：战场上对受伤的敌人不再次施以兵刃。创，创伤。　12 不禽二毛：不俘虏头发花白的老者。禽，即“擒”。13 之：至。

文公十二年

原文

【经】十有二年，春，王正月，郕伯[1]来奔。

【经】杞伯来朝。

【经】二月，庚子，子叔姬[2]卒。

【传】其曰子叔姬，贵也，公之母姊妹也。其一传[3]曰：许嫁以卒之也。男子二十而冠，冠而列丈夫，三十而娶。女子十五而许嫁，二十而嫁。

【经】夏，楚人围巢[4]。

【经】秋，滕子来朝。

【经】秦伯使术[5]来聘。

【经】冬，十有二月，戊午，晋人、秦人战于河曲[6]。

【传】不言及，秦、晋之战已亟[7]，故略之也。

【经】季孙行父帅师，城诸及郓[8]。

【传】称帅师，言有难也。

译文

【经】鲁文公十二年，春季，周王的正月，郕伯逃来鲁国。

【经】杞伯来朝见。

【经】二月，庚子日，子叔姬去世。

【传】这里说“子叔姬”，是因为尊贵，她是鲁文公的同母姊妹。一种旧的《传》说：因为已经许婚，所以记她的卒。男子二十岁举行加冠礼，加了冠就在丈夫之列，三十岁娶亲。女子十五岁许婚，二十岁嫁人。

【经】夏季，楚人围攻巢国。

【经】秋季，滕子来鲁国朝见。

【经】秦伯派术来鲁国聘问。

【经】冬季，十二月，戊午日，晋人、秦人在河曲作战。

【传】不说(晋人)与(秦人)，秦、晋间战争频繁，所以略去不说。

【经】季孙行父领兵，修筑诸和郓的城墙。

【传】说“领兵”，是因为有争战的灾难。

注释 1 郕(chéng)伯:郕国国君。郕国,姬姓,在今山东汶上北。据《左传》,来奔者为太子朱儒,其父郕伯卒,朱儒不受国人拥戴,便以所拥有的城邑来奔于鲁。 2 子叔姬:鲁文公同胞姊妹。据《左传》,杞桓公来朝,请求和叔姬离婚,鲁文公允诺。叔姬的死,可能是受此刺激。 3 其一传:指《公羊传》。《公羊传》说,叔姬尚未出嫁,因为已经许嫁,所以记她的死。 4 巢:国名,偃姓。在今安徽巢湖东北。 5 术:秦大夫西乞术。 6 河曲:晋地,在今山西永济南。 7 亟(qì):屡次,多次,就是频繁的意思。 8 诸及郓:诸和郓是鲁两边邑,邻于莒。诸,在今山东诸城西南。郓,在今山东沂水东北。

文公十三年

原文

【经】十有三年,春,王正月。

【经】夏,五月,壬午,陈侯朔[1]卒。

【经】邾子蘧篨[2]卒。

【经】自正月不雨,至于秋七月。

【经】大室[3]屋坏。

【传】大室屋坏者,有坏道也,讥不修也。大室,犹世室[4]也。周公,曰大庙;伯禽,曰大室;群公,曰宫。

译文

【经】鲁文公十三年,春季,周王的正月。

【经】夏季,五月,壬午日,陈侯朔去世。

【经】邾子蘧篨去世。

【经】从正月开始不下雨,直到秋季七月。

【经】大室房屋毁坏。

【传】大室房屋毁坏,有毁坏的缘由,(记这事)是讥讽没有修理。大室,如同说世世保有此室。周公(的庙),叫“太庙”;伯禽(的庙),叫“大室”;(自此

礼，宗庙之事，君亲割[5]，夫人亲舂[6]，敬之至也。为社稷之主，而先君之庙坏，极称之，志不敬也。

以下）各位公（的庙），叫“宫”。礼制：宗庙祭祀的事，国君亲自割牲，夫人亲自舂米，是最为尊敬的。作为一国的君主，先君的宗庙却毁坏了，直接指称这事，用来记载不恭敬的行为。

【经】冬，公如晋。

【经】冬季，鲁文公到晋国。

【经】卫侯会公于沓[7]。

【经】卫侯在沓地会晤鲁文公。

【经】狄侵卫。

【经】狄侵犯卫国。

【经】十有二月，己丑，公及晋侯盟。还自晋。

【经】十二月，己丑日，鲁文公及晋侯结盟。从晋国返回。

【传】还者，事未毕也。[8]自晋，事毕也。

【传】“返回”，是事还没有办完。“从晋国”，是事已办完了。

【经】郑伯会公于棐[9]。

【经】郑伯在棐地会见鲁文公。

注释　1 陈侯朔：陈共公，名朔。　2 籧篨(qúchú)：邾文公名。　3 大室：太庙中之室。《传》以为伯禽之室。　4 世室：世世有此室，永不迁毁。　5 亲割：亲手宰杀牲口。　6 亲舂：亲手舂作祭品的粢(zī，谷类总称)。　7 沓：卫地，不详今在何处。　8 还者，事未毕也：如果只写一个“还”字，没有写“自晋”二字，那就是说，还未回到国都，还有事情没有办完。
9 棐(fěi)：郑地，又称棐林，在今河南新郑东。

文公十四年

原文

【经】十有四年，春，王正月，公至自晋。

【经】邾人伐我南鄙。

【经】叔彭生帅师伐邾。

【经】夏，五月，乙亥，齐侯潘[1]卒。

【经】六月，公会宋公、陈侯、卫侯、郑伯、许伯、曹伯、晋赵盾，癸酉，同盟于新城[2]。

【传】同者，有同也，同外楚也。

【经】秋，七月，有星孛[3]入于北斗。

【传】孛之为言，犹茀也。[4]其曰入北斗，斗有环域[5]也。

【经】公至自会。

译文

【经】鲁文公十四年，春季，周王的正月，鲁文公从晋国回到国都。

【经】邾人攻伐我国南部边境。

【经】叔彭生领兵攻伐邾国。

【经】夏季，五月，乙亥日，齐侯潘去世。

【经】六月，鲁文公会晤宋公、陈侯、卫侯、郑伯、许伯、曹伯、晋国的赵盾。癸酉日，在新城举行盟会。

【传】同，是有所同，共同以楚国为外敌。

【经】秋季，七月，有星光芒四射地插进北斗星。

【传】光芒四射，如同蓬勃的乱草丛生。这里说“插进”北斗星，是因为北斗星有一个区域。

【经】鲁文公从盟会回到国都。

注释　1 齐侯潘：齐昭公，名潘。　2 新城：宋地，一说郑地，在今河南商丘西南。　3 孛(bèi)：俗谓“扫帚星”，通称“彗星”。文中用如动词，其光芒照射。　4 孛之为言，犹茀(fú)也：孛言光盛，茀言草盛，取其盛，所以说犹茀也。　5 环域：周边环绕着的区域。指魁的中空部分。

【经】晋人纳捷菑[1]于邾。弗克纳。

【传】是郤克也，其曰人，何也？微之也。何为微之也？长毂[2]五百乘[3]，绵[4]地千里，过宋、郑、滕、薛，敻[5]入千乘之国[6]，欲变人之主；至城下，然后知，何知之晚也！弗克纳，未伐而曰弗克，何也？弗克其义也。捷菑，晋出也。貜且，齐出也。貜且，正也。捷菑，不正也。

【经】九月，甲申，公孙敖[7]卒于齐。

【传】奔大夫不言卒，而言卒，何也？为受其丧，不可不卒也。其地，于外也。

【经】晋人把捷菑送进邾国去（为君）。没能送进去。

【传】这人是郤克，这里说“人”，是什么缘故？是小看他。为什么小看他？兵车五百乘，绵延千里之地，经过宋国、郑国、滕国、薛国，从遥远的晋国来到有千乘兵车的邾国，想改变别国的君主；到城下才知道（不该改变），知道得是多么迟啊！“没能送进去”，没有攻伐就说办不到，是怎么一回事？是从道义上讲不能够办。捷菑，是晋国姑娘生的。貜且，是齐国姑娘生的。貜且是嫡子（当继承君位）。捷菑是庶子。

【经】九月，甲申日，公孙敖在齐国去世。

【传】外逃的大夫不记去世，（这里）却说去世，是什么缘故？因为接受了他的殡丧，不可以不记卒。记卒的地点，是因为他死在国外。

注释 1 捷菑(zī)：邾文公之子。邾文公元妃齐姜，生定公（即貜且，貜，音 jué。且，音 jū），二妃晋姬生捷菑。文公卒，邾人立定公，捷菑奔晋。今晋人送捷菑回邾娄。 2 长毂(gǔ)：指代兵车。毂，车轮中间车轴贯入处的圆木。 3 五百乘(shèng)：车一辆叫一乘。战车一乘，战士 25 人。五百乘就是 12500 人，合古时一军之数。 4 绵：弥漫，绵延。 5 敻(xiòng)：远，深。 6 千乘之国：有兵车千辆的大国。 7 公孙敖：鲁大夫穆伯，于鲁文公八年奔莒。晚年请求回国定居，得到允许，至齐而卒。

【经】齐公子商人[1]弑其君舍。

【传】舍未逾年,其曰君,何也?成舍之为君,所以重商人之弑也。商人其不以国氏,何也?不以嫌代嫌[2]也。舍之不日,何也?未成为君也。

【经】宋子哀来奔。

【传】其曰子哀,失之[3]也。

【经】冬,单伯[4]如齐。

【经】齐人执单伯。

【传】私罪也。单伯淫于齐,齐人执之。

【经】齐人执子叔姬[5]。

【传】叔姬同罪也。

【经】齐国公子商人杀死他的君主舍。

【传】舍即位未过一年,这里说"君",是为什么?是承认舍的国君资格,用来表示商人杀君的严重性。商人不用国为氏,是为什么?是不承认用篡弑来代替不当为君的人是正当的。没有记舍被杀的日子,是为什么?因为(舍)还没有正式成为国君。

【经】宋子哀逃来鲁国。

【传】这里称"子哀"(没有称氏),是失传了(,不知什么原因)。

【经】冬季,单伯到齐国。

【经】齐人逮捕单伯。

【传】(逮捕他)是因为他私人有罪。单伯在齐国淫乱,齐人逮捕他。

【经】齐人逮捕子叔姬。

【传】因为叔姬与单伯同罪。

注释 1 商人:昭公潘、懿公商人、惠公元都是齐桓公之子。齐桓公死,太子孝公立。孝公死,弟潘杀孝公之子而自立,是为昭公。昭公卒,子舍立,商人弑之而自立,是为懿公。 2 不以嫌代嫌:不以不合于礼法的代替不合于礼法的。不以国为氏,但还是可以称为公子。嫌,谓嫌恶,嫌责。3 失之:是说其解释已失传。 4 单伯:《左传》以单伯为王室卿士。商人弑舍自立,而舍之母叔姬为鲁女。鲁请王室派人求齐送叔姬回国。王室由是使单伯如齐。而《公羊传》《穀梁传》皆以单伯为鲁大夫,如齐与叔姬淫,以致被执。 5 子叔姬:嫁齐昭公,生子舍。不是鲁文公十二年已死之子叔姬。

文公十五年

原文

【经】十有五年，春，季孙行父如晋。

【经】三月，宋司马华孙来盟。

【传】司马，官也。其以官称，无君[1]之辞也。来盟者何？前定也。不言及者，以国与之[2]也。

【经】夏，曹伯来朝。

【经】齐人归公孙敖之丧。

【经】六月，辛丑，朔，日有食之。鼓，用牲于社。

【经】单伯至自齐。

【传】大夫执，则致，致则名，此其不名，何也？天子之命大夫[3]也。

译文

【经】鲁文公十五年，春季，季孙行父到晋国。

【经】三月，宋国司马华孙来鲁国结盟。

【传】司马，是官名。这里称呼官名，是说他目无君上。“来盟”是什么意思？这盟是预定的。不说“及”，是以国的名义结盟。

【经】夏季，曹伯来鲁国朝见。

【经】齐人把公孙敖的灵柩送归鲁国。

【经】六月，辛丑日，朔日，发生日食。鸣鼓，在社坛用牲祭祀。

【经】单伯从齐国回到鲁国。

【传】大夫被捕，释放回国就记，记就写名，这里不记名，是为什么？因为他是受天子爵命的大夫。

注释　1 无君：目无君上。　2 以国与之：是说如果书“及”，那就是鲁国与华孙个人盟，就不对等了。　3 天子之命大夫：《传》以单伯为鲁大夫，却又说他不同于一般，他是受过周王室的任命的。

【经】晋郤缺帅师伐蔡。戊申，入蔡。

【经】晋国的郤缺领兵攻伐蔡国。戊申日，进入蔡国。

【经】秋，齐人侵我西鄙。

【经】秋季，齐人侵犯我国西部边境。

【传】其曰鄙，远之也。其远之何也？不以难介[1]我国也。

【传】这里说“边境”，是表示在远处。为什么要说在远处？是不让争战的灾难迫近我国国都。

【经】季孙行父如晋。

【经】季孙行父到晋国。

【经】冬，十有一月，诸侯盟于扈。

【经】冬季，十一月，诸侯在扈地结盟。

【经】十有二月，齐人来归子叔姬[2]。

【经】十二月，齐人来送子叔姬回国。

【传】其曰子叔姬，贵之也。其言来归，何也？父母之于子，虽有罪，犹欲其免也。

【传】这里说“子叔姬”，是认为她尊贵。这里说“归”，是什么缘故？父母对于子女，即使有罪，还是希望他们得以免罪。

【经】齐侯侵我西鄙，遂伐曹，入其郛[3]。

【经】齐侯侵犯我国西部边境，接着就攻伐曹国，进入曹的国都外城。

注释 1 介：相传是“尔”字之误。尔，即“迩”，近的意思。“迩我国”，迫近我鲁之国都。 2 归子叔姬：齐以晋请，释叔姬，且送之归鲁。 3 郛(fú)：外城。

文公十六年

原文

【经】十有六年，春，季孙行父会齐侯于阳穀。

译文

【经】鲁文公十六年，春季，季孙行父在阳穀会见齐侯。齐侯没有赶上盟誓。

齐侯弗及盟。

【传】弗及者，内辞也。行父失命[1]矣，齐得内辞[2]也。

【经】夏，五月，公四不视朔[3]。

【传】天子告朔于诸侯，诸侯受乎祢庙[4]，礼也。公四不视朔，公不臣也，以公为厌政以[5]甚矣。

【传】"没有赶上"，是为国内说的话。行父没有完成与齐侯结盟的使命，以致用为鲁讳的言辞表达齐国拒绝与鲁结盟。

【经】夏季，五月，鲁文公已四个月不在朔日听朝治事了。

【传】天子向诸侯颁布每月历法和当行的政事，诸侯在父庙里接受它，这是礼制。"鲁文公已四个月不在朔日听朝治事"，是鲁文公不尽为臣的责任，认为鲁文公是非常厌倦政事了。

注释　1 失命：谓行父没有完成鲁文公给予的使命，与齐结盟媾和。　2 齐得内辞：由于齐的傲慢而不得不写这样的内辞——"弗及"。　3 视朔：国君每月初一（朔）以特羊祭于祖庙叫"告朔"，也叫"告月"。祭毕，即听治本月之政，叫"视朔"，也叫"听朔"。此处"四不视朔"，指鲁文公本年从二月朔到五月朔都没有听政。　4 祢（nǐ）庙：父庙。　5 以：已，太。程度副词。

【经】六月，戊辰，公子遂及齐侯盟于师丘[1]。

【传】复行父之盟也。

【经】秋，八月，辛未，夫人姜氏[2]薨。

【经】毁泉台[3]。

【传】丧不贰事[4]，贰事，缓丧也。以文为多失道矣。自古为之，今毁之，

【经】六月，戊辰日，公子遂与齐侯在师丘结盟。

【传】这次会盟是修复行父没有完成的那次会盟。

【经】秋季，八月，辛未日，夫人姜氏去世。

【经】拆毁泉台。

【传】丧事期间不做别的事，做别的事就是对丧事怠慢。认为鲁文公做了很

不如勿处而已矣。

【经】楚人、秦人、巴[5]人灭庸[6]。

【经】冬，十有一月，宋人弑其君杵臼[7]。

多丧失道义的事情。在古时候造了台，现在拆毁它，不如不在台上留处就可以了。

【经】楚人、秦人、巴人灭庸国。

【经】冬季，十一月，宋人杀死他们的国君杵臼。

注释 1 师丘：齐地，在临淄附近。 2 姜氏：鲁僖公夫人，鲁文公之母，谥"声姜"。 3 泉台：泉宫之台。泉宫在郎，郎在曲阜南郊，为近郊之邑，声姜所居。当时传说有蛇自泉台出，声姜便死了，于是文公毁泉台。 4 贰事：做别的事。那就是不以丧事为主了。 5 巴：国名，姬姓，地约在今湖北襄阳附近。 6 庸：古国名，其地在今湖北竹山附近。 7 杵臼：宋昭公名。

文公十七年

原文

【经】十有七年，春，晋人、卫人、陈人、郑人伐宋。

【经】夏，四月，癸亥，葬我小君声姜。

【经】齐侯伐我西鄙。

【经】六月，癸未，公及齐侯盟于穀。

【经】诸侯会于扈。

【经】秋，公至自穀。

【经】冬，公子遂如齐。

译文

【经】鲁文公十七年，春季，晋人、卫人、陈人、郑人攻伐宋国。

【经】夏季，四月，癸亥日，安葬我国先君的夫人声姜。

【经】齐侯攻伐我国西部边境。

【经】六月，癸未日，鲁文公与齐侯在穀地结盟。

【经】诸侯在扈集会。

【经】秋季，鲁文公从穀到达国都。

【经】冬季，公子遂到齐国。

文公十八年

原文

【经】十有八年，春，王二月，丁丑，公薨于台下。

【传】台下，非正也。

【经】秦伯罃[1]卒。

【经】夏，五月，戊戌，齐人弑其君商人。

【经】六月，癸酉，葬我君文公。

【经】秋，公子遂、叔孙得臣[2]如齐。

【传】使，举[3]上客，而不称介[4]，不正其同伦而相介，故列而数之也。

【经】冬，十月，子[5]卒。

【传】子卒不日，故[6]也。

【经】夫人姜氏[7]归于齐。

【传】恶宣公也。有不待贬绝而罪恶见者，有待

译文

【经】鲁文公十八年，春季，周王的二月，丁丑日，鲁文公死在台下。

【传】死在台下，是不正常的。

【经】秦伯罃去世。

【经】夏季，五月，戊戌日，齐人杀死他们的国君商人。

【经】六月，癸酉日，安葬我国君鲁文公。

【经】秋季，公子遂、叔孙得臣到齐国。

【传】出使，举出主聘问的上客，不称副使，不认为他们（都为卿）是同辈而一个充当副使是正当的，所以列举两个人的名氏。

【经】冬季，十月，太子去世。

【传】太子去世，不记日子，（记日子）是因为有变故。

【经】夫人姜氏回到齐国。

【传】（记这事）是谴责宣公。有不等到贬抑决绝罪过就明白了的，有等到贬抑决绝过恶才跟着明白的。（为妾媵

贬绝而恶从之者。侄娣[8]者，不孤子之意也，一人有子，三人缓带[9]。一曰就贤也。

的）侄娣，所以要有她们，那意思是为了使夫人与侄娣共养她们的儿子，一个有子，三个都宽心。一种说法是，所说的“有子”，是指贤德的儿子。

【经】季孙行父如齐。

【经】季孙行父到齐国。

【经】莒弑其君庶其[10]。

【经】莒国杀死它的国君庶其。

注释 1 罃(yīng)：秦康公名。 2 公子遂、叔孙得臣：公子遂即襄仲，叔孙得臣即叔孙庄叔，都是鲁正卿。 3 举：皆，都是。 4 介：副使。 5 子：鲁文公太子恶。 6 故：是说死得不正常，产生了变故。其实是被弑了。襄仲弑已立的文公元妃哀姜（又称出姜）之子恶（《公羊传》以为名赤），并杀其弟视，而立文公次妃敬嬴之子倭为君，就是宣公。 7 姜氏：鲁文公元妃哀姜，夫死子被杀，大归于齐。 8 侄娣：诸侯贵族女子出嫁，以侄女和妹妹从嫁为妾媵。 9 缓带：宽束衣带，悠闲自在，从容不迫。 10 庶其：莒纪公名。

宣公

宣公元年

原文

【经】元年[1]，春，王正月，公[2]即位。

【传】继故而言即位，与闻乎故[3]也。

【经】公子遂如齐逆女[4]。

【经】三月，遂以夫人妇姜至自齐。

【传】其不言氏[5]，丧未毕，故略之也。其曰妇，缘姑言之之辞也。遂之挈[6]，由上[7]致之也。

【经】夏，季孙行父如齐[8]。

【经】晋放其大夫胥甲父于卫。

【传】放，犹屏[9]也。称

译文

【经】鲁宣公元年，春季，周王的正月，鲁宣公即位。

【传】接着有变故的君主为君却说“即位”，因为他听说变故，并未参与。

【经】公子遂到齐国迎娶女子。

【经】三月，遂护送夫人妇姜从齐国到达国都。

【传】这里不说“氏”，因为服丧未完，所以略去“氏”。说“妇”，是从婆婆的角度说的。直举遂的名，是由君上造成的(鲁宣公告庙称“遂”，所以沿用)。

【经】夏季，季孙行父到齐国。

【经】晋国流放它的大夫胥甲父到卫国。

【传】流放，如同说摒弃。以国家

国以放，放无罪也。

【经】公会齐侯于平州[10]。

【经】公子遂如齐。

【经】六月，齐人取济西[11]田。

【传】内不言取。言取，授之也，以是为赂齐[12]也。

的名义流放，是流放没有罪过的人。

【经】鲁宣公在平州会晤齐侯。

【经】公子遂到齐国。

【经】六月，齐人取得济西的田地。

【传】鲁国土地不说被人“取”，说“取”，（实际上）是相送的，是用这个贿赂齐国。

注释 1 元年：鲁宣公元年，公元前608年。 2 公：鲁宣公，名倭，文公子，母敬嬴。 3 与闻乎故：事前听说过即将发生变故，杀太子恶。并非主谋。与，参与。 4 逆女：为鲁宣公迎娶夫人。 5 其不言氏：经文不称“姜氏”，是因为鲁宣公服其父鲁文公之丧尚未满期，急忙娶亲，非礼。 6 遂之挈(qiè)：提到遂，前面不加公子。挈，提起，称举。这是个宾动结构，理解起来，要把动词提前。 7 上：指鲁宣公。 8 如齐：到齐国去。这是要去向齐惠公行贿，求为平州之会，以定鲁宣公之位。 9 屏(bǐng)：排除。放逐义同于屏斥，是弃置某地，不准任意迁移。 10 平州：齐地，在今山东莱芜西。 11 济西：在今山东巨野县、东平县、旧寿张县之间。 12 赂齐：鲁国把济西田送给齐国，感谢它对鲁宣公继位的支持。

【经】秋，邾子来朝。

【经】楚子、郑人侵陈，遂侵宋。

【传】遂，继事也。

【经】晋赵盾[1]帅师救陈。

【传】善救陈也。

【经】宋公、陈侯、卫侯、曹伯会晋师于棐林[2]，伐郑。

【经】秋季，邾子来鲁国朝见。

【经】楚子、郑人侵犯陈国，接着就侵犯宋国。

【传】“接着就”，是继续办事。

【经】晋国赵盾领兵援救陈国。

【传】记这事是嘉许援救陈国。

【经】宋公、陈侯、卫侯、曹伯在棐林会合晋国军队，攻伐郑国。

【传】列数诸侯而会晋赵盾，大赵盾之事也。其曰师，何也？以其大之也。于棐林，地而后伐[3]郑，疑辞也。此其地何？则著其美也。

【经】冬，晋赵穿[4]帅师侵崇[5]。

【经】晋人、宋人伐郑。

【传】伐郑，所以救宋也。

【传】列数诸侯会见晋国的赵盾，是夸赞赵盾所做的事。这里说“军队”，是什么缘故？因为诸侯夸赞赵盾所做的事。“在棐林”，先记地点，后说攻伐郑国，(通常)是犹疑观望的话。这里先记地点是什么用意？是为了褒扬赵盾的美德。

【经】冬季，晋国赵穿领兵侵犯崇国。

【经】晋人、宋人攻伐郑国。

【传】攻伐郑国，是用来救宋的办法。

注释 1 赵盾：晋国执政大夫。 2 棐林：即棐，郑地。 3 地而后伐：按常例，先写地名后写伐，是批评征伐者犹疑不前。 4 赵穿：赵盾族弟，晋国大夫。 5 崇：国名，地在渭水之北，黄河边上，近晋而依附于秦。

宣公二年

原文

【经】二年，春，王二月，壬子，宋华元帅师及郑公子归生帅师战于大棘[1]。宋师败绩。获宋华元。

【传】获者，不与之辞也。言尽其众以救其将也。以三军敌华元，华元虽获，不病矣。

译文

【经】鲁宣公二年，春季，周王的二月，壬子日，宋华元与郑公子归生领兵在大棘作战。宋军大败。俘获宋华元。

【传】“俘获”，是不赞许(郑俘获)的话。(先说“大败”后说“俘获”)是说以所有的官兵救他们的将领。用宋国全部军队去换华元，华元虽然被俘，也没有什么可谴责的了。

【经】秦师伐晋。

【经】夏，晋人、宋人、卫人、陈人侵郑。

【经】秋，九月，乙丑，晋赵盾弑其君夷皋[2]。

【传】穿弑也，盾不弑，而曰盾弑，何也？以罪盾也。其以罪盾何也？曰：灵公朝[3]诸大夫而暴弹之[4]，观其辟丸也。赵盾入谏，不听，出亡，至于郊[5]。赵穿弑公而后反赵盾。史狐书贼曰："赵盾弑公。"盾曰："天乎！天乎！予无罪。孰为盾而忍弑其君者乎？"史狐曰："子为正卿[6]，入谏不听，出亡不远，君弑，反不讨贼，则志同，志同则书重，非子而谁？"故书之曰"晋赵盾弑其君夷皋"者，过在下也。曰：于盾也，见忠臣之至；于许世子止[7]，见孝子之至。

【经】冬，十月，乙亥，天王[8]崩。

【经】秦军攻伐晋国。

【经】夏季，晋人、宋人、卫人、陈人侵犯郑国。

【经】秋季，九月，乙丑日，赵盾杀死他的国君夷皋。

【传】是赵穿杀的，赵盾没有杀，（这里）却说是赵盾杀的，是什么缘故？是用来指明赵盾的罪过。用来指明赵盾的罪过是怎么一回事？（回答）说：晋灵公使大夫们朝见，突然用弹丸打他们，看他们怎样躲避弹丸。赵盾进朝谏阻，晋灵公不听，赵盾出逃，来到国境线。赵穿杀死晋灵公，然后把赵盾召回。史狐记杀君的贼说："赵盾杀晋灵公。"赵盾说："天哪！天哪！我没有罪。谁说我赵盾是忍心杀国君的？"史狐说："您是正卿，进谏不能使国君听从，出逃没有走多远，国君被杀，回朝不诛讨杀国君的贼人，可知您与贼人志意相同，与贼人志意相同，记史事就写最严重的，杀国君的不是您是谁？"所以这样记，说"赵盾杀死他的国君夷皋"，过错是在臣下。《春秋》的用意是：在写赵盾时，看出最忠的臣子应该怎样做；在写许世子止时，看出最孝的孝子应该怎样做。

【经】冬季，十月，乙亥日，周王驾崩。

注释 1 大棘:宋地,在今河南睢县南。 2 夷皋:晋灵公,名夷皋。本传作“夷獋”。 3 朝:使……朝。这里“朝诸大夫”,意思是接受诸大夫朝见。 4 暴弹之:突然用弹丸弹射他们。 5 至于郊:赵盾停留在国境线上,是循当时规矩:“三谏不听则去,待放于竟(境)三年,君赐之环则还,赐之玦则往。” 6 正卿:一作“政卿”,执政大臣,相当于后世的宰相。 7 许世子止:许国太子,名止。许悼公买患疟,太子止没有亲自尝药,以致吃错了药而死。昭公十九年书:“许世子弑其君。” 8 天王:周匡王。

宣公三年

原文

【经】三年,春,王正月,郊牛[1]之口伤。

【传】之口,缓辞也。[2]伤自牛作也。

【经】改卜牛[3]。牛死,乃不郊。

【传】事之变也。乃者,亡乎人[4]之辞也。

【经】犹三望[5]。

【经】葬匡王。

【经】楚子伐陆浑[6]戎。

【经】夏,楚人侵郑。

【经】秋,赤狄[7]侵齐。

【经】宋师围曹。

【经】冬,十月,丙戌,郑伯

译文

【经】鲁宣公三年,春季,周王的正月,用于郊祭的牛的口受伤。

【传】“的口”,是宽缓的措辞。因为伤是牛自身造成的。

【经】改卜别的牛。这头牛又死了,于是不郊祭。

【传】这是事情本身的变故。说“乃”,是说不由人意。

【经】仍然望祭名山大川。

【经】安葬周匡王。

【经】楚子攻伐陆浑戎。

【经】夏季,楚人侵犯郑国。

【经】秋季,赤狄侵犯齐国。

【经】宋国军队围攻曹国。

【经】冬季,十月,丙戌日,郑伯

兰[8]卒。

【经】葬郑穆公。

兰去世。

【经】安葬郑穆公。

注释 1 郊牛:祭天用的牛。 2 之口,缓辞也:经文写为“郊牛之口伤”,而不写为“郊牛口伤”,加个“之”字,语气和缓,意思是牛口受伤全由牛本身所致,不是饲养不小心,故不能指责鲁宣公不敬。 3 改卜牛:口伤不能用以祭祀,故另选别的牛卜之,吉,然后养以备用。 4 亡乎人:与人无关。亡,无关。乎,介词,同“于”。经文用“乃”字表示“牛死不郊”和人事没有关系。 5 三望:望是山川之祭,鲁国三望,当是祭淮、海和泰山。 6 陆浑:戎族的一种,住在河南伊、洛二川之间。 7 赤狄:隗姓,狄族的一种,住在山西潞州以北,其俗常穿赤衣,故称“赤狄”。 8 郑伯兰:郑穆公,名兰。

宣公四年

原文

【经】四年,春,王正月,公及齐侯平[1]莒及郯[2]。莒人不肯。

【传】及者,内为志焉尔。平者,成[3]也。不肯者,可以肯也。

【经】公伐莒,取向[4]。

【传】伐犹可,取向甚矣。莒人辞,不受治也。伐莒,义兵也。取向,非也,乘义而为利也。

译文

【经】鲁宣公四年,春季,周王的正月,鲁宣公与齐侯让莒国及郯国言和。莒人不答应。

【传】“及”,是鲁国志愿如此。“平”,是使他们讲和成功。“不肯”,是本来可以答应的意思。

【经】鲁宣公攻伐莒国,夺取向邑。

【传】攻伐还可以,夺取向邑就过分了。(攻伐)是因为莒人争辩,不接受讲和。攻伐莒国,是正义的战争。夺取向邑,是不对的,是乘有正当理由的时机牟取私利。

【经】秦伯稻[5]卒。

【经】夏,六月,乙酉,郑公子归生弑其君夷[6]。

【经】赤狄侵齐。

【经】秋,公如齐。公至自齐。

【经】冬,楚子伐郑。

【经】秦伯稻去世。

【经】夏季,六月,乙酉日,郑公子归生杀死他的国君夷。

【经】狄侵犯齐国。

【经】秋季,鲁宣公到齐国。鲁宣公从齐国到达国都。

【经】冬季,楚子攻伐郑国。

注释 1 平:为……讲和,使……讲和。 2 郯(tán):国名,在今山东郯城西南。 3 成:成其和好。 4 向:本国名。莒取之以为邑,今鲁又取之于莒。 5 秦伯稻:秦共公,名稻,又名和,或名貑。 6 夷:郑灵公,名夷。

宣公五年

原文

【经】五年,春,公如齐。

【经】夏,公至自齐。

【经】秋,九月,齐高固[1]来逆子叔姬[2]。

【传】诸侯之嫁子于大夫,主大夫[3]以与之。来者,接内[4]也。不正其接内,故不与夫妇之称也。

【经】叔孙得臣卒。

译文

【经】鲁宣公五年,春季,鲁宣公到齐国。

【经】夏季,鲁宣公从齐国抵达国都。

【经】秋季,九月,齐国高固来迎娶子叔姬。

【传】诸侯嫁女给大夫,以大夫为主婚人与夫家打交道。"来",是与国君打交道。认为他与国君打交道是不正当的,所以不赞同用夫妇的称呼。

【经】叔孙得臣去世。

【经】冬,齐高固及子叔姬来。

【传】及者,及吾子叔姬也。为使来者,不使得归之意也。[5]

【经】楚人伐郑。

【经】冬季,齐国的高固与子叔姬来鲁国。

【传】"及",是与我国姑娘子叔姬。高固是为出使来的,(写"及")有不愿意让子叔姬归来的含意。

【经】楚人攻伐郑国。

注释 1 高固:齐国大夫。 2 子叔姬:鲁宣公同母姊妹。 3 主大夫:由大夫做主人。诸侯嫁女儿给别国大夫,由于尊卑不等,自己不做女方主人,而派本国大夫代理。 4 接内:直接与鲁国方面接洽。 5 高固是奉齐侯命来鲁聘问,子叔姬则是归宁(省亲),本是两件事,经文应该分开记叙。现在写成一条,是讥刺高固名为聘问,实是送妇,不尊重君命。又讥刺子叔姬利用丈夫聘鲁的机会归宁,不够孝敬。

宣公六年

原文

【经】六年,春,晋赵盾、卫孙免侵陈。

【传】此帅师也,其不言帅师,何也?不正其败前事[1],故不与帅师也。

【经】夏,四月。

【经】秋,八月,螽。

译文

【经】鲁宣公六年,春季,晋国的赵盾、卫国的孙免侵犯陈国。

【传】这次侵犯是率领了军队的,这里不说率领军队,是什么缘故?不认为他们毁败前面的事情(元年救陈)是正当的,所以不记率领军队。

【经】夏季,四月。

【经】秋季,八月,发生蝗灾。

【经】冬,十月。

【经】冬季,十月。

注释 1 前事:宣公元年赵盾率师救陈之事。此次却率师侵陈,自毁前功。

宣公七年

原文

【经】七年,春,卫侯使孙良夫来盟。

【传】来盟,前定也。不言及者,以国与之。不言其人,亦以国与之。[1]不日,前定之盟不日。

【经】夏,公会齐侯伐莱[2]。

【经】秋,公至自伐莱。

【经】大旱。

【经】冬,公会晋侯、宋公、卫侯、郑伯、曹伯于黑壤[3]。

译文

【经】鲁宣公七年,春季,卫侯派孙良夫来结盟。

【传】来盟,是事前约定的。不说"及",是以国的名义结盟。不说那结盟的人,也是以国的名义的缘故。没有记日子,预定的盟誓不记日子。

【经】夏季,鲁宣公会合齐侯攻伐莱国。

【经】秋季,鲁宣公攻伐莱国后抵达国都。

【经】发生大旱灾。

【经】冬季,鲁宣公在黑壤会晤晋侯、宋公、卫侯、郑伯、曹伯。

注释 1 经文不写鲁与孙良夫盟,也不写鲁国什么人与孙良夫盟,是因为这是鲁国与卫国盟,不是国与人盟或人与人盟。 2 莱:国名,姜姓。一说在今山东黄县东南之故黄城,其处有莱山。 3 黑壤:晋地,在今山西翼城东北。

宣公八年

原文

【经】八年,春,公至自会。

【经】夏,六月,公子遂如齐,至黄[1]乃复。

【传】乃者,亡乎人[2]之辞也。复者,事毕也,[3]不专公命[4]也。

【经】辛巳,有事[5]于大庙。

【经】仲遂卒于垂[6]。

【传】为若[7]反命而后卒也。此公子也,其曰仲,何也?疏之也。何为疏之也?是不卒[8]者也,不疏,则无用见其不卒也。则其卒之何也?以讥乎宣也。其讥乎宣何也?闻大夫之丧,则去乐卒事[9]。

译文

【经】鲁宣公八年,春季,鲁宣公从(黑壤之)会抵达国都。

【经】夏季,六月,公子遂到齐国去,走到黄地就返回了。

【传】"乃",是说事不由己。"返回",是事已完毕,不改动国君的命令。

【经】辛巳日,在太庙举行祭祀。

【经】仲遂在垂地去世。

【传】(先说返回后说卒,)写得好像是返回复命之后才死的。这人是公子,这里说"仲",是为什么?是疏远他。为什么疏远他?是因为不当记去世的,不疏远就看不出他不当记去世。那么这里又记了去世是什么缘故?是用来讥讽鲁宣公。这里讥讽鲁宣公是怎么一回事?听到大夫去世的消息,就应当撤去音乐,终止祭事。

注释 1 黄:齐地,由鲁至齐途经之邑。公子遂至此生病回国。 2 亡乎人:没有人,没有更得力的人充当使者。 3 复者,事毕也:公事办完才能叫"复"。 4 不专公命:不专心一意于完成鲁宣公托付的使命。按礼法规定,使臣奉命出使，即使死亡，还要由其助手（副使）奉其棺到出使国完成使命，才能回国。 5 有事：指禘祭。禘祭在太庙中进行。 6 垂：齐地。7 为若：好像是。 8 不卒：不应当记去世的日期。 9 去乐卒事：按照周礼，国君听到大夫去世，应该撤除乐队演奏，结束宗庙祭祀，以示痛悼。现在鲁宣公有事于太庙，不去乐卒事，这是不重视大臣的丧事。

【经】壬午，犹绎[1]。

【传】犹者，可以已之辞也。绎者，祭之旦日之享宾也。

【经】万入，去籥。[2]

【传】以其为之变，讥之也。

【经】戊子，夫人熊氏[3]薨。

【经】晋师、白狄伐秦。

【经】楚人灭舒鄝[4]。

【经】秋，七月，甲子，日有食之，既。

【经】冬，十月，己丑，葬我小君顷熊[5]。雨，不克葬。

【传】葬既有日，不为雨止，礼也。雨，不克葬，丧不以制也。

【经】庚寅，日中而克葬。

【传】而，缓辞也。足乎日[6]之辞也。

【经】城平阳[7]。

【经】壬午日，仍然绎祭。

【传】"仍然"，是说可以不举行了。"绎祭"，祭的第二天以尸为宾客向他进献祭品。

【经】万舞进场，撤去管乐。

【传】以撤去管乐作为对万舞的变动，是讥讽鲁宣公。

【经】戊子日，鲁文公夫人熊氏去世。

【经】晋军、白狄攻伐秦国。

【经】楚人灭亡舒鄝。

【经】秋季，七月，甲子日，发生日食，是日全食。

【经】冬季，十月，己丑日，安葬我国先君的夫人顷熊。下雨，未能下葬。

【传】下葬既有一定的日子，不因为下雨而中止。"下雨，未能下葬"，是丧葬不依礼制。

【经】庚寅日，到中午而能下葬。

【传】"而"，措辞较为宽缓，是说有一整天足够办事的了。

【经】修筑平阳的城墙。

【经】楚师伐陈。

【经】楚国军队攻伐陈国。

注释 1 绎:太庙禘祭的次日(旦日),继续举行祭礼,叫作"绎"。祭祀时有人为尸(代死者受祭,象征死者神灵)。正祭完毕,应以宾礼享(宴请)尸。由于祭礼繁重,当天不能完成,所以次日继续举行享宾之礼。 2 万入,去籥(yuè):保留万舞,撤去管乐不奏。万舞,一种武舞,一手执戈,一手执盾。籥,一种管乐器。鲁宣公以为保留万舞,撤去管乐,这样一变动,既完成了祭礼,又表示了哀悼。经文却仍然认为不合于礼,因为万舞虽无管乐伴奏,但舞蹈还得按节奏进行,这节奏就暗含音乐在内。 3 熊氏:"熊"古文与"嬴"近,这里熊氏即是敬嬴,鲁文公次妃,鲁宣公之母。 4 舒鄝(liǎo):群舒之一国。今安徽舒城为古舒城。庐江东北有古龙舒城。舒鄝约在此二城之间。
5 顷熊:即上文的熊氏,《左传》作"敬嬴"。 6 足乎日:是说一整天时间充裕。
7 平阳:鲁邑,在今山东新泰西北。

宣公九年

原文

【经】九年,春,王正月,公如齐。

【经】公至自齐。

【经】夏,仲孙蔑[1]如京师。

【经】齐侯伐莱。

【经】秋,取根牟[2]。

【经】八月,滕子[3]卒。

【经】九月,晋侯、宋公、卫侯、郑伯、曹伯会于扈[4]。

译文

【经】鲁宣公九年,春季,周王的正月,鲁宣公到齐国。

【经】鲁宣公从齐国抵达国都。

【经】夏季,仲孙蔑到京师。

【经】齐侯攻伐莱国。

【经】秋季,夺取根牟。

【经】八月,滕子去世。

【经】九月,晋侯、宋公、卫侯、郑伯、曹伯在扈地会晤。

【经】晋荀林父帅师伐陈。

【经】辛酉，晋侯黑臀[5]卒于扈。

【传】其地，于外也。其日，未逾竟[6]也。

【经】冬，十月，癸酉，卫侯郑[7]卒。

【经】宋人围滕。

【经】楚子伐郑。

【经】晋郤缺帅师救郑。

【经】陈杀其大夫泄冶。

【传】称国以杀其大夫，杀无罪也。泄冶之无罪如何？陈灵公通[8]于夏徵舒[9]之家，公孙宁、仪行父[10]亦通其家，或衣[11]其衣，或衷其襦[12]，以相戏于朝。泄冶闻之，入谏曰："使国人闻之则犹可，使仁人闻之则不可。"君愧于泄冶，不能用其言而杀之。

【经】晋国荀林父领兵攻伐陈国。

【经】辛酉日，晋侯黑臀在扈地去世。

【传】这里记地点，是因为死在国都之外。记日子，是因为没有越过国境。

【经】冬季，十月，癸酉日，卫侯郑去世。

【经】宋人围攻滕国。

【经】楚子攻伐郑国。

【经】晋国的郤缺领兵援救郑国。

【经】陈国杀死它的大夫泄冶。

【传】杀大夫说是国杀的，所杀的是无罪之人。泄冶无罪是怎么一回事？陈灵公与夏徵舒的母亲私通，公孙宁、仪行父也与她私通，有穿她的外衣的，有穿她的内衣的，在内朝嬉戏。泄冶听说了，进来劝谏说："让国人知道了尚且可以，让仁爱的人知道就不可以了。"国君在泄冶面前感到惭愧，但不听他的劝谏，还杀了他。

注释 1 仲孙蔑：鲁宗族，大夫，又称"孟献子"，公孙敖之孙，文伯谷之子。 2 根牟：在今山东沂水南。 3 滕子：滕昭公。 4 扈：郑邑，晋会诸侯之所，时尚未成为晋邑。 5 晋侯黑臀：晋成公，名黑臀。 6 未逾竟：未出国境。《传》误，此时的扈，尚不属晋。 7 卫侯郑：卫成公，名郑。 8 通：通奸。陈灵公与夏徵舒之母夏姬通奸。夏姬是郑穆公之女，御叔（夏徵舒之父)之妻。此时御叔已死。 9 夏徵舒:陈国大夫。陈灵公平国、大夫孔宁、仪行父三人与其母夏姬淫乱。夏徵舒怒而弑君。弑君后,夏徵舒自为陈君。 10 公孙宁、仪行父:二人皆陈国大夫。 11 衣:动词,穿衣。 12 衷其襦(rú):里面穿着她的贴身短衣。里面穿叫“衷”,短衣叫“襦”。

宣公十年

原文

【经】十年,春,公如齐。公至自齐。

【经】齐人归我济西田。

【传】公娶齐,齐由以为兄弟[1],反之。不言来,公如齐受之也。

【经】夏,四月,丙辰,日有食之。

【经】己巳,齐侯元[2]卒。

【经】齐崔氏出奔卫。

【传】氏者,举族而出之之辞也。

【经】公如齐。

【经】五月,公至自齐。

【经】癸巳,陈夏徵舒弑其君平国。

【经】六月,宋师伐滕。

【经】公孙归父如齐。

译文

【经】鲁宣公十年,春季,鲁宣公到齐国。鲁宣公从齐国抵达国都。

【经】齐人把济西的田地归还给我国。

【传】鲁宣公娶齐女为妻,齐国由于与我国的婚姻兄弟关系,返回这些田地。不说“来”,是鲁宣公到齐国去接受的。

【经】夏季,四月,丙辰日,发生日食。

【经】己巳日,齐侯元去世。

【经】齐国的崔氏出逃到卫国。

【传】说“氏”,是说全族都出逃了。

【经】鲁宣公到齐国。

【经】五月,鲁宣公从齐国抵达国都。

【经】癸巳日,陈国的夏徵舒杀死他的国君平国。

【经】六月,宋国军队攻伐滕国。

【经】葬齐惠公。

【经】晋人、宋人、卫人、曹人伐郑。

【经】秋，天王使王季子来聘。

【传】其曰王季，王子也。其曰子，尊之也。聘，问也。

【经】公孙归父帅师伐邾，取绎[3]。

【经】大水。

【经】季孙行父如齐。

【经】冬，公孙归父如齐。

【经】齐侯[4]使国佐[5]来聘。

【经】饥。

【经】楚子伐郑。

【经】公孙归父到齐国。

【经】安葬齐惠公。

【经】晋人、宋人、卫人、曹人攻伐郑国。

【经】秋季，周王派王季子来鲁国聘问。

【传】这里说“王季”，因为他是王子。说“子”，是尊敬他。聘，是问候的意思。

【经】公孙归父领兵攻伐邾国，夺取绎邑。

【经】发大水。

【经】季孙行父到齐国。

【经】冬季，公孙归父到齐国。

【经】齐侯派国佐来鲁国聘问。

【经】发生饥荒。

【经】楚子攻伐郑国。

注释 1 齐由以为兄弟：齐惠公由于把鲁君当作兄弟一样看待。 2 齐侯元：齐惠公，名元。 3 绎：邾邑。 4 齐侯：齐国新君齐顷公，名无野。 5 国佐：齐大夫，又称国武子，国归父之子。

宣公十一年

原文

【经】十有一年,春,王正月。

【经】夏,楚子、陈侯、郑伯盟于夷陵[1]。

【经】公孙归父会齐人伐莒。

【经】秋,晋侯会狄于欑函[2]。

【传】不言及,外狄。

【经】冬,十月,楚人杀陈夏徵舒。

【传】此入而杀也,其不言入,何也?外徵舒于陈也。其外徵舒于陈,何也?明楚之讨有罪也。

【经】丁亥,楚子入陈。

【传】入者,内弗受也。日入,恶入者也。何用弗受也?不使夷狄为[3]中国也。

【经】纳公孙宁、仪行父于陈。

【传】纳者,内弗受[4]

译文

【经】鲁宣公十一年,春季,周王的正月。

【经】夏季,楚子、陈侯、郑伯在夷陵结盟。

【经】公孙归父会合齐人攻伐莒国。

【经】秋季,晋侯在欑函会晤狄。

【传】不说“及”,是把狄作外族对待。

【经】冬季,十月,楚人杀死陈国的夏徵舒。

【传】这是进入陈国才杀的,这里不说“进入”,是为什么?是把徵舒看成陈国之外的人。把徵舒看成陈国之外的人,是为什么?用以表明楚是讨伐有罪的人。

【经】丁亥日,楚子进入陈国。

【传】“进入”,所进入之处不接受进入者。记进入的日子,是谴责进入者。为什么不接受?是不让夷狄来统治中原诸侯国。

【经】把公孙宁、仪行父送进陈国。

【传】“送进”,是所送进之处不愿接受。辅正(邻国)不能获得民心的人也。辅人之不能民[5]而讨犹可;入人之国,制人之上下,使不得其君臣之道,不可。

而进行讨伐还可以;进入别人的国家,控制他们的君臣上下,使他们君臣不得行其正道,那就不可以了。

注释 1 夷陵:陈地。在今河南淮阳西。 2 欑(cuán)函:狄地,今不详何地。 3 为:动词,犹如说管理,治理。 4 内弗受:公孙宁和仪行父是淫邪小人,陈国上下所憎恶,而楚强送二人归陈,所以经文用"纳"字,表示陈国上下都不肯接受。 5 不能民:不能获得民心。

宣公十二年

原文

【经】十有二年,春,葬陈灵公[1]。

【经】楚子围郑。

【经】夏,六月,乙卯,晋荀林父帅师,及楚子战于邲[2]。晋师败绩。

【传】绩,功也。功,事也。日,其事败也。

【经】秋,七月。

【经】冬,十有二月,戊寅,楚子灭萧[3]。

【经】晋人、宋人、卫人、曹人同盟于清丘[4]。

【经】宋师伐陈。卫人救陈。

译文

【经】鲁宣公十二年,春季,安葬陈灵公。

【经】楚子围攻郑国。

【经】夏季,六月,乙卯日,晋国荀林父领兵与楚子在邲地作战。晋军败绩。

【传】绩是功的意思,功是事的意思。记载日期,是他们的事败了的意思。

【经】秋季,七月。

【经】冬季,十二月,戊寅日,楚子灭亡萧国。

【经】晋人、宋人、卫人、曹人在清丘同盟。

【经】宋军攻伐陈国。卫人援救陈国。

注释　1 陈灵公:就是宣公十年被夏徵舒杀了的陈国国君平国。　2 邲(bì):郑国水名,即汴河。晋、楚交战处在今郑州西北,荥阳东北。　3 萧:宋之附庸国,子姓。在今安徽萧县。　4 清丘:卫地,在今河南濮阳东南。

宣公十三年

原文

【经】十有三年,春,齐师伐莒。

【经】夏,楚子伐宋。

【经】秋,螽。

【经】冬,晋杀其大夫先縠[1]。

译文

【经】鲁宣公十三年,春季,齐国军队攻伐莒国。

【经】夏季,楚子攻伐宋国。

【经】秋季,发生蝗灾。

【经】冬季,晋国杀它的大夫先縠。

注释　1 先縠(hú):一称"彘子",亦称"原縠"。楚围郑,晋出兵救郑。以荀林父将中军,先縠为佐。及至黄河,闻郑、楚已和,荀林父欲还,先縠不从,率师渡河,荀林父恐先縠孤军深入,随之渡河,为楚军大败于邲。本年,晋以战败之罪杀之。

宣公十四年

原文

【经】十有四年,春,卫杀其大夫孔达。

译文

【经】鲁宣公十四年,春季,卫国杀它的大夫孔达。

【经】夏，五月，壬申，曹伯寿[1]卒。

【经】晋侯伐郑。

【经】秋，九月，楚子围宋。

【经】葬曹文公。

【经】冬，公孙归父会齐侯于穀。

【经】夏季，五月，壬申日，曹伯寿去世。

【经】晋侯攻伐郑国。

【经】秋季，九月，楚子围攻宋国。

【经】安葬曹文公。

【经】冬季，公孙归父在穀地会见齐侯。

注释 1 曹伯寿：曹文公，名寿。

宣公十五年

原文

【经】十有五年，春，公孙归父会楚子于宋。

【经】夏，五月，宋人及楚人平。

【传】平者，成也，善其量力而反义也。人者，众辞也。平称众，上下欲之也。外平不道，以吾人[1]之存焉道之也。

【经】六月，癸卯，晋师灭赤狄潞氏[2]，以潞子婴儿归。

【传】灭国有三术：中

译文

【经】鲁宣公十五年，春季，公孙归父在宋会见楚子。

【经】夏季，五月，宋人与楚人讲和。

【传】平，是和谈成功，嘉许他们估量自己的能力而回归到道义上来。“人”，是说众多。说众人愿和，是君民上下同心。外国讲和《春秋》不说，(这里说)是因为我们的大夫在那里，所以记下来。

【经】六月，癸卯日，晋国军队灭亡赤狄潞氏，把潞子婴儿带回国。

【传】记灭国有三种方法：灭中原诸侯国郑重地记日，灭小国记月，灭夷国谨日,卑国月,夷狄不日。其日,潞子婴儿,贤也。

【经】秦人伐晋。

狄之国(记季度)不记日。这里记日子,是因为潞子婴儿贤惠。

【经】秦人攻伐晋国。

注释 1 吾人:指鲁大夫公孙归父。本年春他会楚子于宋,是为了调停两国的争端。因为这次宋、楚讲和是由于鲁大夫出面调解,所以经文记录。 2 潞氏:赤狄国名,在今山西长治。

【经】王札子[1]杀召伯、毛伯。

【传】王札子者,当上之辞也。[2]杀召伯、毛伯,不言其[3],何也?两下[4]相杀也。两下相杀,不志乎《春秋》,此其志,何也?矫王命以杀之,非忿怒相杀也,故曰以王命杀也。以王命杀则何志焉?为天下主者,天也。继天者,君也。君之所存者,命也。为人臣而侵其君之命而用之,是不臣也;为人君而失其命,是不君也。君不君,臣不臣,此天下所以倾也。

【经】秋,螽。

【经】仲孙蔑会齐高固于无娄[5]。

【经】王札子杀了召伯、毛伯。

【传】说"王札子",是奉王上之命的意思。"杀了召伯、毛伯",不说"他们的(大夫)",是什么缘故?因为是两名臣下相杀。两臣相杀,《春秋》不记,这里记,是为什么?是诈称王命杀他们,不是因为怨怒杀他们,所以说是以王命杀的。用王命杀的又记什么?为天下主的是天,承继天的是君,君所拥有的是命。为人臣却侵犯君命而使用它,那就不是臣;为人君竟失去他所拥有的命,那就不是君。君不像君,臣不像臣,这是天下倾毁的原因。

【经】秋季,发生蝗灾。

【经】仲孙蔑在无娄会见齐国的高固。

注释 1 王札子:《公羊传》以为王札子是周定王的庶兄。 2 "札子"

前加上“王”,是说他担当天子之职务,执行王权。上,代天子。 3 不言其:按经文例,凡杀大夫必称“其”,写为“杀其大夫”,这里却不说“其”。4 两下:杀和被杀的,都是臣下。下,指臣。 5 无娄:杞邑,今其地无考。

【经】初税亩[1]。

【传】初者,始也。古者什一,藉[2]而不税。初税亩,非正也。古者三百步为里,名曰井田。井田者,九百亩,公田居一。私田稼不善,则非[3]吏;公田稼不善,则非民。初税亩者,非公[4]之去公田[5]而履亩[6],十取一也,以公之与民为已悉矣。古者公田为居,井灶葱韭[7]尽取焉。

【经】冬,蝝[8]生。

【传】蝝非灾也。其曰蝝,非税亩之灾也。

【经】饥。

【经】初次按田亩抽税。

【传】初次,是开始的意思。古代公田占十分之一,征用民力耕种公田,不另征收赋税。“初次按田亩抽税”,是不正当的。古代三百步为里,名为井田。井田九百亩,公田占九分中的一分。私田里禾苗不好,就责备官吏;公田里禾苗不好,就责备人民。记“初次按田亩抽税”,是责备鲁宣公废除公田、丈量田亩,按土地产量收取十分之一的赋税,认为鲁宣公对于人民是已经搜刮尽了。古代在公田里造屋,水井、炉灶以及葱韭等必需品全在公田里能够得到。

【经】冬季,生出蝝虫。

【传】蝝虫,不是灾。这里记“蝝”,是谴责按田亩征税的灾害。

【经】发生饥荒。

注释 1 税亩:废除井田制,承认土地私有权,按田亩的多少征税。2 藉(jí,一读 jiè):井田一区九百亩,构成井字形。中间百亩为公田,其余八百亩分给八家耕种,每户百亩,收获归已。公田由八户共耕,所收谷物交公,这就叫“藉”。为什么又叫“什一(税率十分之一)”呢?据说私家除有百亩耕地外,还有二亩半的宅基地与菜地,八家合二十亩,从公田百亩中扣除，公田面积实为八十亩。私田每家百亩，所负担的公田平均每家十亩，所以说是“什一”。 3 非：责备，谴责。 4 非公：批评鲁宣公。 5 去公田：废除井田制。 6 履亩：丈量田亩。 7 井灶葱韭：水井、厨房、菜地。 8 蝝(yuán)：幼蝗。

宣公十六年

原文

【经】十有六年，春，王正月，晋人灭赤狄甲氏[1]及留吁[2]。

【经】夏，成周[3]宣榭[4]灾。

【传】周灾不志也，其曰宣榭，何也？以乐器之所藏[5]，目[6]之也。

【经】秋，郯伯姬来归。

【经】冬，大有年[7]。

【传】五谷[8]大熟，为大有年。

译文

【经】鲁宣公十六年，春季，周王的正月，晋人灭亡了赤狄甲氏与留吁。

【经】夏季，成周的宣榭发生火灾。

【传】周的灾情不记，这里说“宣榭”，是为什么？因为宣榭是藏乐器的地方，所以(不是笼统讲火灾)，要把“宣榭”列出来。

【经】秋季，郯伯姬(被休弃)归来。

【经】冬季，大丰收。

【传】五谷大量成熟叫作大丰收。

注释 1 甲氏：在今河北鸡泽东北。 2 留吁：在今山西屯留南。 3 成周：古城名，传说在今河南洛阳东郊白马市之东。 4 榭：只有殿，没有房间的庙堂。 5 乐器之所藏：藏周宣王时期所制乐器的地方。 6 目：项目，列项目。这里只是列的意思。 7 大有年：大丰收。年，收成。 8 五谷：一般指黍、稷、菽、麦、稻。

宣公十七年

原文

【经】十有七年,春,王正月,庚子,许男锡我[1]卒。

【经】丁未,蔡侯申[2]卒。

【经】夏,葬许昭公。葬蔡文公。

【经】六月,癸卯,日有食之。

【经】己未,公会晋侯、卫侯、曹伯、邾子,同盟于断道[3]。

【传】同者,有同也,同外楚也。

【经】秋,公至自会。

【经】冬,十有一月,壬午,公弟叔肸[4]卒。

【传】其曰公弟叔肸,贤之也。其贤之何也?宣弑而非之也。非之,则胡为不去也?曰:"兄弟也。何去而之?"与之财,则曰:"我足矣。"织屦而食[5],终身不食宣公之食。君子以是为通恩也,以取贵乎《春秋》。

译文

【经】鲁宣公十七年,春季,周王的正月,庚子日,许男锡我去世。

【经】丁未日,蔡侯申去世。

【经】夏季,安葬许昭公。安葬蔡文公。

【经】六月,癸卯日,发生日食。

【经】己未日,鲁宣公会见晋侯、卫侯、曹伯、邾子,在断道同盟。

【传】"同",是有所同,共同以楚为外人。

【经】秋季,鲁宣公从盟会抵达国都。

【经】冬季,十一月,壬午日,鲁宣公弟叔肸去世。

【传】这里说"公弟叔肸",是认为他贤明。认为他贤明是怎么一回事?鲁宣公杀子赤而他就责备鲁宣公。责备他,那为什么不离开他?(回答)说:"是兄弟,离开到哪里去呢?"鲁宣公给他钱财,他就说:"我已经足够了。"编织草鞋为生,终身不吃鲁宣公的东西。君子认为他懂得君臣之义、能尽兄弟之情,在《春秋》中是很可贵的。

注释 1 许男锡我:许昭公,名锡我。 2 蔡侯申:蔡文公,名申。 3 断道:晋地,在今山西沁县东北之断梁城。 4 叔肸(xī):鲁宣公同母弟,卒谥惠伯。 5 织屦(jù)而食:靠编织麻鞋过活。屦,葛或麻制的鞋。

宣公十八年

原文

【经】十有八年,春,晋侯、卫世子臧伐齐。

【经】公伐杞。

【经】夏,四月。

【经】秋,七月,邾人戕[1]缯子于缯[2]。

【传】戕,犹残也,捝[3]杀也。

【经】甲戌,楚子吕[4]卒。

【传】夷狄不卒,卒,少进也。卒而不日,日,少进也。日而不言正、不正,简之也。

【经】公孙归父如晋。

【经】冬,十月,壬戌,公薨于路寝。

【传】正寝也。

【经】归父还自晋。

译文

【经】鲁宣公十八年,春季,晋侯、卫世子臧攻伐齐国。

【经】鲁宣公攻伐杞国。

【经】夏季,四月。

【经】秋季,七月,邾人在缯国戕杀了缯子。

【传】戕,如同说残,(戕杀,具体说)是用棒打杀。

【经】甲戌日,楚子吕去世。

【传】夷狄不记去世;记去世,是稍稍向礼制前进了。记去世,但不记日子;记日子,又稍稍向礼制前进了。既已记去世的日子就不说正或不正是为了简略。

【经】公孙归父到晋国。

【经】冬季,十月,壬戌日,鲁宣公在路寝去世。

【传】是死得其所。

【经】归父从晋国返回。

【传】只记“返回”,事没有完毕。记

【传】还者，事未毕也。自晋，事毕也。与人之子[5]守其父之殡，捐殡[6]而奔[7]其父之使者，是亦奔父[8]也。

【经】至柽[9]，遂奔齐。

【传】遂，继事也。

"从晋国"，是事已完毕。和人家的儿子共守自己父亲的灵柩，却不顾父殡尚在就驱逐自己父亲派出的使者，这就等于是驱逐父亲。

【经】（归父）到了柽地，接着就逃往齐国。

【传】"接着就"，是继续行事。

注释 1 戕(qiāng)：残害，杀害。 2 缯：又作"鄫"，国名，姒姓，故城在今山东枣庄东。 3 挩(tuō)：捶打。 4 楚子吕：即楚庄王。 5 人之子：谓归父的儿子。 6 捐殡：谓鲁成公背弃亡父的意愿。捐，弃。 7 奔：使……奔，意思就是驱逐。 8 奔父：驱逐亲父。是说鲁成公不孝。 9 柽(chēng)：在今河南淮阳西北。

成公

成公元年

原文

【经】元年[1],春,王正月,公[2]即位。

【经】二月,辛酉,葬我君宣公。

【经】无冰。

【传】终时[3]无冰则志,此未终时而言无冰,何也?终无冰矣,加之寒[4]之辞也。

【经】三月,作丘甲[5]。

【传】作,为也。丘,为甲也。[6]丘甲,国之事也。丘作甲,非正也。丘作甲之为非正,何也?古者立国家,百官具,农工皆有职以事上。古者有四民:有士民,有商民,有农民,

译文

【经】鲁成公元年,春季,周王的正月,鲁成公即位。

【经】二月,辛酉日,安葬我国君主鲁宣公。

【经】没有冰冻。

【传】整个季度没有冰冻才记(没有冰冻),这时(寒冷)季度未过完就记没有冰冻,是为什么?过完这个月没有冰冻就再没有冰冻了,这样的措辞是因为这个月是最寒冷的月份。

【经】三月,命令丘民制作铠甲。

【传】作,是制作的意思。使每一丘的民众都制作铠甲。丘民制作铠甲,是国家的事情。使每一丘的民众都制作铠甲,不合正道。使每一丘的民众都制作铠甲不合正道,是为什么?古代建国立家,百官齐备,农官、工官各有职事,以此

有工民。夫甲，非人人之所能为也。丘作甲，非正也。

侍奉君上。古代有四民：有士民，有商民，有农民，有工民。铠甲，不是人人都能制作的。要每一丘的民众制作铠甲不合正道。

【经】夏，臧孙许[7]及晋侯盟于赤棘[8]。

【经】夏季，臧孙许与晋侯在赤棘结盟。

注释 1 元年：鲁成公元年，公元前590年。 2 公：鲁成公，名黑肱，鲁宣公子。 3 时：季度。 4 加之寒：寒上加寒，是说最冷。周历二月是夏历的十二月，正是最冷的时候，这时候没有冰，这年就再也没有冰了。经文书“无冰”，是强调周历二月最冷。 5 丘甲：古代九夫为井，四井为邑，四邑为丘，四丘为甸，军赋制度规定每甸出甲士三人，步卒七十二人。鲁成公临时增征甲士，改为每丘出一人，称为丘甲。 6 丘，为甲也：一丘十六井，一井九夫，户户都作铠甲。这是《穀梁传》的理解。 7 臧孙许：鲁大夫，时为司寇。又称臧宣叔。 8 赤棘：晋地，在今山西翼城县。

【经】秋，王师败绩于贸戎[1]。

【经】秋季，周王的军队在贸戎大败。

【传】不言战，莫之敢敌也。为尊者讳敌不讳败，为亲者讳败不讳敌，尊尊亲亲之义也。然则孰败之？晋也。

【传】不说“战”，是没有谁敢与周王的军队敌对的意思。为处于尊位的人隐讳有敌对者不隐讳失败，为亲人隐讳失败不隐讳有敌对者，这是尊敬尊者、亲爱亲人的义理。那么是谁打败了他？是晋国。

【经】冬，十月。

【经】冬季，十月。

【传】季孙行父秃，晋郤克眇[2]，卫孙良夫跛，曹公子手偻[3]，同时而聘于齐。齐使秃者御秃者，使

【传】季孙行父是秃头，晋国的郤克一目失明，卫国的孙良夫腿跛，曹国公子手背驼，四人同时在齐国聘问。齐国派秃头迎接秃头，派一目失明的迎接

眇者御眇者，使跛者御跛者，使偻者御偻者。萧同侄子[4]处台上而笑之，闻于客，客不说而去，相与立胥闾[5]而语，移日不解[6]。齐人有知之者，曰："齐之患，必自此始矣！"

一目失明的，派腿跛的迎接腿跛的，派背驼的迎接背驼的。萧同侄子坐在台上笑他们，被客人听到了，客人不高兴地离去，一起站在胥闾门口交谈，过了很久都不肯散去。知道这事的齐国人说："齐国的祸患，必定从这事开始了！"

注释 1 贸戎：戎之别种，在今山西平陆西南。这里指贸戎所处的地区。 2 眇(miǎo)：一目失明。 3 偻(lǚ)：驼背。 4 萧同侄子：齐顷公同母异父兄。萧，国名。同，姓。侄子，字。萧同侄子之母改嫁齐惠公，生顷公。 5 胥闾：门名，或是宾馆之门。 6 移日不解：长时间未散。移日，日影移动，是说时间长。

成公二年

原文

【经】二年，春，齐侯伐我北鄙。

【经】夏，四月，丙戌，卫孙良夫帅师及齐师战于新筑[1]，卫师败绩。

【经】六月，癸酉，季孙行父、臧孙许、叔孙侨如[2]、公孙婴齐[3]帅师，会晋郤克、卫孙良夫、曹公子手，

译文

【经】鲁成公二年，春季，齐侯领兵攻伐我国北部边境地区。

【经】夏季，四月，丙戌日，卫国孙良夫领兵与齐军在新筑作战，卫军大败。

【经】六月，癸酉日，季孙行父、臧孙许、叔孙侨如、公孙婴齐领兵，会同晋国的郤克、卫国的孙良夫、曹国公子手，与齐侯在鞍地作战。齐军大败。

及齐侯战于鞍[4]。齐师败绩。

【传】其日,或曰日其战也,或曰日其悉[5]也。曹无大夫,其曰公子,何也?以吾之四大夫在焉,举其贵者也。

【传】这里记日子,有的说记日子是表明那是(堂堂正正)的战争,有的说记日子是因为(我国四个大夫)他们全在。曹国没有大夫,这里说“公子”,是为什么?是因为我国的四个大夫在这里,称举那尊贵的(以与四个大夫相配)。

注释 1 新筑:卫地,在今河北魏县西南。 2 叔孙侨如:鲁大夫,又称叔孙宣伯。 3 公孙婴齐:鲁大夫,叔肸之子,又称仲婴齐,谥声伯。 4 鞍:即历下,在今山东济南西。 5 日其悉:记载日期是为了表示鲁国四位大夫都参加了战事。

【经】秋,七月,齐侯使国佐如师。己酉,及国佐盟于爰娄[1]。

【传】鞍,去国[2]五百里,爰娄,去国五十里。壹战绵地五百里[3],焚雍门之茨[4],侵车[5]东至海。君子闻之曰:“夫[6]甚甚[7]之辞焉,齐有以[8]取之也。”齐之有以取之,何也?败卫师于新筑,侵我北鄙,敖[9]郤献子[10],齐有以取之也。爰娄在师之外[11]。郤克曰:“反鲁、

【经】秋季,七月,齐侯派国佐到军中。己酉日,与国佐在爰娄结盟。

【传】鞍离齐国国都五百里,爰娄离齐国国都五十里。(这)一场战争战场绵亘五百里,焚烧了齐国都城雍门的草盖,侵伐的兵车(过了齐都)直到东海。君子听到这事,说:“这是非常严重的说法,但齐国是咎由自取。”齐国是咎由自取,是为什么?在新筑打败卫国军队,侵伐我国北部边境地区,轻慢侮辱郤献子,所以说齐国是咎由自取。爰娄在军队保卫之外(军队已逼到都城)。郤克(对求和的齐国国佐)说:“归还侵占的鲁国、卫国的土地,把(你们所得的)纪侯的甗

卫之侵地，以纪侯之甗[12]来，以萧同侄子之母为质，使耕者皆东其亩[13]，然后与子盟。”国佐曰：“反鲁、卫之侵地，以纪侯之甗来，则诺。以萧同侄子之母为质，则是齐侯之母也，齐侯之母，犹晋君之母也，晋君之母，犹齐侯之母也。使耕者尽东其亩，则是终土齐[14]也，不可！请壹战。壹战不克请再，再不克请三，三不克请四，四不克请五，五不克，举国而授！”于是而与之盟。

拿来，用萧同侄子的母亲为人质，让农夫将他们的田亩改为东西向，然后与您结盟。”国佐说：“‘归还所侵占的鲁国、卫国的土地，把纪侯的甗拿来’，同意。‘用萧同侄子的母亲为人质’，（萧同侄子的母亲）是齐侯的母亲，齐侯的母亲如同晋君的母亲，晋君的母亲如同齐侯的母亲（同样尊贵）。‘使农夫将他们的田亩改为东西向’，这是要把齐国的土地全作为你们的土地，不行！请允许和你们再战。一次作战不取胜，请允许第二次作战；第二次不胜，请允许第三次；第三次不胜，请允许第四次；第四次不胜，请允许第五次；第五次还不胜，全国都奉献给你们！”于是（军队退到爰娄）与国佐结盟。

注释 1 爰娄：地名，在今山东临淄西。 2 国：齐国都临淄。 3 壹战绵地五百里：在鞍作战，在爰娄签订和约，作战范围绵延五百里之地。 4 茨：茅草盖的屋顶。 5 侵车：侵齐的兵车。 6 夫：彼，指代经文所记。 7 甚甚：（对齐国来说）甚之又甚，极其严重。 8 以：缘由。 9 敖：傲，以骄傲的态度对待。 10 郤献子：即晋郤克，当时联军统帅。 11 师之外：联军之外，是说已越过爰娄，直抵齐国都。 12 甗(yǎn)：铜制炊具，一种宝器。这是齐灭纪时所得战利品。 13 东其亩：齐国境内的田亩多为南北向，因而沟渠和道路也多南北向。晋在齐之西，自晋景公灭潞，占领狄人遗地，于是与齐接壤，为了以后往东向齐进军，便于兵车通行，郤克便要求齐把田亩和道路都改成东西向。 14 土齐：纳齐为其领土。

【经】八月，壬午，宋公鲍[1]卒。

【经】庚寅，卫侯速[2]卒。

【经】取汶阳田[3]。

【经】冬，楚师、郑师侵卫。

【经】十有一月，公会楚公子婴齐[4]于蜀[5]。

【传】楚无大夫，其曰公子，何也？婴齐亢[6]也。

【经】丙申，公及楚人、秦人、宋人、陈人、卫人、郑人、齐人、曹人、邾人、薛人、缯人盟于蜀。

【传】楚其称人，何也？于是而后公得其所[7]也。会与盟同月，则地会不地盟；不同月，则地会地盟。此其地会地盟，何也？以公得其所，申其事也。今之屈，向之骄也。[8]

【经】八月，壬午日，宋公鲍去世。

【经】庚寅日，卫侯速去世。

【经】接收汶水北岸的田地。

【经】冬季，楚军、郑军侵伐卫国。

【经】十一月，鲁成公在蜀地会见楚国公子婴齐。

【传】楚国没有大夫，这里说“公子”，是为什么？是因为婴齐骄傲自大（如果不说“公子”，鲁成公的耻辱更大）。

【经】丙申日，鲁成公与楚国人、秦国人、宋国人、陈国人、卫国人、郑国人、齐国人、曹国人、邾国人、薛国人、缯国人在蜀地结盟。

【传】楚国与盟的（本是楚国公子婴齐），这里称“人”，是为什么？这样鲁成公才得以保住他的君主尊严。会与盟在同一月举行，就写会的地名，不写盟的地名；不在同一月举行，写会的地名，也写盟的地名。这里写了会的地名，又写盟的地名，是为什么？是因为鲁成公体现了他的君主地位，保住了君主的尊严，（所以两个地名都写）以申述此事。现在屈称的“人”，就是前面与会时骄傲自大的人。

注释 1 宋公鲍：宋文公，名鲍。 2 卫侯速：卫穆公，名速。 3 取汶阳田：实行爰娄之盟的条款，返鲁侵地。 4 公子婴齐：即子重，时为楚国令尹。 5 蜀：鲁地，在今山东泰安西。 6 亢（kàng）：高傲无礼。 7 公得其所：

经文如此写以后，鲁成公就保持了国君的尊严了。因为鲁成公是国君，婴齐是大夫，国君与大夫同盟是有辱身份的。加之当时同盟的还有秦、宋、陈、卫、郑、齐等国的大夫，也不能单独突出一个“楚公子”，所以经文既维护了成公的尊严，在笔法上也保持了一致性。 **8** 今之屈，向之骄也：本条不称“楚公子”，是因为上一条称了“楚公子”，把婴齐的地位抬高了。

成公三年

原文

【经】三年，春，王正月，公会晋侯、宋公、卫侯、曹伯伐郑。

【经】辛亥，葬卫穆公。

【经】二月，公至自伐郑。

【经】甲子，新宫[1]灾，三日哭。

【传】新宫者，祢宫[2]也。三日哭，哀也[3]。其哀，礼也。迫近不敢称谥，恭也。其辞恭且哀，以成公为无讥矣。

【经】乙亥，葬宋文公。

【经】夏，公如晋。

【经】郑公子去疾帅师伐许。

译文

【经】鲁成公三年，春季，周王的正月，鲁成公会同晋侯、宋公、卫侯、曹伯攻伐郑国。

【经】辛亥日，安葬卫穆公。

【经】二月，鲁成公从攻伐郑国的战场归来。

【经】甲子日，新庙发生火灾，（鲁成公率百官）行三日哀哭礼。

【传】新庙，是父亲的庙。哭三天，是哀痛（父亲的神灵没有依托）。哀痛，符合礼。（父亲）新近死去，不敢称谥号（而说“新庙”），是对死者的恭敬。这里记事用辞恭敬，又记了哀哭，对鲁成公没有讥讽的意思。

【经】乙亥日，安葬宋文公。

【经】夏季，鲁成公到晋国。

【经】郑国公子去疾领兵攻伐

【经】公至自晋。

【经】秋，叔孙侨如帅师围棘。

【经】大雩。

【经】晋郤克、卫孙良夫伐墙咎如[4]。

【经】冬，十有一月，晋侯使荀庚来聘。卫侯使孙良夫来聘。丙午，及荀庚盟。丁未，及孙良夫盟。

【传】其日，公也。来聘而求盟，不言及者，以国与之也。不言其人，亦以国与之也。不言求，两欲之也。

【经】郑伐许。

许国。

【经】鲁成公从晋国归来。

【经】秋季，叔孙侨如领兵包围棘邑。

【经】举行大雩祭。

【经】晋国的郤克、卫国的孙良夫攻伐墙咎如。

【经】冬季，十一月，晋侯派荀庚前来聘问。卫侯派孙良夫前来聘问。丙午日，与荀庚结盟。丁未日，与孙良夫结盟。

【传】记日子，表示是鲁成公（主盟）。前来聘问而求结盟，不说“及”，是以国的名义结盟。不说那结盟的人，也是以国的名义结盟。不说“求”，是双方都希望结盟。

【经】郑国攻伐许国。

注释 1 新宫：实指鲁宣公之庙。宫即庙。国君死后二十八月，举行吉禘，奉新死国君之神主入庙。入庙前，原所奉神主必须祧迁。旧神主已迁，新神主入庙之前，须将旧庙修葺一新，称为“新宫”。 2 祢(nǐ)宫：父庙。父死，在宗庙中给他安上神主，叫“祢”。 3 哀也：庙毁则死者的神灵无所寄托，所以君臣穿白色丧服哭泣，表示十分哀痛。 4 墙咎(gāo)如：赤狄部落之一。故地大概在今河南安阳西南。其同种潞氏、甲氏、留吁，已先后为晋所灭。

成公四年

原文

【经】四年，春，宋公使华元来聘。

【经】三月，壬申，郑伯坚[1]卒。

【经】杞伯来朝。

【经】夏，四月，甲寅，臧孙许卒。

【经】公如晋。

【经】葬郑襄公。

【经】秋，公至自晋。

【经】冬，城郓[2]。

【经】郑伯伐许。

译文

【经】鲁成公四年，春季，宋公派华元前来聘问。

【经】三月，壬申日，郑伯坚去世。

【经】杞伯前来朝见。

【经】夏季，四月，甲寅日，臧孙许去世。

【经】鲁成公到晋国。

【经】安葬郑襄公。

【经】秋季，鲁成公从晋国回来。

【经】冬季，在郓邑筑城。

【经】郑伯攻伐许国。

注释 1 郑伯坚：郑襄公，名坚。 2 郓：鲁有东郓、西郓，此指西郓，地近于齐，在今山东郓城东。

成公五年

原文

【经】五年，春，王正月，杞叔姬来归[1]。

译文

【经】鲁成公五年，春季，周王的正月，杞叔姬被送回鲁国。

【传】妇人之义，嫁曰归，反曰来归。

【经】仲孙蔑[2]如宋。

【经】夏，叔孙侨如会晋荀首于穀[3]。

【经】梁山[4]崩。

【传】不日，何也？高者有崩道也。有崩道，则何以书也？曰：梁山崩，壅遏河三日不流。晋君召伯尊[5]而问焉。伯尊来，遇辇者[6]，辇者不辟。使车右[7]下而鞭之。辇者曰："所以鞭我者，其取道[8]远矣。"伯尊下车而问焉，曰："子有闻乎？"对曰："梁山崩，壅遏河三日不流。"伯尊曰："君为此召我也。为之奈何？"辇者曰："天有山，天崩之；天有河，天壅之。虽召伯尊如之何？"伯尊由忠[9]问焉。辇者曰："君亲素缟[10]，帅群臣而哭之，既而祠[11]焉，斯流矣。"伯尊至，君问之曰："梁山崩，壅遏河三日不流。为之奈何？"伯尊曰："君亲素缟，帅群臣而哭之，既而祠焉，斯流矣。"孔子闻之，曰：

【传】妇人的规矩：出嫁叫"归"，被遣返回娘家叫"来归"。

【经】仲孙蔑到宋国。

【经】夏季，叔孙侨如在穀地与晋国的荀首相会。

【经】梁山崩塌。

【传】不记日子，是为什么？高耸的东西有崩塌的自然之理。有崩塌的自然之理，为什么又记？（回答）说：梁山崩塌，阻塞黄河三天不流。晋国国君召见伯尊问他这件事。伯尊来时，遇到拉车人；拉车人不回避。（伯尊）派车右边的武士下车鞭打他。拉车人说："之所以要鞭打我，是因为要走远路了。"伯尊下车问他，说："您听说过什么吗？"（回答）说："梁山崩塌，阻塞黄河三天不流。"伯尊说："君主为此事召见我。对这事该怎么办？"拉车人说："天有山，天使它崩塌；天有河，天阻塞它。即使是召见伯尊，对此事又能怎么样呢？"伯尊诚心诚意地询问他。拉车人说："国君亲自穿戴白色丝绸衣帽，率领群臣哭它，然后祭它，这样河水就流了。"伯尊来到，君主问他说："梁山崩塌，阻塞黄河三天不流。对这事该怎么办？"伯尊说："君主亲自穿戴白色丝绸衣帽，率领群臣哭它，

"伯尊其无绩[12]乎，攘善[13]也！"

【经】秋，大水。

【经】冬，十一月，己酉，天王[14]崩。

【经】十有二月，己丑，公会晋侯、齐侯、宋公、卫侯、郑伯、曹伯、邾子、杞伯，同盟于虫牢[15]。

然后祭它，这样河水就流了。"孔子听说了这件事，说："伯尊没有功劳啊，他窃取了拉车人的善言。"

【经】秋季，发大水。

【经】冬季，十一月，己酉日，周王驾崩。

【经】十二月，己丑日，鲁成公与晋侯、齐侯、宋公、卫侯、郑伯、曹伯、邾子、杞伯相会，在虫牢举行盟会。

注释　1 来归：被休弃回娘家。　2 仲孙蔑：即孟献子，鲁国大夫。　3 穀：齐地，在今山东东阿。　4 梁山：此梁山属晋，在今陕西韩城，离黄河不远。　5 伯尊：晋大夫，名宋，字尊。　6 辇(niǎn)者：拉车的人。7 车右：车子上站在车夫右边的武士。　8 取道：赶路。　9 由忠：由衷，诚心诚意地。　10 素缟(gǎo)：白绢，白绢制的衣裳。　11 祠：祭祀，祈祷。　12 绩：业绩，功劳。一说绩，续，指后嗣。　13 攘善：窃取人家的善言善行。　14 天王：周定王。　15 虫牢：郑地，在今河南封丘北。

成公六年

原文

【经】六年，春，王正月，公至自会。

【经】二月，辛巳，立武宫[1]。

【传】立者，不宜立也。

【经】取鄟[2]。

译文

【经】鲁成公六年，春季，周王的正月，鲁成公从会盟回来。

【经】二月，辛巳日，建立武宫。

【传】建立，是不应当建立的意思。

【经】占取鄟。

【传】鄟，国也。

【经】卫孙良夫帅师侵宋。

【经】夏，六月，邾子来朝。

【经】公孙婴齐如晋。

【经】壬申，郑伯费[3]卒。

【经】秋，仲孙蔑、叔孙侨如帅师侵宋。

【经】楚公子婴齐帅师伐郑。

【经】冬，季孙行父如晋。

【经】晋栾书帅师救郑。

【传】鄟，是国名。

【经】卫国的孙良夫领兵侵伐宋国。

【经】夏季，六月，邾子前来朝见。

【经】公孙婴齐到晋国。

【经】壬申日，郑伯费去世。

【经】秋季，仲孙蔑、叔孙侨如领兵侵伐宋国。

【经】楚国公子婴齐领兵攻伐郑国。

【经】冬季，季孙行父到晋国。

【经】晋国的栾书领兵援救郑国。

注释 1 武宫：据《左传》，武宫是纪念鞍战胜利的建筑物。《左传》认为鞍战之胜，主要由于晋国强大，各国不能“立武”。 2 鄟(zhuān)：鲁之附庸国。在今山东郯城东北。 3 郑伯费：郑悼公，名费。

成公七年

原文

【经】七年，春，王正月，鼷鼠[1]食郊牛角。

【传】不言日，急辞也，过有司[2]也。郊牛日展[3]斛角[4]而知伤，展道尽矣，其所以备灾之道不尽也。

【经】改卜牛，鼷鼠又

译文

【经】鲁成公七年，春季，周王的正月，鼷鼠咬伤准备作郊祀祭品的牛的角。

【传】不记日子，是措辞急切，归过于有关官员。对准备作郊祀祭品的牛每天查看它的角，知道角受了伤，检查的责任尽到了，用来防备灾害的责任却没有尽到。

食其角。

【传】又，有继之辞也。其，缓辞也。曰亡乎人[5]矣，非人之所能也，所以免有司之过也。

【经】乃免牛。

【传】乃者，亡乎人之辞也。免牲者，为之缁衣纁裳[6]，有司玄端[7]，奉送至于南郊，免牛亦然。免牲[8]不曰不郊，免牛亦然。

【经】吴伐郯。

【经】夏，五月，曹伯来朝。

【经】不郊，犹三望。

【经】秋，楚公子婴齐帅师伐郑。

【经】公会晋侯、齐侯、宋公、卫侯、曹伯、莒子、邾子、杞伯救郑。

【经】八月，戊辰，同盟于马陵[9]。

【经】公至自会。

【经】吴入州来[10]。

【经】冬，大雩。

【传】雩，不月而时，非之也。冬无为雩也。

【经】卫孙林父出奔晋。

【经】改卜另外的牛，鼷鼠又咬伤它的角。

【传】“又”，是有所接续的词。“其”，是宽缓的词。(意思是)说：对于人来说，已没有办法了，不是人力所能办到的，用来免除有关官员(实指君主)的过失。

【经】只得释放牛。

【传】“只得”，是对于人来说已经没有办法了的词语。释放牲，是给牲穿上黑衣、浅红下裳，有关官吏着黑色礼服，陪送它到南郊，释放(受伤的祭)牛也是这样。释放牲不再记“不举行郊祀”，释放牛也是这样。

【经】吴国攻伐郯国。

【经】夏季，五月，曹伯前来朝见。

【经】不举行郊祭，仍然望祭三个名山大川。

【经】秋季，楚国公子婴齐领兵攻伐郑国。

【经】鲁成公会同晋侯、齐侯、宋公、卫侯、曹伯、莒子、邾子、杞伯援救郑国。

【经】八月，戊辰日，在马陵同盟。

【经】鲁成公从会盟回来。

【经】吴国进入州来国。

【经】冬季，举行大雩祭。

【传】雩祭，不记月而记季度，是认为它不对。冬季不需举行雩祭。

【经】卫国的孙林父出逃到晋国。

注释 1 鼷(xī)鼠:鼠类之最小者。 2 过有司:认为有关官员有过错。 3 展:查看,打开看。 4 觓(qiú)角:弯曲的角。觓,兽角弯曲的样子。 5 亡乎人:与人事无关。 6 缁衣纁裳:黑衣浅红裙,上下配搭。 7 玄端:黑色礼服。此条及上条并见僖公三十一年。 8 牲:已决定作祭祀用的家畜。 9 马陵:卫地,在今河北大名东南。 10 州来:国名,在今安徽凤台。迭属楚、吴。后来吴王夫差迁蔡昭侯于此,遂改称"下蔡"。

成公八年

原文

【经】八年,春,晋侯使韩穿来言汶阳之田,归之于齐。

【传】于齐,缓辞也,不使尽我[1]也。

【经】晋栾书帅师侵蔡。

【经】公孙婴齐如莒。

【经】宋公使华元来聘。

【经】夏,宋公使公孙寿来纳币。

【经】晋杀其大夫赵同、赵括。

【经】秋,七月,天子使召伯来锡公命。

【传】礼有受命,无来

译文

【经】鲁成公八年,春季,晋侯派韩穿来说汶水北岸田地的事,要把它归还给齐国。

【传】"给齐国",是宽缓的词语,不使我国全听晋国的命令。

【经】晋国的栾书领兵侵伐蔡国。

【经】公孙婴齐到莒国。

【经】宋公派华元前来聘问。

【经】夏季,宋公派公孙寿前来下聘礼。

【经】晋国杀它的大夫赵同、赵括。

【经】秋季,七月,天子派召伯前来赐给鲁成公命服。

【传】按礼制有被召去接受(天子)命服的,没有前来赐予命服的。这样赐命服,是不正当的。说"天子"是什么意

锡命[2]。锡命,非正也。曰“天子”何也?曰见一称[3]也。

【经】冬,十月,癸卯,杞叔姬卒。

【经】晋侯使士燮来聘。

【经】叔孙侨如会晋士燮、齐人、邾人伐郯。

【经】卫人来媵[4]。

【传】媵,浅事也,不志。此其志,何也?以伯姬[5]之不得其所,故尽其事也。

思?说(天子)是表明(王、天王、天子是)一种称呼。

【经】冬季,十月,癸卯日,杞叔姬去世。

【经】晋侯派士燮前来聘问。

【经】叔孙侨如会同晋国的士燮、齐国人、邾国人攻伐郯国。

【经】卫国人前来送女作陪嫁。

【传】送女作陪嫁,是粗浅常事,不记。这里记上,是为什么?是因为其后伯姬(在火灾中烧死)不得善终,所以详尽地记她的事迹。

注释 1尽我:即“我尽”,我鲁国完全(听晋国的话)。 2锡命:天子以爵位和相应的服饰赐予诸侯的诏命。 3见一称:表明三个称呼(王、天王、天子)是一个意思。见,表明。 4媵(yìng):送女陪嫁。国君之女嫁给他国国君为嫡夫人,同姓之国二或三送女陪嫁。前文“夏,宋公使公孙寿来纳币”,是下定金订婚,以伯姬嫁宋共公。卫与鲁同姓,当送一女来陪嫁。 5伯姬:鲁女,嫁宋共公。过六年(成公十五年),共公死;又三十二年(襄公三十年),居室失火,她守礼而死。在说到与她有关的事情的时候,为表彰其节烈,尽可能详细。

成公九年

原文

【经】九年,春,王正月,杞伯来逆叔姬之丧以归。

译文

【经】鲁成公九年,春季,周王的正月,杞伯前来迎接叔姬的灵柩回国。

【传】《传》曰："夫无逆出妻之丧而为之也。"

【传】《传》说："丈夫没有迎接已休妻子的灵柩回去为她治丧的。"

【经】公会晋侯、齐侯、宋公、卫侯、郑伯、曹伯、莒子、杞伯，同盟于蒲[1]。

【经】鲁成公会见晋侯、齐侯、宋公、卫侯、郑伯、曹伯、莒子、杞伯，在蒲举行盟会。

【经】公至自会。

【经】鲁成公从会盟回来。

【经】二月，伯姬归于宋。

【经】二月，伯姬出嫁到宋国。

【经】夏，季孙行父如宋致女[2]。

【经】夏季，季孙行父到宋国对(嫁到宋国的)姑娘致教诫之词。

【传】致者，不致者也。妇人在家制于父，既嫁制于夫，如宋致女，是以我尽[3]之也。不正，故不与内称[4]也。逆者微，故致女。详其事，贤伯姬也。

【传】"致"，是不应该致的意思。女人在娘家接受父命，出嫁后接受夫命。到宋国致教诫之词，这是使她全听父亲的教命。不正当，所以不给季孙行父我国使者的称呼。迎娶伯姬的人地位低微(不是国君)，所以对女儿伯姬致教诫之言。详记伯姬的事迹，是认为伯姬贤惠。

注释 1 蒲：卫地，在今河南长垣。 2 致女：国君之女出嫁三个月后，派遣大夫去聘问。自鲁而言，称为"致女"。《穀梁传》以为致女是传达父母教诫之言于已嫁之女。 3 尽：犹如说包办。 4 不与内称：经文称"女"，而不按鲁的习惯称"伯姬"。

【经】晋人来媵。

【经】晋国人前来送女作陪嫁。

【传】媵，浅事也，不志，此其志，何也？以伯姬之不得其所，故尽其事也。

【传】送女陪嫁，是粗浅常事，不记，这里记，是为什么？是因为伯姬(最后)不得善终，所以详记她的事迹。

【经】秋季，七月，丙子日，齐侯无野

【经】秋，七月，丙子，齐侯无野[1]卒。

【经】晋人执郑伯。

【经】晋栾书帅师伐郑。

【传】不言战，以郑伯也。为尊者讳耻，为贤者讳过，为亲者讳疾。

【经】冬，十有一月，葬齐顷公。

【经】楚公子婴齐帅师伐莒。庚申，莒溃。

【传】其日，莒虽夷狄，犹中国也。大夫溃莒而之楚[2]，是以知其上[3]为事也。恶之，故谨而日之也。

【经】楚人入郓。

【经】秦人、白狄伐晋。

【经】郑人围许。

【经】城中城[4]。

【传】城中城者，非外民[5]也。

去世。

【经】晋国人逮捕郑伯。

【经】晋国的栾书领兵攻伐郑国。

【传】(战重于伐)，这里不说"战"，是因为(栾书)用郑伯攻伐郑国(郑国臣子不得与君主战)。为尊贵的人隐讳耻辱，为贤人隐讳过失，为亲人隐讳疾病。

【经】冬季，十一月，安葬齐顷公。

【经】楚国公子婴齐领兵攻伐莒国。庚申日，莒国溃败。

【传】记日子，是因为莒国虽然有夷狄之行，仍是中原诸侯国。大夫在莒国溃败后去到楚国军中，所以知道事出在莒国上层。憎恶莒国大夫，所以郑重地记上这事的日子。

【经】楚国人进入郓邑。

【经】秦国人、白狄攻伐晋国。

【经】郑国人包围许国。

【经】扩修国都内城的城墙。

【传】记(取外城墙的土)扩修内城的城墙，是讥讽(鲁成公)将内城以外的民众当外人。

注释 1 无野：齐顷公名。 2 溃莒而之楚：致莒崩溃并带领民众投向楚国。之，往。 3 其上：统治者，上层。 4 城中城：扩修内城城墙。 5 非外民：谴责不把内城之外的民众作为保护对象。

成公十年

原文

【经】十年，春，卫侯之弟黑背[1]帅师侵郑。

【经】夏，四月，五卜郊，不从，乃不郊。

【传】夏，四月，不时[2]也。五卜，强[3]也。乃者，亡乎人[4]之辞也。

【经】五月，公会晋侯、齐侯、宋公、卫侯、曹伯伐郑。

【经】齐人来媵。

【经】丙午，晋侯獳[5]卒。

【经】秋，七月，公如晋。

【经】冬，十月。

译文

【经】鲁成公十年，春季，卫侯的弟弟黑背领兵侵伐郑国。

【经】夏季，四月，五次占卜(郊祭吉日)，都不从心意，只得不举行郊祭。

【传】“夏季，四月”，不是时候。“五次占卜”，是(知道不可能而)勉强去做。“只得”，是对于人来说已经没有办法了的话。

【经】五月，鲁成公会同晋侯、齐侯、宋公、卫侯、曹伯攻伐郑国。

【经】齐国人前来送女作陪嫁。

【经】丙午日，晋侯獳去世。

【经】秋季，七月，鲁成公到晋国。

【经】冬季，十月。

注释 1 黑背：又称“子叔黑背”，卫穆公之子，卫定公之弟。 2 不时：郊祭的时限不能超过三月，现在鲁侯四月还卜问能否举行郊祭，所以说不合时宜。 3 强：勉强。 4 亡乎人：不在于人的主观决定，不得不如此。 5 晋侯獳(nòu)：晋景公，名獳。

成公十一年

原文

【经】十有一年,春,王三月,公至自晋。

【经】晋侯使郤犨来聘。

【经】己丑,及郤犨盟。

【经】夏,季孙行父如晋。

【经】秋,叔孙侨如如齐。

【经】冬,十月。

译文

【经】鲁成公十一年,春季,周王的三月,鲁成公从晋国回来。

【经】晋侯派郤犨前来聘问。

【经】己丑日,与郤犨结盟。

【经】夏季,季孙行父到晋国。

【经】秋季,叔孙侨如到齐国。

【经】冬季,十月。

成公十二年

原文

【经】十有二年,春,周公[1]出奔晋。

【传】周有入无出,其曰出,上下一见之[2]也。言其上下之道无以存也。上虽失之,下孰敢有之?今上下皆失之矣。

【经】夏,公会晋侯、卫侯于琐泽[3]。

译文

【经】鲁成公十二年,春季,周公出逃到晋国。

【传】周有入而无出,这里说“出”,天子、大臣各出现过一次“出”,是说他们为君为臣之道不能保有天下。天子即使失天下,臣下谁敢领有它?(因此应为天子守天下。)现在天子、大臣都失天下了。

【经】夏季,鲁成公在琐泽会见晋

【经】秋，晋人败狄于交刚[4]。

【传】中国与夷狄不言战，皆曰败之。夷狄不日。

【经】冬，十月。

侯、卫侯。

【经】秋季，晋国人在交刚打败狄。

【传】中原诸国与夷狄不说“战”，都说“打败它”。对于夷狄不记日子。

【经】冬季，十月。

注释 1 周公：周公楚，周王室大臣。 2 一见之：经文书“出”，上（天子），只有僖公二十四年“天王出居于郑”；下（王臣），本条“周公出奔晋”。这样只各一次。 3 琐泽：晋地，在今河北涉县。 4 交刚：或在今山西隰县。

成公十三年

原文

【经】十有三年，春，晋侯使郤锜[1]来乞师。

【传】乞，重辞也。古之人重师，故以乞言之也。

【经】三月，公如京师。

【传】公如京师不月，月，非如[2]也。非如而曰如，不叛京师也。

【经】夏，五月，公自京师，遂会晋侯、宋公、卫

译文

【经】鲁成公十三年，春季，晋侯派郤锜前来请求出兵。

【传】“请求”，是分量很重的言辞。古代人看重军队，所以用“请求”来说它。

【经】三月，鲁成公到京师。

【传】公到京师朝王不记月份，记月份，就不是专门到京师朝王（，而是会诸侯路过京师朝王）。不是专门到京师朝王而说到京师朝王，是说不敢背叛在京师的王面授的命令（而攻伐秦国）。

【经】夏季，五月，鲁成公从京师出来，于是会同晋侯、宋公、卫侯、郑伯、曹

侯、郑伯、曹伯、邾人、滕人伐秦。

【传】言受命,不敢叛周也。

【经】曹伯庐[3]卒于师。

【传】传[4]曰:闵之也。公、大夫在师曰师,在会曰会。

【经】秋,七月,公至自伐秦。

【经】冬,葬曹宣公。

【传】葬时,正也。

伯、邾国人、滕国人攻伐秦国。

【传】说(攻伐秦国是)禀受天子之命,是不敢背叛周。

【经】曹伯庐在军中去世。

【传】《传》说:是怜悯他(不在宫寝里去世)。诸侯、大夫在军中去世就说军中去世,在会中去世就说在会中去世(,都是怜悯他死在外面)。

【经】秋季,七月,鲁成公攻伐秦国回来。

【经】冬季,安葬曹宣公。

【传】对别国国君的安葬只记季度,符合礼制。

注释 1 郤锜(yǐ):晋国大夫,郤克之子,又称"驹伯"。 2 非如:不是到京师专门来朝王,而是路过。 3 庐:曹宣公名。 4 传:历来有两解。一说是某本不知名的古书;一说是相传如此,解为传闻。

成公十四年

原文

【经】十有四年,春,王正月,莒子朱[1]卒。

【经】夏,卫孙林父自晋归于卫。

译文

【经】鲁成公十四年,春季,周王的正月,莒子朱去世。

【经】夏季,卫国的孙林父从晋国回到卫国。

【经】秋，叔孙侨如如齐逆女[2]。

【经】秋季，叔孙侨如到齐国去迎娶国君的夫人。

【经】郑公子喜[3]帅师伐许。

【经】郑国公子喜领兵攻伐许国。

【经】九月，侨如以[4]夫人妇[5]姜氏至自齐。

【经】九月，侨如带领夫人姜氏从齐国到来。

【传】大夫不以夫人，以夫人非正也。刺不亲迎也。侨如之挈[6]，由上致之也。

【传】大夫不应该带领夫人，带领夫人是不正当的。这里是讥讽国君不亲自迎娶。侨如去掉氏姓，直呼其名，是因为（夫人至）君主致告宗庙时是这么称呼的。

【经】冬，十月，庚寅，卫侯臧[7]卒。

【经】冬季，十月，庚寅日，卫侯臧去世。

【经】秦伯卒。

【经】秦伯去世。

注释 1 莒子朱：即莒渠丘公，名季佗。 2 逆女：为鲁成公迎娶齐女为夫人。 3 公子喜：字子罕，郑穆公子。 4 以：介词，犹如说引领。 5 妇：这时鲁宣公夫人穆姜还在世，新娘有姑（家婆），所以经文称之为"妇"。 6 侨如之挈：经文只称"侨如"，丢掉他的氏族"叔孙"。挈，称举。侨如之挈，宾动结构，动词挈在后。何以只称侨如呢？这是由于新娘到鲁都后，鲁侯告庙时只称"侨如"之名，不称其族，以表示尊敬夫人。所以史官也就这样如实记录。 7 臧：卫定公名。

成公十五年

原文

【经】十有五年，春，王二月，葬卫定公。

【经】三月，乙巳，仲婴齐卒。

【传】此公孙也，其曰仲，何也？子由父疏之[1]也。

【经】癸丑，公会晋侯、卫侯、郑伯、曹伯、宋世子成、齐国佐、邾人，同盟于戚。

【经】晋侯执曹伯，归于京师。

【传】以晋侯而斥执曹伯[2]，恶晋侯也。不言之[3]，急辞也。断在晋侯也。

【经】公至自会。

【经】夏，六月，宋公固[4]卒。

【经】楚子伐郑。

译文

【经】鲁成公十五年，春季，周王的二月，安葬卫定公。

【经】三月，乙巳日，仲婴齐去世。

【传】这是公孙（婴齐），这里说"仲婴齐"，是为什么？儿子由于父亲（的杀君之罪）而被疏远（不得称公孙）。

【经】癸丑日，鲁成公会见晋侯、卫侯、郑伯、曹伯、宋国世子成、齐国的国佐、邾国人，在戚地同盟。

【经】晋侯逮捕曹伯，送到京师。

【传】指出晋侯以侯的身份而逮捕曹伯，是指责晋侯。"归于"二字中间无"之"字，是急促之辞。（怎么处置曹伯，）决断在于晋侯。

【经】鲁成公从会盟回来。

【经】夏季，六月，宋公固去世。

【经】楚子攻伐郑国。

注释　1 子由父疏之：公子遂弑子赤而立宣公，因而他死时，经文标"仲遂"而去其"公子"之称。现在婴齐死不称公孙，是他的父亲弑君，以致他也被疏远而不得称公孙。 2 直指以晋侯的身份而拘捕曹伯。 3 不言之：说“归于京师”，不说“归之于京师”。 4 固：宋共公名。

【经】秋，八月，庚辰，葬宋共公。

【传】月卒日葬[1]，非葬者也。此其言葬，何也？以其葬共姬，不可不葬共公也。[2]葬共姬，则其不可不葬共公，何也？夫人之义，不逾君也，为贤者崇也。

【经】宋华元出奔晋。

【经】宋华元自晋归于宋。

【经】宋杀其大夫山。

【经】宋鱼石出奔楚。

【经】冬，十有一月，叔孙侨如会晋士燮、齐高无咎、宋华元、卫孙林父、郑公子鰌、邾人，会吴于钟离[3]。

【传】会又会[4]，外之也。

【经】许迁于叶[5]。

【传】迁者，犹得其国家以往者也。其地，许复见[6]也。

【经】秋季，八月，庚辰日，安葬宋共公。

【传】去记月，安葬记日，是不应该记安葬的。这里记安葬，是为什么？因为《春秋》记安葬共姬，不得不记安葬共公。记安葬共姬，就不得不记安葬共公，是为什么？因为君夫人的规矩是不能超越君主，(记安葬共公)是对贤者(共姬)的崇敬。

【经】宋国的华元出逃到晋国。

【经】宋国的华元从晋国回到宋国。

【经】宋国杀它的大夫山。

【经】宋国的鱼石出逃到楚国。

【经】冬季，十一月，叔孙侨如与晋国的士燮、齐国的高无咎、宋国的华元、卫国的孙林父、郑国公子鰌、邾国人相会，在钟离与吴国相会。

【传】记叔孙侨如与诸侯大夫相会，又另外写他们会吴国，这是把吴国当外人。

【经】许国迁都到叶。

【传】迁，是还保存了他们的国家而前往(那里)的。这里记上地点，是因为许在《春秋》里还会再出现。

注释 1 月卒日葬：经文前两条书“夏，六月，宋公固卒”，这是“月卒”。本条书“庚辰，葬宋共公”，是“日葬”。但按经文例，诸侯卒应书日，葬应书月而不书日。 2 经文襄公三十年书“葬宋共姬”，既记夫人之葬，自然不能不记共公之葬。 3 钟离：本嬴姓国，为吴所灭，成为吴之一邑，地在今安徽凤阳东。 4 会又会：前文说“会晋士燮”，后文又说“会吴”，所以说是“会又会”。 5 叶：楚地，在今河南叶县南。6 许复见：许作为国名，在《春秋》里还会再次出现。

成公十六年

原文

【经】十有六年，春，王正月，雨，木冰[1]。

【传】雨而木冰也。志异也。《传》曰：根枝折。

【经】夏，四月，辛未，滕子[2]卒。

【经】郑公孙喜帅师侵宋。

【经】六月，丙寅，朔，日有食之。

【经】晋侯使栾黡[3]来乞师。

【经】甲午，晦，晋侯及楚子、郑伯战于鄢陵[4]。楚

译文

【经】鲁成公十六年，春季，周王的正月，下雨，树木结冰。

【传】（天空不很冷，只）下雨，而（地面却很冷），树木上结冰。这是记奇异现象。《传》说：树木的根枝折断。

【经】夏季，四月，辛未日，滕子去世。

【经】郑国的公孙喜领兵侵伐宋国。

【经】六月，丙寅日，朔日，发生日食。

【经】晋侯派栾黡来请求出兵。

【经】甲午日，天气晦暗，晋侯和楚子、郑伯在鄢陵作战。楚子、郑军大败。

子、郑师败绩。

【传】日事遇晦曰晦。四体偏断[5]曰败，此其败则目[6]也。楚不言师，君重于师也。

【经】楚杀其大夫公子侧[7]。

【经】秋，公会晋侯、齐侯、卫侯、宋华元、邾人于沙随[8]。不见公。

【传】不见公者，可以见公也。可以见公而不见公，讥在诸侯也。

【经】公至自会。

【传】记事情的日子时遇到天气晦暗就说晦暗。人的四肢断其一就说“败”了，这里的“败”是眼睛伤了。（说败都称军队，）楚国不说军队，因为国君重于军队。

【经】楚国杀它的大夫公子侧。

【经】秋季，鲁成公与晋侯、齐侯、卫侯、宋国的华元、邾国人在沙随聚会。（他们）不与鲁成公相见。

【传】“不与鲁成公相见”，是可以与鲁成公相见的意思。可以与鲁成公相见而不与他相见，讥讽的是诸侯们。

【经】鲁成公从（沙随之）会回来。

注释　1 木冰：即雾凇，俗称“树挂”。　2 滕子：滕文公。　3 栾黡(yǎn)：晋国大夫。　4 鄢陵：郑地，在今河南鄢陵西北。　5 四体偏断：四肢断其一肢。　6 其败则目：楚共王被晋军射伤了眼睛。　7 公子侧：楚宗室，这次鄢陵之战的楚军统帅，战败自杀，楚以国杀告诸侯。　8 沙随：宋地，在今河南宁陵西北。

【经】公会尹子[1]、晋侯、齐国佐、邾人伐郑。

【经】曹伯归自京师。

【传】不言所归，归之善者也。出入不名，

【经】鲁成公会同尹子、晋侯、齐国的国佐、邾国人攻伐郑国。

【经】曹伯从京师回归。

【传】不说回归到什么地方，是对于回归最好的说法。出国、入国时不记名，是用

以为不失其国也。归为善，自某归次之。

【经】九月，晋人执季孙行父，舍之于苕丘[2]。

【传】执者不舍，而舍，公所也。执者致，而不致，公在也。何其执而辞也？犹存公也。存意，公亦存也？[3]公存也。

【经】冬，十月，乙亥，叔孙侨如出奔齐。

【经】十有二月，乙丑，季孙行父及晋郤犨盟于扈。

【经】公至自会。

【经】乙酉，刺公子偃[4]。

【传】大夫日卒，正也。先刺后名，杀无罪也。

来表明没有失去他的国家。写“回归”是最好的，写“自某地回归”次一等。

【经】九月，晋国人逮捕季孙行父，在苕丘释放他。

【传】对逮捕的人不记释放，说释放，是因为鲁成公待在苕丘。被逮捕的大夫回国时要致告祖庙，这里没有致告祖庙的记载，是因为鲁成公还在苕丘。为什么记逮捕(季孙行父)，而记释放他，又不说致告祖庙这些言辞呢？仍是表明鲁成公在苕丘。存有释放他和不记告致祖庙的意思，就知道鲁成公也在苕丘吗？(有此二事，就知道)鲁成公在苕丘。

【经】冬季，十月，乙亥日，叔孙侨如出逃到齐国。

【经】十二月，乙丑日，季孙行父及晋国的郤犨在扈结盟。

【经】鲁成公从会盟地回来。

【经】乙酉日，刺杀公子偃。

【传】大夫去世记日子，是正常的。先说刺后说名，是杀无罪的人。

注释 1 尹子：王室卿士。 2 苕丘：晋地，在今山西垣曲东。 3 这是设问：经文这样保存“舍之”和不致之意，就可以知道鲁成公在那里吗？ 4 公子偃：鲁成公的庶弟。成公母穆姜曾威胁成公，指着公子偃和公子鉏说：“是皆君也。”(《左传》成公十六年)现在季孙行父陪成公返鲁后就杀了公子偃。

成公十七年

原文

【经】十有七年，春，卫北宫括帅师侵郑。

【经】夏，公会尹子、单子[1]、晋侯、齐侯、宋公、卫侯、曹伯、邾人，伐郑。

【经】六月，乙酉，同盟于柯陵[2]。

【传】柯陵之盟，谋复伐郑也。

【经】秋，公至自会。

【传】不曰至自伐郑也，公不周乎伐郑也。何以知公之不周[3]乎伐郑？以其以会致也。何以知其盟复伐郑也？以其后会之人尽盟者也。不周乎伐郑，则何为日也？言公之不背柯陵之盟也。

【经】齐高无咎出奔莒。

译文

【经】鲁成公十七年，春季，卫国的北宫括领兵侵伐郑国。

【经】夏季，鲁成公会同尹子、单子、晋侯、齐侯、宋公、卫侯、曹伯、邾国人，攻伐郑国。

【经】六月，乙酉日，在柯陵同盟。

【传】在柯陵的盟会，是谋划再次攻伐郑国。

【经】秋季，鲁成公从会盟回来。

【传】不说“从攻伐郑国回来”，是说鲁成公对攻伐郑国不是真心。从哪里知道鲁成公对攻伐郑国不是真心？从他以会致告祖庙（知道）。从哪里知道他们结盟后又攻伐了郑国呢？从他后面所会的人尽是参与结盟的人（知道）。对攻伐郑国不是真心，为什么记结盟的日子？是表示鲁成公不违背柯陵之盟的盟约。

【经】齐国的高无咎出逃到莒国。

注释 1 尹子、单子:都是周王卿士。 2 柯陵:郑地,在今河南许昌南,临颍北。 3 周:合,同意。

【经】九月,辛丑,用郊。

【传】夏之始可以承春。以秋之末承春之始,盖不可矣。九月用郊,用者,不宜用也。宫室不设,不可以祭;衣服不修,不可以祭;车马器械不备,不可以祭;有司一人不备其职,不可以祭。祭者,荐[1]其时也,荐其敬也,荐其美也,非享味也。

【经】晋侯使荀罃来乞师。

【经】冬,公会单子、晋侯、宋公、卫侯、曹伯、齐人、邾人伐郑。

【传】言公不背柯陵之盟也。

【经】十有一月,公至自伐郑。

【经】壬申,公孙婴齐卒于狸蜃[2]。

【传】十一月无壬申,

【经】九月,辛丑日,举行郊祭。

【传】(郊祭当在春季,)夏季开始的月份还可以接着春季。用秋季的末月承接春季的开始,就不可以了。九月"举行郊祭","举行",是不应当举行的。用来斋戒的宫室不陈设好,不可以祭;郊祭的礼服不整理好,不可以祭;郊祭所用的车马器械不准备好,不可以祭;有关的执事人员其中有一个不具备任职条件,也不可以祭。祭祀,是进献时鲜,是进献那恭敬的诚心,进献那美好的礼物,不只是使神享用美味。

【经】晋侯派荀罃前来请求出兵。

【经】冬季,鲁成公会同单子、晋侯、宋公、卫侯、曹伯、齐国人、邾国人攻伐郑国。

【传】是说鲁成公不违背柯陵之盟。

【经】十一月,鲁成公攻伐郑国回来。

【经】壬申日,公孙婴齐在狸蜃去世。

【传】十一月无壬申日,壬申日,是十月的日子。先记君主回国,然后录臣去世,这是为臣为子的规矩。(成公十一月壬申日回国,公孙婴齐去世也就记在

壬申，乃十月也。致公而后录，臣子之义也。其地，未逾竟也。

【经】十有二月，丁巳，朔，日有食之。

【经】邾子貜且[3]卒。

【经】晋杀其大夫郤锜、郤犨、郤至。

【传】自祸于是起矣[4]。

【经】楚人灭舒庸。

十一月壬申了。）这里记去世的地点，表明（虽死在外），但未越国境。

【经】十二月，丁巳日，朔日，发生日食。

【经】邾子貜且去世。

【经】晋国杀它的大夫郤锜、郤犨、郤至。

【传】（晋厉公等人的）自身之祸从这里产生了。

【经】楚国人灭掉舒庸。

注释 1 荐：献，献上。 2 狸蜃：鲁地，在今山东曲阜西。 3 貜且(juéjū)：邾定公，名貜且。 4 自祸于是起矣：晋厉公杀三郤，陈其尸于朝廷上，又没收三家的财富分给宠爱的妇女，这种暴行终于招致杀身之祸，所以传文说厉公自害就是由这事引起的。

成公十八年

原文

【经】十有八年，春，王正月，晋杀其大夫胥童[1]。

【经】庚申，晋弑其君州蒲[2]。

【传】称国以弑其君，君恶甚矣。

【经】齐杀其大夫国佐。

译文

【经】鲁成公十八年，春季，周王的正月，晋国杀它的大夫胥童。

【经】庚申日，晋国杀它的君主州蒲。

【传】称国家杀它的君主，是君主坏透了。

【经】齐国杀它的大夫国佐。

【经】公如晋。

【经】夏，楚子、郑伯伐宋。

【经】宋鱼石复入于彭城[3]。

【经】公至自晋。

【经】晋侯使士匄[4]来聘。

【经】秋，杞伯来朝。

【经】八月，邾子来朝。

【经】筑鹿囿[5]。

【传】筑不志，此其志何也？山林薮[6]泽之利所以与民共也，虞之[7]，非正也。

【经】己丑，公薨于路寝。

【传】路寝，正也。男子不绝妇人之手，以齐[8]终也。

【经】冬，楚人、郑人侵宋。

【经】晋侯使士鲂[9]来乞师。

【经】十有二月，仲孙蔑[10]会晋侯、宋公、卫侯、邾子、齐崔杼，同盟于虚朾[11]。

【经】丁未，葬我君成公。

【经】鲁成公到晋国。

【经】夏季，楚子、郑伯攻伐宋国。

【经】宋国的鱼石再入彭城(为楚国戍守)。

【经】鲁成公从晋国回来。

【经】晋侯派士匄前来聘问。

【经】秋季，杞伯前来朝见。

【经】八月，邾子前来朝见。

【经】在鹿地筑造苑囿。

【传】筑造鹿囿不记，这里记是为什么？山林湖泽所出的财利是与民共有的，现在置官专利，是不正当的。

【经】己丑日，鲁成公在路寝去世。

【传】路寝，是正寝。男子不死在妇人手中，要在庄敬整洁中死去。

【经】冬季，楚国人、郑国人侵伐宋国。

【经】晋侯派士鲂前来请求出兵。

【经】十二月，仲孙蔑与晋侯、宋公、卫侯、邾子、齐国的崔杼，在虚朾同盟。

【经】丁未日，葬我国君主鲁成公。

注释 1 胥童:上年闰十二月二十九日,胥童诱导晋厉公杀三郤,今晋大夫栾书、中行偃杀胥童。 2 州蒲:晋厉公名。 3 彭城:宋邑,今江苏徐州。 4 士匄(gài):晋大夫,士会孙,士燮子,食邑范,谥宣,故又称"范宣子"。 5 鹿囿(yòu):养鹿的园林。囿,畜养禽兽以供观赏的园林 6 薮(sǒu):水少草木茂盛的湖泽。 7 虞之:虞本是管理山泽的官。这里用为动词,把它管起来,作为公之所有。 8 齐:读为"斋",谓斋戒庄敬。 9 士鲂(fáng):晋大夫,士会子,食邑彘,又称"彘季"。 10 仲孙蔑:鲁宗室,又称"孟孙",或称"蔑"。 11 虚朾(chēng):宋地,确址不详。

襄公

襄公元年

原文

【经】元年[1]，春，王正月，公[2]即位。

【传】继正即位，正也。

【经】仲孙蔑会晋栾黡、宋华元、卫甯殖、曹人、莒人、邾人、滕人、薛人，围宋彭城[3]。

【传】系彭城于宋者，不与鱼石，正也。

【经】夏，晋韩厥[4]帅师伐郑。

【经】仲孙蔑会齐崔杼、曹人、邾人、杞人，次于鄫[5]。

【经】秋，楚公子壬夫[6]帅师侵宋。

【经】九月，辛酉，天

译文

【经】鲁襄公元年，春季，周王的正月，鲁襄公即位。

【传】继先君正常死亡即位，是正当的。

【经】仲孙蔑会同晋国的栾黡、宋国的华元、卫国的甯殖、曹国人、莒国人、邾国人、滕国人、薛国人，包围宋国的彭城。

【传】将彭城列在宋国之下，是表示不赞同（楚国攻取宋国彭城封宋国叛臣）鱼石，（这）是正当的。

【经】夏季，晋国韩厥领兵攻伐郑国。

【经】仲孙蔑会同齐国崔杼、曹国人、邾国人、杞国人，驻扎在鄫。

【经】秋季，楚国公子壬夫领兵侵

王[7]崩。

【经】邾子[8]来朝。

【经】冬，卫侯使公孙剽[9]来聘。

【经】晋侯使荀罃[10]来聘。

伐宋国。

【经】九月，辛酉日，周王驾崩。

【经】邾子前来朝见。

【经】冬季，卫侯派公孙剽前来聘问。

【经】晋侯派荀罃前来聘问。

注释 1 元年：鲁襄公元年，公元前572年。 2 公：鲁襄公，名午。鲁成公之子，母定姒。即位时年仅四岁。 3 彭城：今徐州地，时为宋叛臣鱼石等所据，鱼石等为楚所支持。 4 韩厥：晋大夫，将中军，又称"韩献子"。《公羊传》作"韩屈"。 5 鄫：郑地，约在今河南睢县东南。 6 壬夫：子反（公子侧）之弟，又称"子辛"。 7 天王：周简王。 8 邾子：邾宣公。9 公孙剽：卫穆公之孙，卫定公弟子叔黑背之子。 10 荀罃：晋臣，又称"知罃"，荀首（荀庄子）之子。

襄公二年

原文

【经】二年，春，王正月，葬简王。

【经】郑师伐宋。

【经】夏，五月，庚寅，夫人姜氏[1]薨。

【经】六月，庚辰，郑伯睔[2]卒。

译文

【经】鲁襄公二年，春季，周王的正月，安葬周简王。

【经】郑军攻伐宋国。

【经】夏季，五月，庚寅日，鲁成公夫人姜氏去世。

【经】六月，庚辰日，郑伯睔去世。

【经】晋军、宋军、卫国的甯殖侵

【经】晋师、宋师、卫甯殖侵郑。

【传】其曰卫甯殖，如是而称于前事[3]也。

【经】秋，七月，仲孙蔑会晋荀罃、宋华元、卫孙林父、曹人、邾人于戚[4]。

【经】己丑，葬我小君齐姜[5]。

【经】叔孙豹如宋。

【经】冬，仲孙蔑会晋荀罃、齐崔杼、宋华元、卫孙林父、曹人、邾人、滕人、薛人、小邾人于戚，遂城虎牢[6]。

【传】若言中国焉，内郑也。[7]

【经】楚杀其大夫公子申[8]。

伐郑国。

【传】这里（不说"卫军"，而）说卫国的甯殖，像这么写是与以前（郑国乘卫国国丧攻伐卫国）的事相称。

【经】秋季，七月，仲孙蔑在戚地会见晋国的荀罃、宋国的华元、卫国的孙林父、曹国人、邾国人。

【经】己丑日，葬我国先君夫人齐姜。

【经】叔孙豹到宋国。

【经】冬季，仲孙蔑与晋国的荀罃、齐国的崔杼、宋国的华元、卫国的孙林父、曹国人、邾国人、滕国人、薛国人、小邾国人在戚地集会，接着筑虎牢城。

【传】（只说给虎牢筑城，而不说给郑国虎牢筑城，）就像是说给国内的邑筑城一样，（这）是把郑国看成内部人。

【经】楚国杀它的大夫公子申。

注释 1 姜氏：鲁成公夫人。 2 郑伯睔(gùn)：郑成公，名睔。 3 称于前事：经文不称晋、宋二国将帅的名，独称卫之甯殖，之所以如此，是因为成公二年九月卫穆公卒，其冬郑与楚侵卫，所以此次亦在郑成公卒时伐之，以示报复前次伐丧之怨。 4 戚：卫邑，在今河南濮阳北。 5 齐姜：此齐姜为鲁成公夫人。 6 虎牢：邑名。在今河南荥阳西。城筑在山上，形势险要，为军事重镇。本郑邑，时为晋所取。《左传》这样认为，而《穀梁传》的看法却不如是。 7《传》这两句是解释虎牢为什么不加国属。

它本属于郑,当加郑,说郑虎牢。为什么不加呢?这时的内,是中国,是中原诸国。这时的外,是指楚国。这里好像是说,这个虎牢属于中国,所以前不加郑字,而郑属于中国的一部分。所以说"内郑"。晋及其盟国之所以要城虎牢,是为了隔断楚与郑的联系,使郑归属于中原诸国,而不偏到楚那一边去。 **8** 公子申:楚宗室,时为右司马。想必是权斗致死。

襄公三年

原文

【经】三年,春,楚公子婴齐帅师伐吴。

【经】公如晋。

【经】夏,四月,壬戌,公及晋侯盟于长樗[1]。

【经】公至自晋。

【经】六月,公会单子[2]、晋侯、宋公、卫侯、郑伯、莒子、邾子、齐世子光。己未,同盟于鸡泽[3]。

【传】同者,有同也,同外楚也。

【经】陈侯使袁侨如会。

【传】如会,外乎会也,于会受命也。

译文

【经】鲁襄公三年,春季,楚国公子婴齐领兵攻伐吴国。

【经】鲁襄公到晋国。

【经】夏季,四月,壬戌日,鲁襄公及晋侯在长樗结盟。

【经】鲁襄公从晋国回国。

【经】六月,鲁襄公与单子、晋侯、宋公、卫侯、郑伯、莒子、邾子、齐国世子光聚会。己未日,在鸡泽举行盟会。

【传】"同",是有共同的(愿望),是一同把楚当作外人。

【经】陈侯派袁侨到会。

【传】"到会",是(会盟时)在会之外,到盟会接受盟约的约束。

【经】戊寅日,叔孙豹与诸侯的大夫与陈国的袁侨结盟。

【经】戊寅，叔孙豹及诸侯之大夫及陈袁侨盟。

【传】及以及[4]，与[5]之也。诸侯以为可与则与之，不可与则释之。诸侯盟，又大夫相与私盟，是大夫张[6]也。故鸡泽之会，诸侯始失正矣，大夫执国权。曰袁侨，异之也。

【经】秋，公至自晋。

【经】冬，晋荀罃帅师伐许。

【传】用（叔孙豹）“及”（诸侯的大夫）来“及”（陈国的袁侨），是赞同这种作法。（对于盟会，）诸侯认为可以参与就参与结盟，认为不可以就放下不去管它（，不应该派大夫去参加结盟）。诸侯们已经结盟，大夫又相与自己结盟，这是大夫权势的扩大。所以说鸡泽之会，诸侯开始丧失主政权力，大夫执掌国权。这里说出袁侨的姓名，是认为他与其他大夫不同。

【经】秋季，鲁襄公从晋国回来。

【经】冬季，晋国的荀罃领兵攻伐许国。

注释　1 长樗(chū)：晋地，晋都之郊邑。　2 单子：周臣，又称“单顷公”。　3 鸡泽：晋地，在今河北邯郸东。　4 及以及：用及诸侯之大夫之及，来及陈袁侨。　5 与：赞许，认同。　6 张：张大，指扩权，专权。

襄公四年

原文

【经】四年，春，王三月，己酉，陈侯午[1]卒。

【经】夏，叔孙豹如晋。

【经】秋，七月，戊

译文

【经】鲁襄公四年，春季，周王的三月，己酉日，陈侯午去世。

【经】夏季，叔孙豹到晋国。

【经】秋季，七月，戊子日，夫人姒

子,夫人姒氏[2]薨。

【经】葬陈成公。

【经】八月,辛亥,葬我小君定姒[3]。

【经】冬,公如晋。

【经】陈人围顿[4]。

氏去世。

【经】安葬陈成公。

【经】八月,辛亥日,安葬我国先君的夫人定姒。

【经】冬季,鲁襄公到晋国。

【经】陈国人包围顿国。

注释 1 陈侯午:陈成公,名午。 2 姒氏:鲁成公之妾,鲁襄公生母。 3 定姒:即前文“姒氏”。定为谥,姒为姓。 4 顿:小国名,姬姓,在今河南项城西。

襄公五年

原文

【经】五年,春,公至自晋。

【经】夏,郑伯使公子发[1]来聘。

【经】叔孙豹、缯[2]世子巫如晋。

【传】外不言如,而言如,为我事[3]往也。

【经】仲孙蔑、卫孙林父会吴于善稻[4]。

【传】吴谓善伊,谓稻

译文

【经】鲁襄公五年,春季,鲁襄公从晋国回来。

【经】夏季,郑伯派公子发前来聘问。

【经】叔孙豹、缯国世子巫到晋国。

【传】对我国以外的(大夫)不记他们的相互往来,这里记,(因为他们)是为我国的事前往的。

【经】仲孙蔑、卫国的孙林父在善稻与吴(人)相会。

【传】吴国将“善”读成“伊”,将“稻”

缓[5]。号[6]从中国，名[7]从主人。

【经】秋，大雩。

【经】楚杀其大夫公子壬夫。

【经】公会晋侯、宋公、陈侯、卫侯、郑伯、曹伯、莒子、邾子、滕子、薛伯、齐世子光、吴人、缯人于戚。

【经】公至自会。

【经】冬，戍陈。

【传】内辞[8]也。

【经】楚公子贞[9]帅师伐陈。

【经】公会晋侯、宋公、卫侯、郑伯、曹伯、莒子、邾子、滕子、薛伯、齐世子光，救陈。

【经】十有二月，公至自救陈。

【传】善救陈也。

【经】辛未，季孙行父[10]卒。

读成"缓"。(《春秋》)对地名、物名跟着中原诸国叫，国名、人名跟着主人叫。

【经】秋季，举行大雩祭。

【经】楚国杀它的大夫公子壬夫。

【经】鲁襄公与晋侯、宋公、陈侯、卫侯、郑伯、曹伯、莒子、邾子、滕子、薛伯、齐国世子光、吴国人、缯国人在戚地聚会。

【经】鲁襄公从(戚地之)会回来。

【经】冬季，戍守陈国。

【传】(不说是诸侯派军戍守陈国，只说"戍守陈国"，)这是我国戍守陈国的言辞。

【经】楚国公子贞领兵攻伐陈国。

【经】鲁襄公会同晋侯、宋公、卫侯、郑伯、曹伯、莒子、邾子、滕子、薛伯、齐国世子光，援救陈国。

【经】十二月，鲁襄公援救陈国回来。

【传】(记鲁襄公援救陈国回来，)是认为援救陈国是好行为。

【经】辛未日，季孙行父去世。

注释 1 公子发：郑宗室，又称"子国"，郑子产之父。 2 缯：国名，在今山东枣庄东，鲁之附属国。 3 为我事：上一年鲁襄公向晋悼公请求允许以缯为鲁属国,助鲁供应对晋的贡赋,晋侯同意了。现在叔孙豹带缯世子前往晋,完成使缯属鲁的手续。因为是为了鲁国的事去的,缯世子等于鲁大夫,所以经文用“如”字。 4 善稻:吴地,在今江苏盱眙北。 5 谓善伊,谓稻缓:把“善”叫作“伊”,把“稻”叫作“缓”。 6 号:指地点、事物的称号。 7 名:特指人名。 8 内辞:“戍陈”,没有主语,谁戍?这是鲁史,设定的主语是鲁,所以说是“内辞”。内鲁而外他国。但实际上是晋命各国派兵戍陈,以御楚。所以这个“内”,可能是指“内中国而外夷狄”。
9 公子贞:楚宗室,又称“子囊”。 10 季孙行父:即季文子,鲁国大夫,季友孙,历宣公、成公、襄公三君,继襄仲执政。鲁成公元年,为防齐入侵,作丘甲。次年,齐攻鲁,攻卫,晋出师救,率师会战于鞍,败齐军。成公十六年,一度为晋所执。相传家无衣帛之妾,厩无食粟之马,府无金玉重器,廉且忠,卒谥“文”。

襄公六年

原文

【经】六年,春,王三月,壬午,杞伯姑容[1]卒。

【经】夏,宋华弱[2]来奔。

【经】秋,葬杞桓公。

【经】滕子来朝。

【经】莒人灭缯。

【传】非灭也。中国日,卑国月,夷狄时。

译文

【经】鲁襄公六年,春季,周王的三月,壬午日,杞伯姑容去世。

【经】夏季,宋国的华弱逃亡前来。

【经】秋季,安葬杞桓公。

【经】滕子前来朝见。

【经】莒国人灭亡缯国。

【传】不是用兵灭。中原诸侯国灭亡记日子,小国灭亡记月份,夷狄国灭亡记季度。缯国是中原诸侯国,只记了季度,

缯，中国也，而时，非灭也。家有既亡，国有既灭。灭而不自知，由别之而不别[3]也。莒人灭缯，非灭也，非立异姓以莅祭祀[4]，灭亡之道也。

【经】冬，叔孙豹如邾。

【经】季孙宿[5]如晋。

【经】十有二月，齐侯灭莱[6]。

（可见）不是用兵灭亡。家（立异姓为后，这家名义上）存在，（实际上）已亡；国（立异姓为嗣，这国名义上）存在，（实际上）灭亡。（缯国）亡了，自己还不知道，是由于立嗣应该辨别是同姓还是异姓而它没辨别（立了异姓）。莒国人灭亡缯国，不是用兵灭，（说灭）是责备缯国立异姓的人来主持宗庙祭祀，这是国家灭亡的做法。

【经】冬季，叔孙豹到邾国。

【经】季孙宿到晋国。

【经】十二月，齐侯灭亡莱国。

注释　1 杞伯姑容：杞桓公，名姑容。　2 华弱：宋臣，时为宋国司马。　3 别之而不别：知道辨别同姓君臣之位，而不知道辨别异姓君臣之位。　4 非立异姓以莅祭祀：指责缯国因国君无嗣而立外甥（莒人）为嗣，使他主持宗庙祭祀。非，指责。莅，莅临，这里是说主持。　5 季孙宿：鲁大夫，又称“季武子”，季孙行父之子，继承父职为卿。　6 莱：国名，在今山东昌邑东南。

襄公七年

原文

【经】七年，春，郯子[1]来朝。

【经】夏，四月，三卜

译文

【经】鲁襄公七年，春季，郯子前来朝见。

【经】夏季，四月，三次占卜郊祀吉

郊，不从，乃免牲。

【传】夏，四月，不时[2]也。三卜，礼也。乃者，亡乎人[3]之辞也。

【经】小邾子来朝。

【经】城费[4]。

【经】秋，季孙宿如卫。

【经】八月，螽。

【经】冬，十月，卫侯使孙林父来聘。

【经】壬戌，及孙林父盟。

【经】楚公子贞帅师围陈。

【经】十有二月，公会晋侯、宋公、陈侯、卫侯、曹伯、莒子、邾子于鄬[5]。

【经】郑伯髡原[6]如会，未见诸侯。丙戌，卒于操[7]。

【传】未见诸侯，其曰如会，何也？致其志也[8]。礼，诸侯不生名。此其生名，何也？卒之名[9]也。卒

日，不从心意，只得释放准备作郊祀祭品的牲。

【传】“夏季，四月”，不是占卜郊祀的时候。三次占卜（郊祀吉日），符合礼。“只得”，是对于人来说已经没办法了。

【经】小邾子前来朝见。

【经】增筑费邑的城墙。

【经】秋季，季孙宿到卫国。

【经】八月，发生蝗灾。

【经】冬季，十月，卫侯派孙林父前来聘问。

【经】壬戌日，和孙林父盟誓。

【经】楚国公子贞领兵包围陈国。

【经】十二月，鲁襄公与晋侯、宋公、陈侯、卫侯、曹伯、莒子、邾子在（郑国的）鄬地聚会。

【经】郑伯髡原到会，没有见到诸侯。丙戌日，在操地去世。

【传】“没有见到诸侯”，这里说“到会”，是什么意思？是表达他（要参会归向中原诸侯）的心意。按礼制，诸侯活着时不写他的名。这里在他还活着时就写他的名，是为什么？是以他去世了的体例写他的名。以他去世了的体例写他的名为什么把它加在“到会”之上？是表

之名则何为加之如会之上？见以如会卒也。其见以如会卒，何也？郑伯将会中国，其臣欲从楚，不胜其臣，弑而死。其言不弑，何也？不使夷狄之民加乎中国之君[10]也。其地，于外也。其日，未逾竟也。日卒，时葬，正也。

【经】陈侯逃归[11]。

【传】以其去诸侯，故逃之也。

明因为"到会"而去世。这里表明因为"到会"而去世，是怎么回事？郑伯将要会中原诸侯，他的臣子想要跟随楚国，郑伯没有战胜他的臣子，被杀害而死。这里不说杀，是为什么？是不让(要随从楚国)如夷狄的臣民加害于中原诸侯国的国君。这里写出去世的地点，是说明(死)在(国都)以外的地方。写出去世的日子，是说明(郑伯)没有出国境。写出哪天去世，哪个季度葬，表明这都是正常的。

【经】陈侯逃回国。

【传】因为他是离中原诸侯而去，所以将他作为逃跑来记(以示贬斥)。

注释　**1** 郯(tán)子：郯国国君。郯国盈姓，相传为东夷首领少皞之后，在今山东郯城西南。战国初灭于越。　**2** 不时：郊祀应在启蛰节气，郊祀后，农人开始耕种。现在四月已是春分节气，农人已经耕种，不用郊祀了。四月才卜郊，不合时宜。　**3** 亡乎人：无关人事，意思是已尽人事。亡，通"无"。　**4** 费(bì)：鲁国季氏封邑，在今山东费县西北。　**5** 鄬(wéi)：郑地，或谓在今河南鲁山境。　**6** 郑伯髡原：郑僖公，名髡原。　**7** 操：郑地，确址不详。　**8** 致其志也：为了表达他的意志，想和中原各国和好。　**9** 卒之名：是因为郑伯去世才书其名。　**10** 夷狄之民、中国之君：郑大夫欲从楚者，是夷狄之民。郑伯愿从晋，是中国之君。　**11** 陈侯逃归：陈侯赴鄬之会，共议救陈，而国内发生政变，故急逃归国。

襄公八年

原文

【经】八年,春,王正月,公如晋。

【经】夏,葬郑僖公。

【经】郑人侵蔡,获蔡公子湿[1]。

【传】人,微者也。侵,浅事也。而获公子,公子病矣。

【经】季孙宿会晋侯、郑伯、齐人、宋人、卫人、邾人于邢丘[2]。

【传】见鲁之失正也,公在而大夫会也。

【经】公至自晋。

【经】莒人伐我东鄙。

【经】秋,九月,大雩。

【经】冬,楚公子贞帅师伐郑。

【经】晋侯使士匄来聘。

译文

【经】鲁襄公八年,春季,周王的正月,鲁襄公到晋国。

【经】夏季,安葬郑僖公。

【经】郑国人侵犯蔡国,俘获蔡国公子湿。

【传】“人”,是身份卑微的人。“侵”,是不大的战事。(地位不高的人在不大的战事中)俘获(地位尊贵的)公子,这是公子本身有问题。

【经】季孙宿与晋侯、郑伯、齐国人、宋国人、卫国人、邾国人在邢丘聚会。

【传】表明鲁国君主丧失主政大权,因为鲁襄公在这里,却是大夫(季孙宿)与会。

【经】鲁襄公从晋国回来。

【经】莒国人攻伐我国东部边境地区。

【经】秋季,九月,举行大雩祭。

【经】冬季,楚国公子贞领兵攻伐郑国。

【经】晋侯派士匄前来聘问。

注释 1 公子湿:蔡国司马。 2 邢丘:晋邑,在今河南温县东。

襄公九年

原文

【经】九年,春,宋灾。

【传】外灾不志,此其志,何也?故宋[1]也。

【经】夏,季孙宿如晋。

【经】五月,辛酉,夫人姜氏[2]薨。

【经】秋,八月,癸未,葬我小君穆姜。

【经】冬,公会晋侯、宋公、卫侯、曹伯、莒子、邾子、滕子、薛伯、小邾子、齐世子光伐郑。

【经】十有二月,己亥,同盟于戏[3]。

【传】不异言郑,善得郑也。不致,耻不能据郑也。

【经】楚子伐郑。

译文

【经】鲁襄公九年,春季,宋国发生火灾。

【传】别国发生火灾不记,这里记,是为什么?是因为(孔子的祖先是宋人,他)将宋国看成故国。

【经】夏季,季孙宿到宋国。

【经】五月,辛酉日,鲁宣公的夫人姜氏去世。

【经】秋季,八月,癸未日,安葬我国先君的夫人穆姜。

【经】冬季,鲁襄公会同晋侯、宋公、卫侯、曹伯、莒子、邾子、滕子、薛伯、小邾子、齐国世子光攻伐郑国。

【经】十二月,己亥日,在戏结盟。

【传】(结盟)不另外把郑写出来,是褒扬晋国让郑国心服。不写鲁襄公回国致告祖庙,是以不能安定郑国为耻辱。

【经】楚子攻伐郑国。

注释 1 故宋:经文修订者以宋为故乡。孔子原籍宋。 2 姜氏:穆(缪)姜,鲁宣公妻,成公母,襄公祖母。 3 戏:又称"戏童",郑地,在今河南巩县东南、登封嵩山东北,这里有戏童山。

襄公十年

原文

【经】十年,春,公会晋侯、宋公、卫侯、曹伯、莒子、邾子、滕子、薛伯、杞伯、小邾子、齐世子光,会吴于柤[1]。

【传】会又会,外之也。

【经】夏,五月,甲午,遂[2]灭傅阳[3]。

【传】遂,直[4]遂也。其曰遂何?不以中国从夷狄也。

【经】公至自会。

【传】会夷狄不致,恶事不致,此其致,何也?存中国也。中国有善事,则并焉,无善事,则异之,存之也。

译文

【经】鲁襄公十年,春季,鲁襄公与晋侯、宋公、卫侯、曹伯、莒子、邾子、滕子、薛伯、杞伯、小邾子、齐国世子光相会,在柤地与吴(君)相会。

【传】写了(诸侯)相会,又(另外)写(与吴君)相会,是把吴(君)当外人。

【经】夏季,五月,甲午日,接着灭亡傅阳国。

【传】"接着",只是接着的意思。这里说"接着"是什么意思?是不以中原诸侯服从夷狄(吴人)的命令(去灭傅阳)。

【经】鲁襄公会见(诸侯)回来。

【传】会夷狄不记回国,做坏事不记回国,这里记回国,是什么意思?是表示华夏国礼义的存在(,就像不曾会过吴,不曾参与灭傅阳一样)。中原诸国有好事就把几件好事一并写下来,没有好事就把几件事分别写(就像是不同人干的),是表示中

汲[5]郑伯，逃归陈侯，致柤之会，存中国也。

【经】楚子贞、郑公孙辄帅师伐宋。

【经】晋师伐秦。

【经】秋，莒人伐我东鄙。

【经】公会晋侯、宋公、卫侯、曹伯、莒子、邾子、齐世子光、滕子、薛伯、杞伯、小邾子伐郑。

【经】冬，盗杀郑公子斐、公子发、公孙辄[6]。

【传】称盗以杀大夫，弗以上下道[7]，恶上也。

【经】戍郑虎牢。

【传】其曰郑虎牢，决郑乎虎牢也[8]。

【经】楚公子贞帅师救郑。

【经】公至自伐郑。

原礼义的存在。将郑伯被杀作为正常死亡记（引导人们向善），以逃跑回国记陈侯（以示贬斥），柤之会，记鲁襄公回国，都是为了表示中原诸国礼义的存在。

【经】楚国公子贞、郑国公孙辄领兵攻伐宋国。

【经】晋军攻伐秦国。

【经】秋季，莒国人攻伐我国东部边境地区。

【经】鲁襄公会同晋侯、宋公、卫侯、曹伯、莒子、邾子、齐国世子光、滕子、薛伯、杞伯、小邾子攻伐郑国。

【经】冬季，盗贼杀死郑国公子斐、公子发、公孙辄。

【传】称盗贼杀大夫，不从上下关系来说（不说郑国人杀他们的大夫），是归恶于君（失政刑，致使微贱之辈祸及国家）。

【经】戍守郑国的虎牢。

【传】这里说“郑国的虎牢”，是明确判断虎牢是郑国的。

【经】楚国公子贞领兵援救郑国。

【经】鲁襄公从攻伐郑国的战场回来。

注释 1 柤(zhā):楚地，在今江苏邳州西北。 2 遂:晋率诸侯会吴于柤，志在灭傅阳，所以经文用“遂”字。 3 傅阳:小国名，在今江苏邳州西北、山东枣庄峄城南,是妘姓小国。 4 直:但,只是。 5 汲:字当作“没”,与“卒”同意。这里本是说,看起来郑伯似乎是善终。 6 此三人为郑执政大臣,亲楚。另一派执政者亲晋。亲楚派为亲晋派所谋杀。 7 弗以上下道:上不用上道,下不用下道,谓失其政刑。 8 明确断定,虎牢属郑。也是表示诸侯是为郑拒楚。

襄公十一年

原文

【经】十有一年,春,王正月,作三军[1]。

【传】作,为也。古者天子六师[2],诸侯一军。作三军,非正也。

【经】夏,四月,四卜郊,不从,乃不郊。

【传】夏,四月,不时也。四卜,非礼也。

【经】郑公孙舍之[3]帅师侵宋。

【经】公会晋侯、宋公、卫侯、曹伯、齐世子光、莒子、邾子、滕子、薛伯、杞伯、小邾子,伐郑。

【经】秋,七月,己未,

译文

【经】鲁襄公十一年,春季,周王的正月,编成三军。

【传】作,是编成的意思。古代天子设六个军,诸侯设一个军。“作三军”,是不正当的。

【经】夏季,四月,四次占卜郊祀吉日,不从心意,只得不举行郊祭。

【传】“夏季,四月”,不是(占卜郊祭吉日)的时候。“四次占卜”,不合礼制。

【经】郑国公孙舍之领兵侵伐宋国。

【经】鲁襄公会同晋侯、宋公、卫侯、曹伯、齐国世子光、莒子、邾子、滕子、薛伯、杞伯、小邾子攻伐郑国。

【经】秋季,七月,己未日,在(郑国)京城北边结盟。

同盟于京城[4]北。

【经】公至自伐郑。

【传】不以后致[5]，盟后复伐郑也。

【经】楚子、郑伯伐宋。

【经】公会晋侯、宋公、卫侯、曹伯、齐世子光、莒子、邾子、滕子、薛伯、杞伯、小邾子伐郑，会于萧鱼[6]。

【经】公至自会。

【传】伐而后会，不以伐郑致，得郑伯之辞也。

【经】楚人执郑行人[7]良霄[8]。

【传】行人者，挈国之辞[9]也。

【经】冬，秦人伐晋。

【经】鲁襄公攻伐郑国回来。

【传】（本是先伐郑，后盟会，这里）不以后面的盟会致告祖庙，是因为盟后（郑背叛盟约）再次攻伐郑国。

【经】楚子、郑伯攻伐宋国。

【经】鲁襄公会同晋侯、宋公、卫侯、曹伯、齐国世子光、莒子、邾子、滕子、薛伯、杞伯、小邾子攻伐郑国，（然后）在萧鱼聚会。

【经】鲁襄公从（萧鱼之）会回来。

【传】攻伐郑国后才在萧鱼聚会，不以攻伐郑国致告祖庙，是中原诸侯已得到郑伯归服的言辞。

【经】楚国人逮捕郑国行人良霄。

【传】行人，是传达国家辞令的人。

【经】冬季，秦国人攻伐晋国。

注释　1 作三军：扩充军备到三个军。古制 12500 人为军。　2 师：兵众的通称。六师实是六军。12500 人为军，六军为 75000 人，共有兵车 3000 辆。　3 公孙舍之：字子展，谥桓子，公子喜之子。　4 京城：郑地，在今河南荥阳东南。　5 不以后致：在这条经文前是同盟于京城北，则此处应书“自盟”。而经文却根据更前一条的会诸侯伐郑，写为“自伐”。何以不以“自伐”告庙？因京城北盟并未服郑，又兴伐郑之师。　6 萧鱼：郑地，在今河南许昌。　7 行人：外交使者。　8 良霄：郑国大夫，又称伯有，公孙辄之子。　9 挈国之辞：传达国家辞令。

襄公十二年

原文

【经】十有二年,春,王三月,莒人伐我东鄙,围邰[1]。

【传】伐国不言围邑,举重也。取邑不书,围,安足书也?

【经】季孙宿帅师救邰,遂入郓[2]。

【传】遂,继事也。受命而救邰,不受命而入郓,恶季孙宿也。

【经】夏,晋侯使士鲂来聘。

【经】秋,九月,吴子乘[3]卒。

【经】冬,楚公子贞帅师侵宋。

【经】公如晋。

译文

【经】鲁襄公十二年,春季,周王的三月,莒国人攻伐我国东部边境地区,包围邰邑。

【传】攻伐某个国家就不说包围(这个国家的)邑,是只举分量重的说。占取了某邑都不记载,包围哪里值得记载呢?

【经】季孙宿领兵援救邰邑,接着就攻入(莒国的)郓邑。

【传】"接着就",是紧接上一件事来。(季孙宿)接受君主的命令援救邰邑,并没有接受攻入郓邑的命令,(记"接着就攻入郓邑")是谴责季孙宿。

【经】夏季,晋侯派士鲂前来聘问。

【经】秋季,九月,吴子乘去世。

【经】冬季,楚国公子贞领兵侵伐宋国。

【经】鲁襄公到晋国。

注释 1 邰:鲁邑,在今山东费县东南。 2 郓:莒邑,在今山东沂水东北。 3 乘(shèng):即寿梦(古音或读如 shoumeng,拼音为 sheng)。吴王名。"寿梦"为吴语,赴告中国则改为雅言。

襄公十三年

原文

【经】十有三年，春，公至自晋。

【经】夏，取邿[1]。

【经】秋，九月，庚辰，楚子审[2]卒。

【经】冬，城防。

译文

【经】鲁襄公十三年，春季，鲁襄公从晋国回来。

【经】夏季，占取邿。

【经】秋季，九月，庚辰日，楚子审去世。

【经】冬季，在防筑城。

注释　1 邿(shī)：妊姓，鲁之附庸国，在今山东济宁南。　2 审：楚共王，名审。

襄公十四年

原文

【经】十有四年，春，王正月，季孙宿、叔老[1]会晋士匄、齐人、宋人、卫人、郑公孙虿、曹人、莒人、邾人、滕人、薛人、杞人、小邾人，会吴于向[2]。

【经】二月，乙未，朔，日

译文

【经】鲁襄公十四年，春季，周王的正月，季孙宿、叔老与晋国的士匄、齐国人、宋国人、卫国人、郑国公孙虿、曹国人、莒国人、邾国人、滕国人、薛国人、杞国人、小邾国人相会，在向地与吴(人)相会。

【经】二月，乙未日，朔日，发生日

有食之。

【经】夏，四月，叔孙豹会晋荀偃、齐人、宋人、卫北宫括、郑公孙虿、曹人、莒人、邾人、滕人、薛人、杞人、小邾人伐秦。

【经】己未，卫侯[3]出奔齐。

【经】莒人侵我东鄙。

【经】秋，楚公子贞帅师伐吴。

【经】冬，季孙宿会晋士匄、宋华阅、卫孙林父、郑公孙虿、莒人、邾人于戚[4]。

食。

【经】夏季，四月，叔孙豹会同晋国的荀偃、齐国人、宋国人、卫国的北宫括、郑国的公孙虿、曹国人、莒国人、邾国人、滕国人、薛国人、杞国人、小邾国人攻伐秦国。

【经】己未日，卫侯出逃到齐国。

【经】莒国人侵伐我国东部边境地区。

【经】秋季，楚国公子贞领兵攻伐吴国。

【经】冬季，季孙宿在戚地与晋国的士匄、宋国的华阅、卫国的孙林父、郑国公孙虿、莒国人、邾国人相会。

注释　1 叔老：鲁臣，又称子叔齐子。　2 向：郑地，在今河南尉氏西南，鄢陵西北。　3 卫侯：卫献公衎(kàn)。　4 戚：卫地，孙林父采邑 。在今河南濮阳东北。

襄公十五年

原文

【经】十有五年，春，宋公使向戌来聘。

【经】二月，己亥，及

译文

【经】鲁襄公十五年，春季，宋公派向戌前来聘问。

【经】二月，己亥日，与向戌在刘地

向戌盟于刘[1]。

结盟。

【经】刘夏逆王后于齐。

【经】刘夏到齐国(为周天子)迎娶王后。

【传】过我,故志之也。

【传】因为经过我国,所以记下这件事。

【经】夏,齐侯伐我北鄙,围成[2]。

【经】夏季,齐侯攻伐我国北部边境地区,包围成邑。

【经】公救成,至遇[3]。

【经】鲁襄公援救成邑,到达遇地。

【经】季孙宿、叔孙豹帅师城成郛[4]。

【经】季孙宿、叔孙豹领兵修筑成邑的外城。

【经】秋,八月,丁巳,日有食之。

【经】秋季,八月,丁巳日,发生日食。

【经】邾人伐我南鄙。

【经】邾国人攻伐我国南部边境地区。

【经】冬,十有一月,癸亥,晋侯周[5]卒。

【经】冬季,十一月,癸亥日,晋侯周去世。

注释 1 刘:鲁地,在鲁国都城曲阜近郊。 2 成:鲁地,在今山东宁阳东北。 3 遇:鲁地,在今山东曲阜与宁阳之间。 4 郛(fú):外城。 5 晋侯周:晋悼公,名周。

襄公十六年

原文

译文

【经】十有六年,春,王正月,葬晋悼公。

【经】鲁襄公十六年,春季,周王的正月,安葬晋悼公。

【经】三月,公会晋侯、

【经】三月,鲁襄公与晋侯、宋公、

宋公、卫侯、郑伯、曹伯、莒子、邾子、薛伯、杞伯、小邾子于溴梁[1]。

【经】戊寅,大夫盟。

【传】溴梁之会,诸侯失正矣。诸侯会,而曰大夫盟,正在大夫也。诸侯在,而不曰诸侯之大夫,大夫不臣也。

【经】晋人执莒子、邾子以归。

【经】齐侯伐我北鄙。

【经】夏,公至自会。

【经】五月,甲子,地震。

【经】叔老会郑伯、晋荀偃、卫甯殖、宋人伐许。

【经】秋,齐侯伐我北鄙,围成。

【经】大雩。

【经】冬,叔孙豹如晋。

卫侯、郑伯、曹伯、莒子、邾子、薛伯、杞伯、小邾子在溴梁聚会。

【经】戊寅日,大夫结盟。

【传】溴梁之会,诸侯已丧失主政权力了。本是诸侯聚会,(这里)却说"大夫结盟",执政之权在大夫(那里)。诸侯在(这里),却不说"诸侯的大夫",是大夫有不守臣道之心。

【经】晋国人逮捕莒子、邾子,把(他们)带回(晋国)。

【经】齐侯攻伐我国北部边境地区。

【经】夏季,鲁襄公从(溴梁之)会回来。

【经】五月,甲子日,发生地震。

【经】叔老会同郑伯、晋国的荀偃、卫国的甯殖、宋国人攻伐许国。

【经】秋季,齐侯攻伐我国北部边境地区,包围成邑。

【经】举行大雩祭。

【经】冬季,叔孙豹到晋国。

注释 1 溴(jú)梁:溴水的大堤。溴水在河南西北部,源出济源西,东流入黄河。

襄公十七年

原文

【经】十有七年，春，王二月，庚午，邾子瞷[1]卒。

【经】宋人伐陈。

【经】夏，卫石买[2]帅师伐曹。

【经】秋，齐侯伐我北鄙，围桃[3]。

【经】齐高厚帅师伐我北鄙，围防。

【经】九月，大雩。

【经】宋华臣[4]出奔陈。

【经】冬，邾人伐我南鄙。

译文

【经】鲁襄公十七年，春季，周王的二月，庚午日，邾子瞷去世。

【经】宋国人攻伐陈国。

【经】夏季，卫国的石买领兵攻伐曹国。

【经】秋季，齐侯攻伐我国北部边境地区，包围桃邑。

【经】齐国的高厚领兵攻伐我国北部边境地区，包围防邑。

【经】九月，举行大雩祭。

【经】宋国的华臣出逃到陈国。

【经】冬季，邾国人攻伐我国南部边境地区。

注释　1 邾子瞷(jiàn)：邾宣公，名瞷。去年被晋人执，随即被释。此卒，当卒于其本国。　2 石买：卫大夫，石稷之子。　3 桃：鲁邑，在今山东汶上东北。　4 华臣：宋大夫，宋华阅之弟。

襄公十八年

原文

【经】十有八年，春，白狄来。

【经】夏，晋人执卫行人石买。

【传】称行人，怨接于上[1]也。

【经】秋，齐侯伐我北鄙。

【经】冬，十月，公会晋侯、宋公、卫侯、郑伯、曹伯、莒子、邾子、滕子、薛伯、杞伯、小邾子，同围齐。

【传】非围[2]而曰围齐，有大焉，亦有病焉[3]。非大而足同焉？诸侯同罪之也，亦病矣。

【经】曹伯负刍[4]卒于师。

【传】闵之也。

【经】楚公子午[5]帅师伐郑。

译文

【经】鲁襄公十八年，春季，白狄(的君主)前来(我国)。

【经】夏季，晋国人逮捕卫国使者石买。

【传】称“使者”，是(说石买被逮是)与晋卫两国君主之间的怨恨连接在一起。

【经】秋季，齐侯攻伐我国北部边境地区。

【经】冬季，十月，鲁襄公与晋侯、宋公、卫侯、郑伯、曹伯、莒子、邾子、滕子、薛伯、杞伯、小邾子聚会，一同包围齐国。

【传】实际上没有包围齐国，而这里说“包围齐国”，是认为齐国强大，也认为它有问题。(如果齐国)不强大，值得诸侯们一同包围它吗？诸侯一同认为它有罪(攻伐它)，它也是有问题了。

【经】曹伯负刍在军中去世。

【传】(记下)是怜悯他(不是在宫寝里去世)。

【经】楚国公子午领兵攻伐郑国。

注释 1 怨接于上：由于晋怨卫君，故执其行人，罪在卫君。 2 非围：据下年公至自“伐”齐。 3 因为它大，有侵略他国之罪，众小国攻之，形成围的态势。 4 曹伯负刍：曹成公，名负刍。 5 公子午：楚宗室，任司马，又称子庚，司马子庚。

襄公十九年

原文

【经】十有九年，春，王正月，诸侯盟于祝柯[1]。

【经】晋人执邾子[2]。

【经】公至自伐齐。

【传】《春秋》之义：已伐而盟，复伐者，则以伐致；盟不复伐者，则以会致。祝柯之盟，盟复伐齐与？曰：非也。然则何为以伐致也？曰：与人同事，或执其君，或取其地。

【经】取邾田，自漷水[3]。

【传】轧辞[4]也。其不日，恶盟也。

【经】季孙宿如晋。

【经】葬曹成公。

译文

【经】鲁襄公十九年，春季，周王的正月，诸侯在祝柯结盟。

【经】晋国人逮捕邾子。

【经】鲁襄公从攻伐齐国的战场回来。

【传】《春秋》的义例是：攻伐后结盟再攻伐的，就以攻伐记回国；结盟后不再攻伐的，就以会盟记回国。祝柯之盟，盟后再攻伐了齐国吗？（回答）说：没有。那么为什么以攻伐记回国？（回答）说：（邾国）和别人共同（围齐），却有人逮捕它的君主，有人占有它的土地（，这与盟后再攻伐无异）。

【经】占取邾国田地，以漷水为界。

【传】以漷水为界，是说随漷水的弯曲而弯曲。不记日子，是厌恶这次盟会。

【经】季孙宿到晋国。

【经】夏，卫孙林父帅师伐齐。

【经】秋，七月，辛卯，齐侯环[5]卒。

【经】安葬曹成公。

【经】夏季，卫国孙林父领兵攻伐齐国。

【经】秋季，七月，辛卯日，齐侯环去世。

注释 1 祝柯：齐地，在今山东长清东北。 2 邾子：邾悼公，以其曾助齐侵鲁被执。 3 自漷(kuò)水：以漷水为界。鲁在漷北，邾在漷南。漷水，今山东滕县郭河，一名南沙河，源出滕州，入运河。 4 轧(yà)辞：委曲之辞。轧，委曲。"自漷水"这话，是说随漷水蜿蜒曲伸为其界。 5 环：齐灵公名。

【经】晋士匄帅师侵齐，至穀[1]，闻齐侯卒，乃还。

【传】还者，事未毕之辞也。受命而诛生，死无所加其怒。不伐丧，善之也。善之，则何为未毕也？君不尸[2]小事，臣不专大名，善则称君，过则称己，则民作让矣。士匄外专君命，故非之也。然则为士匄者宜奈何？宜墠帷[3]而归命乎介[4]。

【经】八月，丙辰，仲孙蔑[5]卒。

【经】齐杀其大夫高厚。

【经】晋国的士匄领兵侵伐齐国，来到穀地，听说齐侯去世，就返回晋国。

【传】"返回"，是事情未完毕的词语。接受君主的命令诛伐活着的齐侯，齐侯死了，没有了施加愤怒的对象。不攻打有国丧的国家，认为他做得对。认为他做得对，为什么又说事情没有办完呢？国君不主持小事，臣子不占有好名声，好事说是君主的，过失说是自己的，民众就会表现出谦让了。士匄在外面占有本该属于君主的大好名声，所以应该责备他。那么作为士匄应该怎样(做才对)？应该设坛挂帷幕(祭祀齐侯)，派副使回国向君主请求(再决定进退)。

【经】郑杀其大夫公子嘉[6]。

【经】冬，葬齐灵公。

【经】城西郛。

【经】叔孙豹会晋士匄于柯[7]。

【经】城武城[8]。

【经】八月，丙辰日，仲孙蔑去世。

【经】齐国杀它的大夫高厚。

【经】郑国杀它的大夫公子嘉。

【经】冬季，安葬齐灵公。

【经】修筑国都西边的外城。

【经】叔孙豹在柯会见晋国的士匄。

【经】修筑武城的城墙。

注释 1 穀：齐地，今山东东阿。 2 尸：主，主持。 3 墠(shàn)帷：修整一块平地，张设帷幕，停驻于此。 4 归命乎介：要副手回国，向晋侯请示进退。晋侯命令还师，方可班师回国。介，这里指主官的副手。 5 仲孙蔑：鲁宗室大臣，庆父之曾孙，又称孟孙，孟献子，献子。 6 公子嘉：郑国公子，又称子孔，司徒孔。 7 柯：卫地。在今河南内黄东北。 8 武城：此武城近齐，畏齐逼，故加固其城，以为防御。

襄公二十年

原文

【经】二十年，春，王正月，辛亥，仲孙速会莒人，盟于向[1]。

【经】夏，六月，庚申，公会晋侯、齐侯、宋公、卫侯、郑伯、曹伯、莒子、邾子、滕子、薛伯、杞伯、小邾子盟于

译文

【经】鲁襄公二十年，春季，周王的正月，辛亥日，仲孙速会见莒国人，在向地结盟。

【经】夏季，六月，庚申日，鲁襄公与晋侯、齐侯、宋公、卫侯、郑伯、曹伯、莒子、邾子、滕子、薛伯、杞伯、小邾子在澶渊结盟。

澶渊[2]。

【经】秋，公至自会。

【经】仲孙速帅师伐邾。

【经】蔡杀其大夫公子湿[3]。

【经】蔡公子履[4]出奔楚。

【经】陈侯之弟光出奔楚。

【传】诸侯之尊，弟兄不得以属通[5]。其弟云者，亲之也。亲而奔之，恶也。

【经】叔老如齐。

【经】冬，十月，丙辰，朔，日有食之。

【经】季孙宿如宋。

【经】秋季，鲁襄公从盟会回来。

【经】仲孙速领兵攻伐邾国。

【经】蔡国杀它的大夫公子湿。

【经】蔡国公子履出逃到楚国。

【经】陈侯的弟弟光出逃到楚国。

【传】凭着诸侯的尊重地位，兄弟不能用亲属的名义在外交际。这里写“弟”，是表明他们的至亲关系。关系这么亲，却使他出逃，是谴责（陈侯）。

【经】叔老到齐国。

【经】冬季，十月，丙辰日，朔日，发生日食。

【经】季孙宿到宋国。

注释 1 向：莒邑，在今山东莒县南。 2 澶(chán)渊：卫地，在今河南濮阳西北。 3 公子湿：蔡庄公之子。 4 公子履：公子湿的同母弟。 5 通：交通，交际。

襄公二十一年

原文

【经】二十有一年，春，王正月，公如晋。

译文

【经】鲁襄公二十一年，春季，周王的正月，鲁襄公到晋国。

【经】邾庶其以漆、闾丘[1]来奔。

【传】以者,不以者也。来奔者不言出,举其接我者[2]也。漆、闾丘不言及,小大敌也。[3]

【经】夏,公至自晋。

【经】秋,晋栾盈出奔楚。

【经】九月,庚戌,朔,日有食之。

【经】冬,十月,庚辰,朔,日有食之。

【经】曹伯来朝。

【经】公会晋侯、齐侯、宋公、卫侯、郑伯、曹伯、莒子、邾子于商任[4]。

【经】庚子,孔子生[5]。

【经】邾国庶其带着漆、闾丘二邑逃亡前来。

【传】"带着",是不应该"带着"的。"逃亡前来"不是说"出逃",是只举他和我国的联系说的。"漆、闾丘"两邑中间不用"及"字,是因为这两个邑的大小相等。

【经】夏季,鲁襄公从晋国回来。

【经】秋季,晋国的栾盈出逃到楚国。

【经】九月,庚戌日,朔日,发生日食。

【经】冬季,十月,庚辰日,朔日,发生日食。

【经】曹伯前来朝见。

【经】鲁襄公与晋侯、齐侯、宋公、卫侯、郑伯、曹伯、莒子、邾子在商任聚会。

【经】庚子日,孔子出生。

注释 1 漆、闾丘:皆邾娄地。漆,在今山东邹县东北,闾丘在漆东北10里。 2 举其接我者:只举出他和我国联系这一面说。 3 昭公五年"莒牟夷以牟娄及防、兹来奔","牟娄"和"防兹"之间经文用了"及"字,现在"漆"和"闾丘"之间何以不用"及"字?原来那两邑一大一小,由大及小,所以用"及"。而漆和闾丘一样大,所以不用"及"。 4 商任:古任城在今河北任城东南。地近商墟,故谓之"商任"。 5 孔子生:《史记》载孔子生于襄公二十二年。《春秋》鲁史一般不记君臣生日,此条显然不是经文。弟子既受经于孔子，退而教授，附记孔子生年月日于此。庚子是十月二十一日。

襄公二十二年

原文

【经】二十有二年，春，王正月，公至自会。

【经】夏，四月。

【经】秋，七月，辛酉，叔老卒。

【经】冬，公会晋侯、齐侯、宋公、卫侯、郑伯、曹伯、莒子、邾子、滕子、薛伯、杞伯、小邾子于沙随[1]。

【经】公至自会。

【经】楚杀其大夫公子追舒[2]。

译文

【经】鲁庄公二十二年，春季，周王的正月，鲁襄公从(商任之)会回来。

【经】夏季，四月。

【经】秋季，七月，辛酉日，叔老去世。

【经】冬季，鲁襄公与晋侯、齐侯、宋公、卫侯、郑伯、曹伯、莒子、邾子、滕子、薛伯、杞伯、小邾子在沙随聚会。

【经】鲁襄公从(沙随之)会回来。

【经】楚国杀它的大夫公子追舒。

注释 1 沙随:宋地，在今河南宁陵西北。 2 追舒:楚庄王子，又称子南，上一年为楚令尹。

襄公二十三年

原文

【经】二十有三年,春,王二月,癸酉,朔,日有食之。

【经】三月,己巳,杞伯匄[1]卒。

【经】夏,邾畀我来奔。

【经】葬杞孝公。

【经】陈杀其大夫庆虎及庆寅。

【传】称国以杀,罪累上[2]也。及庆寅,庆寅累[3]也。

【经】陈侯之弟光自楚归于陈。

【经】晋栾盈复入于晋,入于曲沃[4]。

【经】秋,齐侯伐卫,遂伐晋。

【经】八月,叔孙豹帅师救晋,次于雍渝[5]。

【传】言救后次,非救也。

译文

【经】鲁襄公二十三年,春季,周王的二月,癸酉日,朔日,发生日食。

【经】三月,己巳日,杞伯匄去世。

【经】夏季,邾国的畀我逃奔前来。

【经】安葬杞孝公。

【经】陈国杀它的大夫庆虎和庆寅。

【传】以国家名义杀害,表明罪名连累国君。"及庆寅",庆寅是受连累的。

【经】陈侯的弟弟光从楚国回到陈国。

【经】晋国的栾盈回到晋国,进入曲沃。

【经】秋季,齐侯攻伐卫国,接着攻伐晋国。

【经】八月,叔孙豹领兵援救晋国,驻扎在雍渝。

【传】先说"援救",后说"驻扎",不是真的援救。

【经】己卯日,仲孙速去世。

【经】冬季,十月,乙亥日,臧孙纥

【经】已卯，仲孙速卒。

【经】冬，十月，乙亥，臧孙纥[6]出奔邾。

【传】其日，正臧孙纥之出也。蘧伯玉[7]曰："不以道事其君者，其出乎！"

【经】晋人杀栾盈。

【传】恶之，弗有[8]也。

【经】齐侯袭莒。

出逃到邾国。

【传】这里记日子，是肯定臧孙纥出逃有罪。蘧伯玉说："不能以君臣之道侍奉君主，这是他出逃的原因吧！"

【经】晋国人杀栾盈。

【传】（不说杀他们的大夫栾盈，）这样写是认为栾盈坏，等于没有他这个大夫。

【经】齐侯袭击莒国。

注释 1 杞伯匄：杞孝公，名匄。 2 罪累上：罪名连累到了君主。 3 庆寅累：庆寅本无罪，受到了连累。 4 曲沃：栾盈封邑，在今山西闻喜东北。 5 雍渝：晋地，在今河南浚县西南、滑县西北。 6 臧孙纥：鲁大夫，又称臧孙。鲁国于季、孟、叔、臧、郈五氏之嗣位者，皆称"孙"。 7 蘧(qú)伯玉：名瑗，卫之贤大夫，年长于孔子，而与孔子有交情。 8 弗有：等于说没有这个大夫。

襄公二十四年

原文

【经】二十有四年，春，叔孙豹如晋。

【经】仲孙羯[1]帅师侵齐。

【经】夏，楚子伐吴。

【经】秋，七月，甲子，朔，

译文

【经】鲁襄公二十四年，春季，叔孙豹到晋国。

【经】仲孙羯领兵侵伐齐国。

【经】夏季，楚子攻伐吴国。

【经】秋季，七月，甲子日，朔

日有食之，既。

【经】齐崔杼帅师伐莒。

【经】大水。

【经】八月，癸巳，朔，日有食之。

【经】公会晋侯、宋公、卫侯、郑伯、曹伯、莒子、邾子、滕子、薛伯、杞伯、小邾子于夷仪[2]。

【经】冬，楚子、蔡侯、陈侯、许男伐郑。

【经】公至自会。

【经】陈鍼宜咎[3]出奔楚。

【经】叔孙豹如京师。

【经】大饥。

【传】五谷[4]不升[5]为大饥。一谷不升谓之嗛[6]，二谷不升谓之饥，三谷不升谓之馑，四谷不升谓之康[7]，五谷不升谓之大侵。大侵之礼，君食不兼味[8]，台榭[9]不涂，弛侯[10]，廷道不除[11]，百官布而不制[12]，鬼神祷而不祀[13]，此大侵之礼也。

日，发生日食，是日全食。

【经】齐国的崔杼领兵攻伐莒国。

【经】发大水。

【经】八月，癸巳日，朔日，发生日食。

【经】鲁襄公与晋侯、宋公、卫侯、郑伯、曹伯、莒子、邾子、滕子、薛伯、杞伯、小邾子在夷仪聚会。

【经】冬季，楚子、蔡侯、陈侯、许男攻伐郑国。

【经】鲁襄公从（夷仪之）会回来。

【经】陈国的鍼宜咎出逃到楚国。

【经】叔孙豹到京师。

【经】发生大饥荒。

【传】五种谷物无收成是大饥荒。一种谷物无收成叫它作嗛，两种谷物无收成叫它作饥，三种谷物无收成叫它作馑，四种谷物无收成叫它作康，五种谷物无收成叫它作大侵。大侵的礼是：君主不吃两种以上的肉食；台榭不粉饰；废除射侯，不举行射礼；宫廷内的道路不修整；官职修列，但不新置；对鬼神祝祷而不祭祀。这是大侵之礼。

注释 1 仲孙羯：鲁宗族大夫，又称孟孝伯。 2 夷仪：卫邑。在今山东聊城西。 3 鍼(qián)宜咎：陈大夫，庆虎、庆寅的党羽。 4 五谷：五种谷物。 5 升：成熟。 6 嗛：同“歉”，不足。 7 康：空，空虚。 8 兼味：两种以上的肉食。 9 台榭：积土为台，台上制屋为榭。供游观。 10 弛侯：废用箭靶，不行射礼。侯，箭靶。 11 廷道不除：宫廷中道路不修治。 12 制：制作，新置。 13 祀：祭祀，备祭礼祭祀。

襄公二十五年

原文

【经】二十有五年，春，齐崔杼帅师伐我北鄙。

【经】夏，五月，乙亥，齐崔杼弑其君光[1]。

【传】庄公失言，淫于崔氏。[2]

【经】公会晋侯、宋公、卫侯、郑伯、曹伯、莒子、邾子、滕子、薛伯、杞伯、小邾子于夷仪。

【经】六月，壬子，郑公孙舍之帅师入陈。

【经】秋，八月，己巳，诸侯同盟于重丘[3]。

【经】公至自会。

译文

【经】鲁襄公二十五年，春季，齐国的崔杼领兵攻伐我国北部边境地区。

【经】夏季，五月，乙亥日，齐国的崔杼杀死他的君主光。

【传】是因为齐庄公（对崔杼）失言，在崔家淫乱。

【经】鲁襄公与晋侯、宋公、卫侯、郑伯、曹伯、莒子、邾子、滕子、薛伯、杞伯、小邾子在夷仪聚会。

【经】六月，壬子日，郑国公孙舍之领兵攻入陈国。

【经】秋季，八月，己巳日，诸侯在重丘结盟。

【经】鲁襄公从盟会回来。

【经】卫侯进入夷仪。

【经】卫侯[4]入于夷仪。

【经】楚屈建[5]帅师灭舒鸠[6]。

【经】冬,郑公孙夏[7]帅师伐陈。

【经】十有二月,吴子谒[8]伐楚,门于巢[9],卒。

【传】以伐楚之事,门于巢卒也。于巢者,外乎楚[10]也。门于巢,乃伐楚也。诸侯不生名,取卒之名,加之伐楚之上者,见以伐楚卒也。其见以伐楚卒,何也?古者大国过小邑,小邑必饰城而请罪,礼也。吴子谒伐楚,至巢,入其门,门人[11]射吴子,有矢创[12],反舍而卒。古者虽有文事,必有武备,非[13]巢之不饰城而请罪,非吴子之自轻也。

【经】楚国屈建领兵灭亡舒鸠。

【经】冬季,郑国公孙夏领兵攻伐陈国。

【经】十二月,吴子谒攻伐楚国,在巢邑攻打城门,去世。

【传】是因攻伐楚国的事在巢攻打城门去世的。"在巢",是说在楚国以外的地方。"在巢攻打城门",是为了攻伐楚国。诸侯不在他活着时写他的名,用他去世后写名的惯例把名加在"攻伐楚国"的前面,表明他是因攻伐楚国而去世。这里表明他是因攻伐楚国而去世,是怎么回事?古代大国的军队经过小邑时,小邑必须加修守备,请求脱罪,这是礼制。吴子谒攻伐楚国,来到巢,攻入城门时,守门的人用箭射吴子,吴子受有箭伤,返回住地而去世。古代虽然有(诸侯相见的)文事,也必须有武装防备,这里是责备巢不加修饰守备向吴子请罪,责备吴子看轻自己(不加防备)。

注释 1 光:齐庄公,名光。 2 齐庄公私通崔杼妻东郭姜,又以崔杼之冠赐人。左右劝谏,庄公说:"没有崔杼的帽子,就没有其他帽子吗?" 3 重丘:齐地,在今山东巨野西南。 4 卫侯:此时卫有二君。一为在位的剽(piào),卫殇公;一为失国寄居于齐的衎(kàn),卫献公。此入于夷仪的是卫献公衎。 5 屈建：楚国令尹子木。 6 舒鸠：群舒国之一，在今安徽舒城。 7 公孙夏：即子西。 8 吴子谒：吴王诸樊。吴、楚各自称王，《春秋》称之为“子”。 9 门于巢：伐楚经巢，攻打巢国城门。 10 外乎楚：还在楚国之外，没有入楚。 11 门人：城门守卫者。 12 有矢创：受了箭伤。 13 非：批评，指责。下“非”同。

襄公二十六年

原文

【经】二十有六年，春，王二月，辛卯，卫甯喜弑其君剽。[1]

【传】此不正[2]，其日，何也？殖也立之，喜也君之，正也。

【经】卫孙林父入于戚以叛。

【经】甲午，卫侯衎[3]复归于卫。

【传】日归，见知弑也。

【经】夏，晋侯使荀吴来聘。

【经】公会晋人、郑良霄、宋人、曹人于澶渊。

【经】秋，宋公杀其世

译文

【经】鲁襄公二十六年，春季，周王的二月，辛卯日，卫国的甯喜杀他的君主剽。

【传】（剽为公孙立为国君，）这是不正当的，这里记他被杀死的日子，是为什么？父亲甯殖立的他，儿子甯喜奉他为君主，（即使不正当）也应看成是正当的（，所以记日子）。

【经】卫国的孙林父进入戚地，带着戚邑叛国。

【经】甲午日，卫侯衎回到卫国。

【传】记回国的日子，是表明他预先就知道剽会被杀（，所以回得如此迅速）。

【经】夏季，晋侯派荀吴前来聘问。

【经】鲁襄公在澶渊会见晋国人、

子座。

【经】晋人执卫甯喜。

【经】八月，壬午，许男甯[4]卒于楚。

【经】冬，楚子、蔡侯、陈侯伐郑。

【经】葬许灵公。

郑国的良霄、宋国人、曹国人。

【经】秋季，宋公杀他的世子座。

【经】晋国人逮捕卫国的甯喜。

【经】八月，壬午日，许男甯在楚国去世。

【经】冬季，楚子、蔡侯、陈侯攻伐郑国。

【经】安葬许灵公。

注释 1 鲁襄公十四年，孙林父、甯殖驱出卫献公，立公孙剽为君。鲁襄公二十年，甯殖卒，其子甯喜当国。逃亡在外的卫献公联络甯喜，谋复君位。甯喜就攻孙林父，杀卫君剽，迎卫献公复位。 2 此不正：是说公孙剽本不应为卫君。 3 衎：卫献公名。 4 甯：许灵公名。

襄公二十七年

原文

【经】二十有七年，春，齐侯使庆封[1]来聘。

【经】夏，叔孙豹会晋赵武、楚屈建、蔡公孙归生、卫石恶、陈孔奂、郑良霄、许人、曹人于宋。

【经】卫杀其大夫甯喜。

【传】称国以杀，罪累

译文

【经】鲁襄公二十七年，春季，齐侯派庆封前来聘问。

【经】夏季，叔孙豹与晋国的赵武、楚国的屈建、蔡国公孙归生、卫国的石恶、陈国的孔奂、郑国的良霄、许国人、曹国人在宋国聚会。

【经】卫国杀它的大夫甯喜。

【传】用国家的名义杀害，表明罪行累及君上。甯喜杀君主（剽），这里用

上也。[2]甯喜弑君，其以累上之辞言之，何也？尝为大夫，与之涉公事矣。[3]甯喜由君弑君[4]，而不以弑君之罪罪之者，恶献公也。

【经】卫侯之弟专出奔晋。

【传】专，喜之徒也。专之为喜之徒，何也？己虽急纳其兄，与人之臣谋弑其君，是亦弑君者也。专其曰弟，何也？专有是信者[5]。君赂不入乎喜而杀喜，是君不直乎喜也。故出奔晋，织絇[6]邯郸，终身不言卫。专之去，合乎《春秋》。

【经】秋，七月，辛巳，豹及诸侯之大夫盟于宋。

【传】溴梁之会，诸侯在而不曰诸侯之大夫，大夫不臣也。晋赵武耻之。豹云者，恭也。诸侯不在而曰诸侯之大夫，大夫臣

累及君上（有罪）的词句说，是为什么？甯喜（在献公朝）已是大夫，已让他与闻公务。甯喜由于君主（衎归国复位）杀了君主（剽），（而君主衎）不据他的杀君之罪诛他，是为了对卫献公表示憎恶。

【经】卫侯的弟弟专出逃到晋国。

【传】专是甯喜的徒党。为什么说专是甯喜的徒党？他自己虽然急于接纳他的哥哥（回国复位），却与为人臣的谋划杀他的国君，这专也是杀国君的人。这里表明专是卫侯的弟弟，是为什么？因为专是守信用的人。君主衎通过专答应贿赂甯喜，现在不兑现，反而杀死他，这是君主对甯喜的屈理。专因此出逃到晋国，在邯郸织网，直到死不说起卫国。专的离君而去，符合《春秋》的旨意。

【经】秋季，七月，辛巳日，豹与诸侯的大夫在宋国结盟。

【传】溴梁之会，诸侯在，（大夫盟时）不说“诸侯的大夫”，是大夫有不守臣道之心。晋国的赵武认为是耻辱。这里（去姓氏）称“豹”，是表明他对君主的恭敬。这次诸侯不在，（大夫盟时）称“诸侯的大夫”，是大夫能尽臣道，臣

也，其臣恭也。晋赵武为之会也。

【经】冬，十有二月，乙亥，朔，日有食之。

子态度恭敬。晋国的赵武是这个（以停止战争为主题的）会的倡导者。

【经】冬季，十二月，乙亥日，朔日，发生日食。

注释 1 庆封：齐大夫，又称庆季。齐景公嗣立，派他调整齐鲁关系，以趋于缓和。 2 按经例，说某国杀了大夫，大夫无罪，而国君有过。 3 甯喜迎卫献公复位后，已做了他的大夫，为卫献公处理了国家政务。可见甯喜被杀，非因弑君之罪。 4 由君弑君：顺从卫献公这个君而弑卫殇公剽这个君。 5 专的出奔，是因为守信。初，卫献公求甯喜纳己，甯喜不信献公盟约，而求得公子专一言以为信。专不愿，献公强之，不得已而与甯喜约。今献公食言，枉杀甯喜，故专出奔，以示与献公绝。 6 絇(qú)：网。

襄公二十八年

原文

【经】二十有八年，春，无冰。

【经】夏，卫石恶出奔晋。

【经】邾子来朝。

【经】秋，八月，大雩。

【经】仲孙羯如晋。

【经】冬，齐庆封来奔。

【经】十有一月，公如楚。

【经】十有二月，甲寅，

译文

【经】鲁襄公二十八年，春季，没有冰冻。

【经】夏季，卫国的石恶出逃到晋国。

【经】邾子前来朝见。

【经】秋季，八月，举行大雩祭。

【经】仲孙羯到晋国。

【经】冬季，齐国的庆封逃亡前来。

【经】十一月，鲁襄公到楚国。

天王[1]崩。

【经】乙未,楚子昭[2]卒。

【经】十二月,甲寅日,周王驾崩。

【经】乙未日,楚子昭去世。

注释 1 天王:周灵王。 2 楚子昭:楚康王,名昭。

襄公二十九年

原文

【经】二十有九年,春,王正月,公在楚。

【传】闵公[1]也。

【经】夏,五月,公至自楚。

【传】喜之也。致君者,殆其往[2],而喜其反,此致君之意义也。

【经】庚午,卫侯衎卒。

【经】阍[3]弑吴子馀祭[4]。

【传】阍,门者也,寺人也。不称名姓,阍不得齐于人。不称其君,阍不得君其君也。

译文

【经】鲁襄公二十九年,春季,周王的正月,鲁襄公在楚国。

【传】是怜悯鲁襄公(为楚国所制而记)。

【经】夏季,五月,鲁襄公从楚国归来。

【传】是为鲁襄公(从楚国安全归来)高兴。记君主回到国内,是为他去(楚国)忧虑惧怕,为他(从楚国)返回高兴,这是记他(从楚国)回来的用意。

【经】庚午日,卫侯衎去世。

【经】守门人杀吴子馀祭。

【传】阍,是守门的人,是受过宫刑的人。不写他的姓名,是因为守门人不能与一般人齐等。不写“他的君主”,是因为守门人(极卑贱)不能将君主当

礼，君不使无耻，不近刑人，不狎[5]敌，不迩[6]怨。贱人非所贵也，贵人非所刑也，刑人非所近也。举至贱而加之吴子，吴子近刑人也。阍弑吴子馀祭，仇之也。

作他的君主。礼制规定：君主不驱使无耻的人，不接近受过刑的人，不看轻敌人，不接近对自己怀有怨恨的人。贱人，不可以让他富贵；贵人，不可以对他施刑；受过刑的人，不可以去接近。举出极贱的守门人把他加在“吴子”的前面，是讥讽吴子接近受过刑的人。守门人杀吴子馀祭，是因为仇恨他。

注释 1 闵公：怜悯鲁襄公为楚所制。 2 殆其往：以公往楚为危。 3 阍(hūn)：守门人。 4 馀祭(zhài)：吴王寿梦之子，诸樊之弟。 5 狎：轻视。 6 迩：接近。

【经】仲孙羯会晋荀盈、齐高止、宋华定、卫世叔仪、郑公孙段、曹人、莒人、邾人、滕人、薛人、小邾人城杞。[1]

【经】仲孙羯会同晋国的荀盈、齐国的高止、宋国的华定、卫国世叔仪、郑国公孙段、曹国人、莒国人、邾国人、滕国人、薛国人、小邾国人为杞国筑城。

【传】古者天子封诸侯，其地足以容其民，其民足以满城[2]以自守也。杞危而不能自守，故诸侯之大夫相帅以城之，此变之正也。

【传】古代天子封诸侯，他的封地足够容纳他的臣民，他的臣民足够使城郭逐步完备，用来自己防守。现在杞国倾危不能自己防守，所以诸侯的大夫领兵为它筑城，这是用变通的方式来符合正道。

【经】晋侯使士鞅来聘。

【经】晋侯派士鞅前来聘问。

【经】杞子来盟。

【经】杞子前来结盟。

【经】吴子使札来聘。

【传】吴其称子，何也？善使延陵季子[3]，故进之也。身贤，贤也；使贤，亦贤也。延陵季子之贤，尊君也。其名，成尊于上也。[4]

【经】秋，七月，葬卫献公。

【经】齐高止出奔北燕[5]。

【传】其曰北燕，从史文[6]也。

【经】冬，仲孙羯如晋。

【经】吴子派札前来聘问。

【传】吴称"子"，是什么原因？是褒扬他能用延陵季子作为使者，所以升高他（称他为"子"）。自身贤，是贤人；能使用贤人，也是贤人。称颂延陵季子的贤，所以尊崇他的国君。这里写他的名，是成全他对君上的尊敬。

【经】秋季，七月，安葬卫献公。

【经】齐国的高止出逃到北燕。

【传】这里称"北燕"，是沿用旧史的原文（未加改动）。

【经】冬季，仲孙羯到晋国。

注释 1 晋平公为杞女所生，故会合诸侯助杞筑城。 2 满城：使城满，使城郭体制完备。 3 延陵季子：吴王寿梦最小的儿子，故称季子。封于延陵（今江苏常州武进区），故称延陵季子。其名为札，能让国，为春秋时之贤人。 4 按经例，贤者不名。既以札为贤，经文何直称其名？原来君前臣名，父前子名，经文如此写，正是为了更加尊重吴子。 5 北燕：燕有南燕、北燕。南燕相传为黄帝后，在今河南卫辉东南。北燕始封君为召公奭，战国七雄之一。在今河北北部，辽宁西端，都城蓟，即今北京。 6 从史文：依从鲁史旧文不改。

襄公三十年

原文

【经】三十年，春，王正月，楚子使薳罢[1]来聘。

【经】夏，四月，蔡世子般弑其君固[2]。

【传】其不日，子夺父政，是谓夷之[3]。

【经】五月，甲午，宋灾。伯姬[4]卒。

【传】取卒之日，加之灾上者，见[5]以灾卒也。其见以灾卒奈何？伯姬之舍失火，左右曰："夫人少辟火乎！"伯姬曰："妇人之义，傅母[6]不在，宵不下堂。"左右又曰："夫人少辟火乎！"伯姬曰："妇人之义，保母[7]不在，宵不下堂。"遂逮乎火而死。妇人以贞为行者也，伯姬之妇道尽矣。详其事，贤伯姬也。

译文

【经】鲁襄公三十年，春季，周王的正月，楚子派薳罢前来聘问。

【经】夏季，四月，蔡国世子般杀死他的君主固。

【传】这里不记杀死的日子，儿子夺父亲的政权，这是说把他看成夷狄。

【经】五月，甲午日，宋国发生火灾。伯姬去世。

【传】把去世的日子加在灾字上，是表明因火灾而去世。这里表明因火灾而去世是怎么回事？伯姬的住处失火，身边人（对她）说："夫人稍微避一下火吧！"伯姬说："妇人的规矩是傅母不在时，晚上不出堂屋。"身边人又说："夫人稍微避一下火吧！"伯姬说："妇人的规矩是，保母不在，晚上不出堂屋。"于是被火烧死。妇人把贞操作为行为的标准，伯姬是尽了妇道了。详记她的事，是认为伯姬贤惠。

【经】周王杀他的弟弟佞夫。

【经】天王杀其弟佞夫。

【传】《传》曰:诸侯且不首恶[8],况于天子乎?君无忍亲之义。天子、诸侯所亲者,唯长子、母弟耳。天王杀其弟佞夫,甚之也。

【经】王子瑕奔晋。

【传】《传》说:对诸侯尚且不记成作恶之主,何况是对天子呢?天子、诸侯没有狠心地对待亲人的道理。天子、诸侯所亲爱的,只是长子、同母弟弟罢了。记"周王杀他的弟弟佞夫",是认为他太过分了。

【经】王子瑕逃奔到晋国。

注释 1 薳(wěi)罢:楚臣,又称子荡。 2 固:蔡景公,名固。 3 夷之:视之如夷狄。 4 伯姬:鲁成公姊妹,其夫宋共公,以夫谥为谥,故又称共姬。伯姬于成公九年嫁宋共公。成公十五年,宋共公卒。寡居三十四年,此时近六十岁。 5 见:现,显示,表明。 6 傅母:专职辅导贵族妇女的女官。7 保母:专职照料贵族妇女生活的女官。 8 首恶:首当恶名。

【经】秋,七月,叔弓如宋,葬共姬[1]。

【传】外夫人不书葬,此其言葬,何也?吾女也,卒灾,故隐而葬之也。

【经】郑良霄出奔许,自许入于郑。郑人杀良霄。

【传】不言大夫,恶之也。

【经】冬,十月,葬蔡景公。

【经】秋季,七月,叔弓到宋国,安葬宋共姬。

【传】对我国以外的夫人不记葬,这里记葬,是为什么?因为她是我国的女儿,又是在火灾中去世,所以为她悲痛而为她记葬。

【经】郑国的良霄出逃到许国,从许国进入郑国。郑国人杀良霄。

【传】不说(良霄是)大夫,是认为他有罪过。

【经】冬季,十月,安葬蔡景公。

【传】不记哪天去世,而记哪月下葬,

【传】不日卒而月葬，不葬者也。卒而葬之，不忍使父失民于子[2]也。

【经】晋人、齐人、宋人、卫人、郑人、曹人、莒人、邾人、滕人、薛人、杞人、小邾人会于澶渊，宋灾故。

【传】会不言其所为，其曰宋灾故，何也？不言灾故，则无以见其善也。其曰人，何也？救灾以众。何救焉？更[3]宋之所丧财也。澶渊之会，中国不侵伐夷狄，夷狄不入中国，无侵伐八年[4]，善之也。晋赵武、楚屈建之力也。

是表明（杀君之贼未讨而）不得葬。（葬是臣下、儿子的事，）记去世又记下葬，是不忍心使父亲因为儿子不像儿子而丧失臣民。

【经】晋国人、齐国人、宋国人、卫国人、郑国人、曹国人、莒国人、邾国人、滕国人、薛国人、杞国人、小邾国人在澶渊盟会，是因为宋国发生火灾。

【传】记盟会不说盟会是为了什么，这里说“因为宋国发生火灾”，是为什么？如果不说是“因为宋国发生火灾”，就不能表明这个盟会办了好事。这里说“人”，是为什么？因为援救灾害是众人的事。援救什么呢？补偿宋国所损失的财物。澶渊之会，中原诸侯不侵伐夷狄，夷狄不进入中原各国，没有战争八年之久，记这个盟会是赞扬它。这是晋国的赵武、楚国的屈建（息兵通好）的功劳。

注释 **1** 共(gōng)姬：即上文伯姬。从其夫宋共公之谥，称“共姬”。**2** 失民于子：由于儿子不孝而使父亲失去民心。 **3** 更：补偿。 **4** 八年：指鲁襄公二十七年宋盟后，直到鲁昭公三年。这八年内，中国与夷狄不相侵伐，双方内部也不相侵伐，还能救灾恤邻，经文赞美这种行为。

襄公三十一年

原文

【经】三十有一年,春,王正月。

【经】夏,六月,辛巳,公薨于楚宫[1]。

【传】楚宫,非正也。

【经】秋,九月,癸巳,子野卒[2]。

【传】子[3]卒日,正也。

【经】己亥,仲孙羯卒。

【经】冬,十月,滕子来会葬。

【经】癸酉,葬我君襄公。

【经】十有一月,莒人弑其君密州[4]。

译文

【经】鲁襄公三十一年,春季,周王的正月。

【经】夏季,六月,辛巳日,鲁襄公在楚宫去世。

【传】“楚宫”,不是正寝。

【经】秋季,九月,癸巳日,子野去世。

【传】子去世记日子,是正当的。

【经】己亥日,仲孙羯去世。

【经】冬季,十月,滕子前来参加葬礼。

【经】癸酉日,安葬我国国君鲁襄公。

【经】十一月,莒国人杀他们的君主密州。

注释 1 楚宫:鲁襄公在鲁都所筑之别馆,仿楚制。 2 子野卒:鲁襄公卒,立其妾胡女所生之子子野。子野哀伤过度而死。 3 子:指子野,虽已即位,而鲁襄公未葬,故称子。经文书其卒之日,因卒于正寝,合于礼法。4 密州:莒犁比公,名密州。

昭公

昭公元年

原文

【经】元年[1]，春，王正月，公[2]即位。

【传】继正即位，正也。

【经】叔孙豹会晋赵武、楚公子围、齐国弱、宋向戌、卫齐恶、陈公子招、蔡公孙归生、郑罕虎、许人、曹人于郭[3]。

【经】三月，取郓[4]。

【经】夏，秦伯之弟鍼[5]出奔晋。

【传】诸侯之尊，弟兄不得以属通[6]。其弟云者，亲之也。亲而奔之，恶也。

【经】六月，丁巳，邾子华[7]卒。

译文

【经】鲁昭公元年，春季，周王的正月，鲁昭公即位。

【传】继先君正常死亡即位，是正当的。

【经】叔孙豹与晋国的赵武、楚国公子围、齐国的国弱、宋国的向戌、卫国的齐恶、陈国公子招、蔡国公孙归生、郑国的罕虎、许国人、曹国人在郭地聚会。

【经】三月，攻取郓邑。

【经】夏季，秦伯的弟弟鍼出逃到晋国。

【传】凭着诸侯的尊位，弟兄不能以亲属的名义在外面打交道。这里说弟弟，表明他们的至亲关系。关系这么亲，却使他不得不逃走，是认为秦伯有过错。

【经】晋荀吴帅师败狄于大原[8]。

【传】《传》曰：中国曰大原，夷狄曰大卤。号从中国，名从主人。

【经】秋，莒去疾自齐入于莒。莒展出奔吴[9]。

【经】叔弓帅师疆郓田。

【传】疆之为言，犹竟也。

【经】葬邾悼公。

【经】冬，十有一月，己酉，楚子卷[10]卒。

【经】楚公子比出奔晋。

【经】六月，丁巳日，邾子华去世。

【经】晋国的荀吴领兵在大原打败狄。

【传】《传》说：中原诸国叫大原，夷狄叫大卤。（地、物的）号跟着中原诸国叫，（国、人的）名跟着主人叫。

【经】秋季，莒国的去疾从齐国进入莒国。莒国的展出逃到吴国。

【经】叔弓领兵划定郓田的疆界。

【传】说"疆"，意思是境。

【经】安葬邾悼公。

【经】冬季，十一月，己酉日，楚子卷去世。

【经】楚国公子比出逃到晋国。

注释 1 元年：鲁昭公元年，公元前541年。 2 公：鲁昭公，鲁襄公之子，胡女敬归之娣齐归所生。名裯，一作稠。即位时年十九，在位二十五年，寄居于齐、晋八年，共三十三年。 3 郭：同"虢"。此指东虢，郑地，在今河南郑州北。 4 郓(yùn)：在今山东沂水东北。有时属鲁，有时属莒，两国常争之地。 5 鍼(qián)：秦景公同母弟。 6 以属通：以亲属的名义与外界打交道。 7 华：邾悼公名。 8 大(tài)原：晋地，在今山西太原西南。 9 莒展出奔吴：去疾与展，皆莒犁比公密州之子。犁比公立展为太子，后又废之。襄公三十一年，展利用国人对犁比公不满而弑君自立。去疾为齐女所出，奔齐。昭公元年，齐公子鉏纳去疾于莒，展为吴女所出，奔吴。 10 楚子卷：楚国君郏敖，名卷。在位四年。楚人不为作谥，因葬于郏，名郏敖。

昭公二年

原文

【经】二年，春，晋侯使韩起[1]来聘。

【经】夏，叔弓[2]如晋。

【经】秋，郑杀其大夫公孙黑。

【经】冬，公如晋，至河乃复。

【传】耻如晋，故著[3]有疾也。

【经】季孙宿如晋。

【传】公如晋而不得入，季孙宿如晋而得入，恶季孙宿也。

译文

【经】鲁昭公二年，春季，晋侯派韩起前来聘问。

【经】夏季，叔弓到晋国。

【经】秋季，郑国杀它的大夫公孙黑。

【经】冬季，鲁昭公到晋国，走到黄河就回去了。

【传】以到晋国去为耻辱，所以声称有病(回去了)。

【经】季孙宿到晋国。

【传】鲁昭公到晋国不能进入，季孙宿到晋国能进入，是贬斥季孙宿。

注释 1 韩起：晋臣，又称韩子，韩宣子。 2 叔弓：鲁宗族，叔老之子。 3 著：称说。

昭公三年

原文

【经】三年,春,王正月,丁未,滕子原[1]卒。

【经】夏,叔弓如滕。

【经】五月,葬滕成公。

【经】秋,小邾子来朝。

【经】八月,大雩。

【经】冬,大雨雹。

【经】北燕伯款[2]出奔齐。

【传】其曰北燕,从史文也。

译文

【经】鲁昭公三年,春季,周王的正月,丁未日,滕子原去世。

【经】夏季,叔弓到滕国。

【经】五月,安葬滕成公。

【经】秋季,小邾子前来朝见。

【经】八月,举行大雩祭。

【经】冬季,下大雹子。

【经】北燕伯款出逃到齐国。

【传】这里说"北燕",是沿用旧史原文(未加改动)。

注释 1 原:滕成公名。 2 北燕伯款:燕简公,名款。

昭公四年

原文

【经】四年,春,王正月,大雨雪。

【经】夏,楚子、蔡侯、

译文

【经】鲁昭公四年,春季,周王的正月,下大雪。

【经】夏季,楚子、蔡侯、陈侯、郑

陈侯、郑伯、许男、徐子、滕子、顿子、胡子、沈子、小邾子、宋世子佐、淮夷会于申[1]。楚人执徐子[2]。

【经】秋，七月，楚子、蔡侯、陈侯、许男、顿子、胡子、沈子、淮夷伐吴。执齐庆封，杀之。

【传】此入而杀，其不言入，何也？庆封封乎吴钟离[3]，其不言伐钟离，何也？不与吴封也。庆封其以齐氏何也？为齐讨也。灵王使人以庆封令于军中，曰："有若齐庆封弑其君者乎？"[4]庆封曰："子一息，我亦且一言。"曰："有若楚公子围弑其兄之子而代之为君者乎？"军人粲然[5]皆笑。庆封弑其君而不以弑君之罪罪之者，庆封不为灵王服也，不与楚讨也。《春秋》之义，用贵治贱，用贤治不肖，不以乱治乱也。孔子曰："怀恶而

伯、许男、徐子、滕子、顿子、胡子、沈子、小邾子、宋国世子佐、淮夷在申聚会。楚国人逮捕徐子。

【经】秋季，七月，楚子、蔡侯、陈侯、许男、顿子、胡子、沈子、淮夷攻伐吴国。抓住齐国庆封，把他杀了。

【传】这是攻入（吴国以后）杀的，这里为什么不说攻入（吴国）？庆封被（吴国）封在吴国的钟离，这里不说攻伐钟离，是为什么？是不承认吴国有行封的权力。庆封以齐作氏是为什么？是表明为齐国诛讨。楚灵王派人将庆封的罪宣告军中，说："还有像齐国庆封这样杀他的国君的吗？"庆封说："您停一下，我也暂且说一句。"（他）说："还有像楚国公子围杀他哥哥的儿子而代替对方做国君的吗？"军中人都哈哈大笑。庆封杀他的君主，（楚灵王）不能以杀君之罪来诛杀他，是庆封不被楚灵王所服，（所以《春秋》）不赞同楚国的讨伐。《春秋》的原则是：以尊贵的人整治卑贱的人，以贤人整治不贤的人，不以作乱者整治作乱者。孔子说："怀着恶意诛讨别人，别人即使死也不服。"大

讨,虽死不服。”其斯之谓与!

【经】遂灭厉[6]。

【传】遂,继事也。

【经】九月,取缯[7]。

【经】冬,十有二月,乙卯,叔孙豹卒。

概是说的这种情况吧!

【经】于是就灭厉。

【传】“于是就”,是紧接上件事来。

【经】九月,取得缯国。

【经】冬季,十二月,乙卯日,叔孙豹去世。

注释 1 申:楚地,在今河南南阳北。 2 楚人执徐子:楚与吴为世仇,徐子为吴女所出,楚疑其二心,故抓捕他。 3 钟离:在今安徽凤阳。 4 庆封伙同崔杼弑齐庄公,由齐奔吴,吴封之于钟离,至此八年,楚灵王率兵讨之。 5 粲然:大笑的样子。 6 厉:小国名,在今湖北随州。 7 缯:一作“鄫”,姒姓小国,在今山东枣庄。

昭公五年

原文

【经】五年,春,王正月,舍中军[1]。

【传】贵复正也。

【经】楚杀其大夫屈申。

【经】公如晋。

【经】夏,莒牟夷以牟娄及防、兹来奔[2]。

译文

【经】鲁昭公五年,春季,周王的正月,废除中军。

【传】(记这件事)是认为恢复正统可贵。

【经】楚国杀他们的大夫屈申。

【经】鲁昭公到晋国。

【经】夏季,莒国的牟夷带着牟娄及防、兹三邑逃亡前来。

【传】以者，不以者也。来奔者，不言出。及防、兹，以大及小也。莒无大夫，其曰牟夷，何也？以其地来也。以地来，则何以书也？重地也。

【传】"带着"，是不应该"带着"。"逃奔前来"，不说（从莒国）"出"。"及防、兹"，是从大到小排列。莒国没有大夫，这里记牟夷，是为什么？是因为他带着那些土地来。带着土地来，为什么记？是认为（牟夷盗窃与鲁国接受这些）土地问题重大。

【经】秋，七月，公至自晋。

【经】秋季，七月，鲁昭公从晋国回来。

【经】戊辰，叔弓帅师，败莒师于蚡泉[3]。

【经】戊辰日，叔弓领兵，在蚡泉打败莒国军队。

【传】狄人谓蚡泉失台，号从中国，名从主人。

【传】狄人叫蚡泉作"失台"，（这里说"蚡泉"）是（地、物的）号跟着中原诸国叫，（国、人的）名跟着主人叫。

【经】秦伯卒。

【经】秦伯去世。

【经】冬，楚子、蔡侯、陈侯、许男、顿子、沈子、徐人、越人伐吴。

【经】冬季，楚子、蔡侯、陈侯、许男、顿子、沈子、徐人、越人攻伐吴国。

注释　1 舍中军：裁撤中军。鲁原有上下两军，襄公十一年增设中军而为三军。此年裁撤中军，仍为两军。　2 牟娄：在今山东诸城西。防：在今山东安丘西南。兹：在今山东诸城北、安丘西南。　3 蚡(fèn)泉：鲁地名，位于莒、鲁交界处，或在今山东沂南。

昭公六年

原文

【经】六年，春，王正月，杞伯益姑[1]卒。

【经】葬秦景公。

【经】夏，季孙宿如晋。

【经】葬杞文公。

【经】宋华合比出奔卫。

【经】秋，九月，大雩。

【经】楚薳罢帅师伐吴。

【经】冬，叔弓如楚。

【经】齐侯伐北燕。

译文

【经】鲁昭公六年，春季，周王的正月，杞伯益姑去世。

【经】安葬秦景公。

【经】夏季，季孙宿到晋国。

【经】安葬杞文公。

【经】宋国的华合比出逃到卫国。

【经】秋季，九月，举行大雩祭。

【经】楚国的薳罢领兵攻伐吴国。

【经】冬季，叔弓到楚国。

【经】齐侯攻伐北燕。

注释 1 杞伯益姑：杞文公，名益姑。

昭公七年

原文

【经】七年，春，王正月，暨[1]齐平。

【传】平者，成也。暨

译文

【经】鲁昭公七年，春季，周王的正月，齐国与我国讲和。

【传】“平”，是讲和的意思。“暨”，

犹暨暨[2]也，暨者不得已也，以外及内[3]曰暨。

【经】三月，公如楚。

【经】叔孙婼[4]如齐莅盟。

【传】莅，位也。内之前定之辞谓之莅，外之前定之辞谓之来。

【经】夏，四月，甲辰，朔，日有食之。

【经】秋，八月，戊辰，卫侯恶卒。

【传】乡[5]曰卫齐恶，今曰卫侯恶，此何为君臣同名也？君子不夺人名，不夺人亲之所名，重其所以来也。王父名子也。[6]

【经】九月，公至自楚。

【经】冬，十有一月，癸未，季孙宿卒。

【经】十有二月，癸亥，葬卫襄公。

如同说急迫。说暨是不得已，由别国向我国提出讲和叫作“暨”。

【经】三月，鲁昭公到楚国。

【经】叔孙婼到齐国去莅盟。

【传】莅，是（盟誓之词已定，只前往）就位进行盟誓。我国预定的叫它作“莅”，别国预定的叫它作“来”。

【经】夏季，四月，甲辰日，朔日，发生日食。

【经】秋季，八月，戊辰日，卫侯恶去世。

【传】以前说了一个“卫齐恶”，现在又说“卫侯恶”，这里为什么君、臣同名？君子不改他人的名，不改他人父祖所命的名，是看重这个名的由来。卫齐恶是祖父给孙子取的名（，所以没有避讳改名）。

【经】九月，鲁昭公从楚国回来。

【经】冬季，十一月，癸未日，季孙宿去世。

【经】十二月，癸亥日，安葬卫襄公。

注释　1 暨（jì）：及，和。连词。　2 暨暨：犹如说汲汲，急切的样子。　3 外：指齐。内：指鲁。　4 叔孙婼（chuò）：鲁国大臣。　5 乡：同“向”，往昔。昭公元年经文有卫大夫齐恶。　6 臣所生之子，不敢与世子

同名。然生在世子前，王父（祖父）为之取名，则虽与后生之世子同名，亦不改名。其所以如此，因名为人亲（父或祖父）所取，为了尊重人亲，即使与君同名也不改。

昭公八年

原文

【经】八年，春，陈侯之弟招杀陈世子偃师。

【传】乡曰陈公子招[1]，今曰陈侯之弟招，何也？曰：尽其亲[2]，所以恶招也。两下相杀，不志乎《春秋》，此其志，何也？世子云者，唯君之贰也。云可以重之[3]，存焉，志之也。诸侯之尊，弟兄不得以属通，其弟云者，亲之也。亲而杀之，恶也。

【经】夏，四月，辛丑，陈侯溺[4]卒。

【经】叔弓如晋。

【经】楚人执陈行人干徵师[5]，杀之。

译文

【经】鲁昭公八年，春季，陈侯的弟弟招杀死陈国世子偃师。

【传】以前说"陈国公子招"，现在又说"陈侯的弟弟招"，是为什么？（回答）说：（先君之子，今君之同母弟，）把他与国君的至亲关系全部举出，是用来表明招的罪恶。两个大夫相杀，不记于《春秋》，这里记上，是为什么？是因为"世子"是国君的继位人。是说应当重视他，保护他，所以记下这件事。凭诸侯的尊贵，兄弟（应当以君臣论，）不得以亲属关系在外打交道，这里说"弟"，是表明他与世子的至亲关系。与世子如此之亲，却杀世子，这真是罪恶。

【经】夏季，四月，辛丑日，陈侯溺去世。

【经】叔弓到晋国。

【经】楚国人逮捕陈国的使者干徵

【传】称人以执大夫,执有罪也。称行人,怨接于上也。

【经】陈公子留出奔郑。

师,把他杀了。

【传】称“人”逮捕大夫,是逮捕有罪的大夫。称“使者”,是把他的被逮捕与两国国君的怨恨连接在一起。

【经】陈国公子留出逃到郑国。

注释 1 昭公元年列国大夫会于郭,经文称“陈公子招”。 2 尽其亲:指既称公子又称弟。称公子,从先君角度说;称弟,从今君角度说。列出了与国君的全部关系。 3 云可以重之:是说应当重视他。 4 溺:陈哀公名。 5 干徵师:行人名。

【经】秋,蒐于红[1]。

【传】正也。因蒐狩以习用武事,礼之大者也。[2]艾[3]兰以为防[4],置旃[5]以为辕门[6],以葛覆质以为槷[7],流旁握[8],御轚[9]者不得入。车轨尘[10],马候蹄[11],揜禽旅[12]。御者不失其驰,然后射者能中。过防弗逐,不从[13]奔之道也。面伤不献,不成禽[14]不献。禽虽多,天子取三十[15]焉。其余与士众,以习射于射宫[16]。射而中,田不得禽则得

【经】秋季,在红地蒐猎。

【传】记这事是正当的。趁蒐猎时演习军事,是大礼。割香草用以标出田猎范围,竖起旗帜作为辕门的标志,用葛草覆盖木墩作为门中木桩。车行到门,轴端离开四寸,驾车人如果技术不好,就挂碍不能进门。后车循着前车辗起的尘土前进,马步协同,迅速袭取兽群。驾车人驾车纯熟,没有闪失,这样射者才能射中。过了范围不追逐,这是不追赶逃跑者的规矩。面部受伤的兽不献出,还没有长成的幼兽不献出。猎得的禽兽虽多,天子只取三十只。其余给参加田猎的士人到射宫练习射箭。射中了的,打猎没

禽；田得禽而射不中，则不得禽。是以知古之贵仁义，而贱勇力也。

【经】陈人杀其大夫公子过。

【经】大雩。

【经】冬，十月，壬午，楚师灭陈，执陈公子招，放之于越。杀陈孔奂。

【传】恶楚子也。

【经】葬陈哀公。

【传】不与楚灭，闵公也。

有猎得禽兽，也能得到；虽然猎得了禽兽，但练习射箭时没有射中，也得不到猎物。因此知道古代看重仁义，不看重勇力。

【经】陈国人杀他们的大夫公子过。

【经】举行大雩祭。

【经】冬季，十月，壬午日，楚军灭陈国，逮捕陈国公子招，将他放逐到越地。杀死陈国的孔奂。

【传】（记下这些）是谴责楚子。

【经】安葬陈哀公。

【传】（记葬）是不赞同楚国灭（陈国），怜悯陈哀公。

注释 1 蒐(sōu)于红：蒐，阅兵。红，鲁地。 2 天子诸侯春秋两季打猎叫作蒐，冬季打猎叫作狩(shòu)。通过这类活动进行军事训练，这是国家的大典礼。 3 艾：同“刈(yì)”，割取。 4 防：行猎的范围。 5 旃(zhān)：泛指旗帜。 6 辕门：天子、诸侯狩猎时，野外住处用兵车环绕，作为屏障。进出处仰起两部车子，使其车辕相向，作为大门，叫辕门。此处是指竖立两根旃竿（旗杆）作为大门的两旁。门向南开，并排有两扇门。共用四根旃竿。 7 以葛覆质以为槷(niè)：以葛草覆盖木墩作为门中木桩。质，谓木墩。槷，门中木桩。另一解，以粗布遮盖箭靶，以免损坏，而后用它作为射箭的中心。葛，通“褐”，粗布。质，箭靶。槷，通“臬(niè)”，箭靶的中心。8 流旁握：车轮滚动，其两旁离辕门各四寸。握，谓其宽四寸。 9 御轚(jí)：驾车受到阻碍，意思是驾车技术不纯熟。轚，车行受阻。10 车轨尘：后车循着前车扬起的尘土前行。 11 马候蹄：驾车的四马步

调协同。候,伺他马之步而同之。 12 揜(yǎn)禽旅:袭取兽群。揜,谓捕取。旅,众,群。 13 从:跟从,追逐。 14 不成禽:谓野兽未长大。 15 三十:三十只。一说百分之三十。 16 射宫:天子行大射礼之地,也是习射取士之处。

昭公九年

原文

【经】九年,春,叔弓会楚子于陈。

【经】许迁于夷[1]。

【经】夏,四月,陈火。

【传】国曰灾,邑曰火。火不志,此何以志?闵陈而存之也。

【经】秋,仲孙貜[2]如齐。

【经】冬,筑郎囿[3]。

译文

【经】鲁昭公九年,春季,叔弓在陈会见楚子。

【经】许国迁都到夷地。

【经】夏季,四月,陈发生火灾。

【传】国家的火灾叫作"灾",邑的火灾叫作"火"。邑的火灾不记,这里为什么记?是怜悯陈国,当作它还存在。

【经】秋季,仲孙貜到齐国。

【经】冬季,在郎地筑造园囿。

注释 1 夷:楚地。在今安徽亳州东南。 2 仲孙貜(jué):鲁宗族大臣,又称孟孙,孟僖子。 3 郎囿(yòu):囿,国君畜养禽兽的园林。此囿位于郎,郎在鲁都曲阜东南近郊。

昭公十年

原文

【经】十年,春,王正月。

【经】夏,齐栾施来奔。

【经】秋,七月,季孙意如、叔弓、仲孙貜帅师伐莒。

【经】戊子,晋侯彪[1]卒。

【经】九月,叔孙婼如晋。

【经】葬晋平公。

【经】十有二月,甲子,宋公成[2]卒。

译文

【经】鲁昭公十年,春季,周王的正月。

【经】夏季,齐国的栾施逃奔前来。

【经】秋季,七月,季孙意如、叔弓、仲孙貜领兵攻伐莒国。

【经】戊子日,晋侯彪去世。

【经】九月,叔孙婼到晋国。

【经】安葬晋平公。

【经】十二月,甲子日,宋公成去世。

注释 1 晋侯彪:晋平公,名彪。 2 成:宋平公名。

昭公十一年

原文

【经】十有一年,春,王二月,叔弓如宋。

【经】葬宋平公。

译文

【经】鲁昭公十一年,春季,周王的二月,叔弓到宋国。

【经】安葬宋平公。

【经】夏，四月，丁巳，楚子虔[1]诱蔡侯般[2]，杀之于申。

【传】何为名之也？夷狄之君诱中国之君而杀之，故谨而名之也。称时、称月、称日、称地，谨之也。

【经】楚公子弃疾帅师围蔡。

【经】五月，甲申，夫人归氏[3]薨。

【经】大蒐于比蒲[4]。

【经】仲孙貜会邾子，盟于祲祥[5]。

【经】秋，季孙意如会晋韩起、齐国弱、宋华亥、卫北宫佗、郑罕虎、曹人、杞人于厥憖[6]。

【经】九月，己亥，葬我小君齐归。

【经】冬，十有一月，丁酉，楚师灭蔡，执蔡世子友以归，用之[7]。

【传】此子[8]也，其曰世子，何也？不与楚杀也。一事注乎志[9]，所以恶楚子也。

【经】夏季，四月，丁巳日，楚子虔诱骗蔡侯般，在申地杀死他。

【传】为什么写楚子的名？夷狄的君主诱骗中原诸侯国的君主并将其杀死，所以郑重地写出他的名。写上季度、月份、日子、地点，是郑重其事。

【经】楚国公子弃疾领兵包围蔡国。

【经】五月，甲申日，夫人归氏去世。

【经】在比蒲举行大阅兵。

【经】仲孙貜会见邾子，在祲祥结盟。

【经】秋季，季孙意如在厥憖会见晋国的韩起、齐国的国弱、宋国的华亥、卫国的北宫佗、郑国的罕虎、曹国人、杞国人。

【经】九月，己亥日，安葬我国先君夫人齐归。

【经】冬季，十一月，丁酉日，楚军灭亡蔡国，逮捕蔡国世子友带回(楚国)，将他用在祭祀上。

【传】(继君位未过一个年头，)这是“子”，这里说“世子”，是为什么？是不赞同楚杀他(，好像是不曾继过君位而终)。将楚灭蔡这一件事情连续记下来，是用来谴责楚子的。

注释 1 楚子虔：楚灵王，原名围，即位后改名虔。 2 诱蔡侯般：楚灵王在申（楚地），召蔡侯。蔡大夫谏曰："今币重而言甘，诱我也，不如无往。"蔡侯不听。灵王伏甲而飨蔡侯，醉而执之，继而杀之。 3 夫人归氏：鲁昭公生母，胡女，归姓，谥齐。鲁襄公嫡夫人敬归之娣，继为夫人。 4 比蒲：不详何地，或以为鲁东门外之蒲圃。 5 祲（jìn）祥：在今山东曲阜境。 6 厥慭（yín）：在今河南新乡。 7 用之：用人为牺牲以祭神。 8 子：蔡侯般被楚所杀，其世子友即位未逾年，经例称"子"。 9 一事注乎志：经文把楚灵王对蔡的一连串活动（由诱杀而围而灭，只是一事）连续地记下来。注，属（zhǔ），连续。

昭公十二年

原文

【经】十有二年，春，齐高偃帅师，纳北燕伯于阳。[1]

【传】纳者，内不受也。燕伯之不名，何也？不以高偃挈[2]燕伯也。

【经】三月，壬申，郑伯嘉[3]卒。

【经】夏，宋公使华定来聘。

【经】公如晋，至河乃复。

【传】季孙氏[4]不使遂

译文

【经】鲁昭公十二年，春季，齐国的高偃领兵，把北燕伯送回国，送到阳地。

【传】"送回国"，是国内不接受。燕伯为什么不写他的名？是不因高偃而直举燕伯的名。

【经】三月，壬申日，郑伯嘉去世。

【经】夏季，宋公派华定来聘问。

【经】昭公到晋国，走到黄河边又返回了。

【传】这是季孙氏不让（鲁昭公）到晋国去。

乎晋也。

【经】五月,葬郑简公。

【经】楚杀其大夫成虎。

【经】秋,七月。

【经】冬,十月,公子慭出奔齐。

【经】楚子伐徐。

【经】晋伐鲜虞[5]。

【传】其曰晋,狄之也。其狄之何也?不正其与夷狄交伐中国,故狄称之也。

【经】五月,安葬郑简公。

【经】楚国杀他的大夫成虎。

【经】秋季,七月。

【经】冬季,十月,公子慭出逃到齐国。

【经】楚子攻伐徐国。

【经】晋国攻伐鲜虞。

【传】这里说"晋",是把它看成夷狄。为什么把它看成夷狄?认为它与夷狄交替攻伐中原诸国是不正当的,所以把它看成夷狄。

注释 1 昭公三年北燕伯款奔齐,昭公六年齐景公伐北燕,将纳简公,因受燕赂而不果。现借齐之力,亦只能纳之于别邑阳,而不能入国都。高偃,齐之大夫。阳,燕的别邑。 2 挈:称举,一说是带领。全句意思是,如经文书高偃率师纳北燕伯款,就显得高偃高于燕伯了。北燕伯是国君,高偃是人臣,人臣是不可高于国君的。 3 嘉:郑简公名。 4 季孙氏:传文说"季孙氏",因昭公二年是季孙宿谮公于晋,此次则是季孙意如。说"季孙氏"显见他们累世同恶。 5 鲜虞:白狄别种,战国时为中山,地处中国境内,故传文视之为中国。楚以夷狄伐姬姓国,晋为霸主,不但不能救,反而去侵伐他国,经文斥其不合礼,把晋国等同于夷狄。

昭公十三年

原文

【经】十有三年，春，叔弓帅师围费[1]。

【经】夏，四月，楚公子比自晋归于楚，弑其君虔[2]于乾溪[3]。

【传】自晋，晋有奉焉尔。归而弑不言归，言归非弑也[4]。归一事也，弑一事也，而遂言之，以比之归弑，比不弑也。弑君者日，不日，比不弑也。

【经】楚公子弃疾杀公子比。

【传】当上之辞[5]也。当上之辞者，谓不称人以杀，乃以君杀之也。[6]讨贼以当上之辞，杀非弑[7]也。比之不弑有四[8]。取国者称国以弑，楚公子

译文

【经】鲁昭公十三年，春季，叔弓领兵包围费邑。

【经】夏季，四月，楚国公子比自晋国回归楚国，在乾溪杀死他的君主虔。

【传】"自晋国"，是晋国对他有支持。回归杀君是不说"回归"的，说"回归"就不是杀君。本来"回归"是一件事，杀君又是一件事，把它们接起来说，刚好是在比回归后杀的，比没有杀君。杀君记日子，不记日子，说明比没有杀君。

【经】楚国公子弃疾杀公子比。

【传】这是说处在上位的人杀的。所谓处在上位的人杀的，是指没有说"人"杀，那就是用君的身份杀他的。讨贼用处在君位的口气杀，这个被杀的就不是杀君的人。比没有杀君已有上述四条理由。窃国的贼杀君，应当说某国某人杀君，"楚国公子弃疾杀公子比"，比就更没有杀君的嫌疑

弃疾杀公子比,比不嫌[9]也。《春秋》不以嫌代嫌。弃疾主其事,故嫌也。

了。《春秋》不用嫌疑代替嫌疑(,所以弃疾不以国为氏)。弃疾主持杀比的事情,所以他有杀君篡位的嫌疑。

注释 1 费(bì):鲁邑,在今山东费县西北。鲁昭公元年以汶阳、费封季友。时季氏家臣南蒯据费反叛,昭公派正卿叔弓围讨,被南蒯击败。2 虔:楚灵王。 3 乾溪:楚地,在今安徽亳州东南。 4 言归,非弑也:按经例,怀着良好愿望归国的,经文就书“归”;如怀有恶意(如企图篡弑)归国,则经文书“入”。例如哀公六年经文“齐阳生入于齐”。现在此处经文书公子比归,显然是说灵王被弑与比无关。 5 当上之辞:是处在上位者的话。说公子弃疾杀公子比,意思是这个杀者是国君,有杀人权。6 称人以杀,如隐公四年“卫人杀祝吁于濮”,祝吁弑君,卫人都要杀他。现在经文书弃疾杀比,不书楚人杀比,因为比并没有弑君,所以写成弃疾以国君自居而擅自杀比。 7 杀非弑:所杀非弑君之人。 8 比之不弑有四:一、言归不言入;二、公子比归是一事,杀楚灵王是另一回事;三、不日,比不弑也;四、弃疾以当上之辞杀公子比。 9 比不嫌:公子比没有弑君篡国的嫌疑。

【经】秋,公会刘子[1]、晋侯、齐侯、宋公、卫侯、郑伯、曹伯、莒子、邾子、滕子、薛伯、杞伯、小邾子于平丘[2]。

【经】八月,甲戌,同盟于平丘,公不与盟[3]。

【传】同者,有同也,同外楚也。公不与盟者,

【经】秋季,鲁昭公与刘子、晋侯、齐侯、宋公、卫侯、郑伯、曹伯、莒子、邾子、滕子、薛伯、杞伯、小邾子在平丘聚会。

【经】八月,甲戌日,在平丘结盟,鲁昭公不能参加同盟。

【传】“同”,是有相同的(愿望、行为),是同将楚视为外人。“鲁昭公不能参与同盟”,本是可以参与的,(因临时被邾、莒两国控告,)不能参与,讥讽的是鲁昭

可以与而不与，讥在公也。其日，善是盟也。

【经】晋人执季孙意如以归。[4]

【经】公至自会。

【经】蔡侯庐[5]归于蔡。陈侯吴[6]归于陈。

【传】善其成之，会而归之，故谨而日之。此未尝有国也，使如失国辞然者，不与楚灭也。

【经】冬，十月，葬蔡灵公。

【传】变之不葬[7]有三：失德不葬，弑君不葬，灭国不葬。然且葬之，不与楚灭，且成诸侯之事也。

【经】公如晋，至河乃复。

【经】吴灭州来[8]。

公。写日子，是认为这次盟会好。

【经】晋国人逮捕季孙意如，将他带回国。

【经】鲁昭公从（平丘之）会回来。

【经】蔡侯庐返回蔡国。陈侯吴返回陈国。

【传】是褒扬这次盟会成全了他们，盟会后，让蔡侯、陈侯归国，所以郑重地记上这次盟会的日子。这时，蔡、陈还不曾有国，措辞好像是他们有国而失了国似的，这样的写法，是不认可楚灭亡蔡、陈两国。

【经】冬季，十月，安葬蔡灵公。

【传】改变规定不写葬礼的有三种君主：失德的不记葬礼，被杀的（贼未讨）不记葬礼，被灭亡国家的不记葬礼。然而记蔡灵公葬礼，是不承认楚国灭国合法，并且成全诸侯（兴灭国、继绝世）的事业。

【经】鲁昭公到晋国，走到黄河就返回了。

【经】吴国灭亡州来国。

注释 1 刘子：周王卿士，又称刘献公。 2 平丘：卫地，在今河南封丘东。 3 公不与盟：鲁昭公参加了平丘之会，理应参加盟约，只因鲁国权在三家，经常侵伐邾、莒，以致邾、莒控诉于晋，晋侯因而拒绝鲁昭公与盟。经文书“公不与盟”，是讥刺鲁昭公不能治国。 4 鲁国大臣专政，背昭公而伐邾、莒。邾、莒诉于晋。晋不许鲁昭公盟,并抓捕季孙意如。 5 庐:蔡国隐太子之子。 6 吴:陈国悼太子之子。 7 变之不葬:诸侯不书葬的变例。 8 州来:受楚保护的小国名。地在今安徽凤台。

昭公十四年

原文

【经】十有四年,春,意如至自晋。

【传】大夫执则致,致则名。意如恶[1],然而致,见君臣之礼也。

【经】三月,曹伯滕[2]卒。

【经】夏,四月。

【经】秋,葬曹武公。

【经】八月,莒子去疾卒。

【经】冬,莒杀其公子意恢。

【传】言公子而不言大夫,莒无大夫也。莒无大夫,而曰公子意恢,意恢贤也。曹、莒皆无大夫。其所以无大夫者,其义异[3]也。

译文

【经】鲁昭公十四年,春季,意如从晋国回来。

【传】大夫被逮捕后归国,君主为他告祭祖庙,告祭祖庙时称名。意如恶劣,然而为他归国告祭祖庙,是表明君对臣的礼。

【经】三月,曹伯滕去世。

【经】夏季,四月。

【经】秋季,安葬曹武公。

【经】八月,莒子去疾去世。

【经】冬季,莒国杀他的公子意恢。

【传】说“公子”而不说“大夫”,是莒国没有大夫。莒国没有大夫,(这里)却说“公子意恢”,是因为意恢贤能。曹国、莒国都没有大夫。它们之所以没有大夫,各有不同的原因。

注释 1 意如恶:季孙意如几次谮诉鲁昭公于晋,后又伐莒,得罪盟主晋国,以致被囚。 2 滕:曹武公名。 3 其义异:曹国始祖振铎,周文王之子。武王得天下后,封之于曹,在甸服(距王室京城约一千里)之内。后来日渐削小,所以和本为小国的莒国一样,官制都没有大夫这一级别。但其所以无,情况不同。

昭公十五年

原文

【经】十有五年,春,王正月,吴子夷末[1]卒。

【经】二月,癸酉,有事[2]于武宫[3]。籥[4]入,叔弓卒,去乐卒事[5]。

【传】君在祭乐之中,闻大夫之丧,则去乐卒事,礼也。君在祭乐之中,大夫有变,以闻,可乎?大夫,国体也。古之人重死,君命无所不通。

【经】夏,蔡朝吴[6]出奔郑。

【经】六月,丁巳,朔,日有食之。

【经】秋,晋荀吴帅师伐鲜虞。

【经】冬,公如晋。

译文

【经】鲁昭公十五年,春季,周王的正月,吴子夷末去世。

【经】二月,癸酉日,武庙有祭祀活动。奏籥管的人进入,叔弓去世,撤除音乐,继续祭祀完毕。

【传】国君在庙中祭祀,乐人演奏音乐,听到大夫去世的消息,就撤除音乐,把祭祀继续进行完毕,符合礼。国君在庙中祭祀,乐人演奏音乐,大夫死丧,把消息报告给国君,可以吗?大夫是国家的肢体。古人看重死亡,向国君报告,没有什么时候不可以。

【经】夏季,蔡国的朝吴出逃到郑国。

【经】六月,丁巳日,朔日,发生日食。

【经】秋季,晋国的荀吴领兵攻伐鲜虞。

【经】冬季,鲁昭公到晋国。

注释 1 夷末:一作"夷昧",继馀祭为吴王。 2 有事:特指祭祀。 3 武宫:鲁武公之庙。鲁武公名敖,鲁始祖伯禽之玄孙。 4 籥(yuè):祭时有音乐。音乐分为文舞和武舞。文舞手执羽籥(长管乐器,六孔,可执作舞具,舞时与羽并执)。羽,树雉尾于竿,执而舞之。这里的籥,代指执此舞具的文舞。籥入,谓文舞首先入场。 5 去乐卒事:撤去钟、鼓、管、磬,以示悼念。但仍继续祭祀,直至完毕。 6 朝吴:蔡国大夫。

昭公十六年

原文

【经】十有六年,春,齐侯伐徐。

【经】楚子诱戎蛮子[1]杀之。

【经】夏,公至自晋。

【经】秋,八月,己亥,晋侯夷[2]卒。

【经】九月,大雩。

【经】季孙意如如晋。

【经】冬,十月,葬晋昭公。

译文

【经】鲁昭公十六年,春季,齐侯攻伐徐国。

【经】楚子诱骗戎蛮子把他杀了。

【经】夏季,鲁昭公从晋国回来。

【经】秋季,八月,己亥日,晋侯夷去世。

【经】九月,举行大雩祭。

【经】季孙意如到晋国。

【经】冬季,十月,安葬晋昭公。

注释 1 戎蛮子:戎人之君。 2 夷:晋昭公名。

昭公十七年

原文

【经】十有七年，春，小邾子来朝。

【经】夏，六月，甲戌，朔，日有食之。

【经】秋，郯子来朝。

【经】八月，晋荀吴帅师灭陆浑戎[1]。

【经】冬，有星孛[2]于大辰[3]。

【传】一有一亡曰有。于大辰者，滥[4]于大辰也。

【经】楚人及吴战于长岸[5]。

【传】两夷狄曰败，中国与夷狄亦曰败。楚人及吴战于长岸，进楚子，故曰战。

译文

【经】鲁昭公十七年，春季，小邾子来朝见。

【经】夏季，六月，甲戌日，朔日，发生日食。

【经】秋季，郯子前来朝见。

【经】八月，晋国的荀吴领兵灭陆浑戎。

【经】冬季，有彗星位于大辰。

【传】一个时候有，另一个时候无，就说有。“位于大辰”，是光芒充溢入于大辰星座。

【经】楚国人和吴国在长岸作战。

【传】两方都是夷狄说“打败”，中原诸侯和夷狄作战也说“打败”。（楚和吴都是夷狄，）写“楚国人和吴国在长岸作战”，提高楚子，所以说“作战”。

注释　1 陆浑戎：其时或指居于今河南嵩县东北之戎人。　2 孛(bèi)：彗星，俗称扫帚星。古人以为彗星出现是不祥之兆。　3 大辰：苍龙七宿的心星，又特指心宿二，又名“大火”。 4 滥：本不当在大辰，而入于大辰，弥漫四布。 5 长岸：楚地，在今安徽当涂西南。

昭公十八年

原文

【经】十有八年，春，王三月，曹伯须[1]卒。

【经】夏，五月，壬午，宋、卫、陈、郑灾。

【传】其志，以同日也。其日，亦以同日也。或曰，人有谓郑子产曰：“某日有灾。”子产曰：“天者神，子恶知之？”是人也，同日为四国灾也。

【经】六月，邾人入鄅[2]。

【经】秋，葬曹平公。

【经】冬，许迁于白羽[3]。

译文

【经】鲁昭公十八年，春季，周王的三月，曹伯须去世。

【经】夏季，五月，壬午日，宋国、卫国、陈国、郑国发生火灾。

【传】记这事，是因为（四国的火灾在）同一天。记下日子，也是因为（四国的火灾在）同一天。有一种说法是，有人对郑国的子产说：“某天有火灾。”子产说：“天是神，您是从哪里知道的？”就是这个人，同一天在四国造成火灾。

【经】六月，邾国人攻进鄅国。

【经】秋季，安葬曹平公。

【经】冬季，许国迁都到白羽。

注释 1 曹伯须：曹平公，名须。 2 鄅(yǔ)：小国名，妘姓，子爵，在今山东临沂北。 3 白羽：又称析，在今河南西峡。

昭公十九年

原文

【经】十有九年，春，宋公伐邾。

【经】夏，五月，戊辰，许世子止弑其君买。

【传】日弑，正卒也。正卒，则止不弑也。不弑而曰弑，责止也。止曰："我与夫弑者。"不立乎其位，以与其弟虺。哭泣，歠[1]饘[2]粥，嗌[3]不容粒，未逾年而死，故君子即止自责[4]而责之也。

【经】己卯，地震。

【经】秋，齐高发帅师伐莒。

【经】冬，葬许悼公。

【传】日卒时葬，不使止为弑父也。曰：子既生，不免乎水火，母之罪也，羁贯[5]成童，不就师傅，父之罪也，就师学

译文

【经】鲁昭公十九年，春季，宋公攻伐邾国。

【经】夏季，五月，戊辰日，许世子止杀了他的君主买。

【传】记杀的日子，表明是正常死亡。正常死亡，那止就没有杀君主。没有杀君主而说是他杀的，是责备止。止(自责)说："我与那杀君主的同罪。"不肯就君位，把君位让给他的弟弟虺。痛哭抽泣，只喝粥，咽喉痛得吞不下一粒米，没有过一年就死了，所以君子就用止的自责来责备止。

【经】己卯日，发生地震。

【经】秋季，齐国的高发领兵攻伐莒国。

【经】冬季，安葬许悼公。

【传】去世记日子，下葬记季度(表明正常)，不让止成为杀父的人。(《春秋》)认为：孩子已生下，不免于水火之灾，是母亲的罪过；到了童年时期，不去师傅那里就教，是父亲的罪过；去师傅那里接受教

问无方，心志不通，身之罪也；心志既通，而名誉不闻，友之罪也；名誉既闻，有司不举，有司之罪也；有司举之，王者不用，王者之过也。许世子不知尝药，累及许君也。

育，学习不对头，心思不能贯通大道，是本身的罪过；心思已能贯通大道，而名声、荣誉不被别人听闻，是朋友的罪过；名声、荣誉已被人听闻，官不荐举，是官吏的罪过；官吏荐举了他，为王的人不任用，是为王的过失。许国世子止进药，不知首先要尝一下这药，药杀了父亲，罪过连累到许君。

注释 1 歠(chuò)：饮，喝。 2 饘(zhān)：稠粥。 3 嗌(yì)：喉咙。 4 自责：世子责备自己未能事先精心护理，未能汤药先尝，以致为庸医所误。 5 羁贯：古时成童发式，女曰“羁”，男曰“贯”。后泛指童年。

昭公二十年

原文

【经】二十年，春，王正月。

【经】夏，曹公孙会自梦[1]出奔宋。

【传】自梦者，专乎梦[2]也。曹无大夫，其曰公孙，何也？言其以贵取之，而不以叛也。

【经】秋，盗杀卫侯之兄辄。

译文

【经】鲁昭公二十年，春季，周王的正月。

【经】夏季，曹国公孙会从梦邑出逃到宋国。

【传】“从梦邑”，是能自行控制梦邑的意思。曹国没有大夫，这里说“公孙”，是什么意思？是说他凭着公孙的尊贵地位取得梦邑，而不以梦邑反叛。

【经】秋季，盗贼杀死卫侯的哥哥辄。

【传】盗，贱也。其曰兄，母兄也。目[3]卫侯，卫侯累也。然则何为不为君也？曰：有天疾[4]者，不得入乎宗庙。辄者，何也？曰：两足不能相过[5]，齐谓之綦[6]，楚谓之踂[7]，卫谓之辄[8]。

【经】冬，十月，宋华亥、向宁、华定出奔陈。

【经】十有一月，辛卯，蔡侯庐[9]卒。

【传】盗，是卑贱之辞。这里说"哥哥"，是同母兄。将卫侯写在条目中，是罪连及卫侯(不能保护自己的兄长)。既然是卫侯的同母兄，那么他为什么没有做国君呢？(回答)说：因有天生残疾，不能进入宗庙。辄有什么天生残疾？(回答)说：两只脚相并，不能迈开步，齐国叫它作綦，楚国叫它作踂，卫国叫它作辄。

【经】冬季，十月，宋国的华亥、向宁、华定出逃到陈国。

【经】十一月，辛卯日，蔡侯庐去世。

注释 1 梦：曹邑。今山东菏泽。 2 专乎梦：谓对梦邑有完全支配的权力。 3 目：犹如说列出。 4 天疾：天生残疾，如哑、聋、盲、癞、秃、跛、驼背。 5 不能相过：左脚跨不过右脚，右脚跨不过左脚。 6 綦(qí)：一种残疾，两脚相并，不能跨出。 7 踂(niè)：跨步艰难的残疾。 8 辄(zhé)：一种足疾。 9 庐：蔡平公名。

昭公二十一年

原文

【经】二十有一年，春，王三月，葬蔡平公。

【经】夏，晋侯使士鞅

译文

【经】鲁昭公二十一年，春季，周王的三月，安葬蔡平公。

【经】夏季，晋侯派士鞅前来聘

来聘。

【经】宋华亥、向宁、华定自陈入于宋南里[1]以叛。

【传】自陈，陈有奉焉尔。入者，内弗受也。其曰宋南里，宋之南鄙也。以者，不以者也。叛，直叛[2]也。

【经】秋，七月，壬午，朔，日有食之。

【经】八月，乙亥，叔辄卒。

【经】冬，蔡侯东出奔楚。

【传】东者，东国也。何为谓之东也？王父[3]诱而杀焉，父[4]执而用焉，奔而又奔之[5]。曰东，恶之而贬之也。

【经】公如晋，至河乃复。

问。

【经】宋国的华亥、向宁、华定从陈国进入宋国都城的南里，以这里为据点反叛。

【传】“从陈国”，是陈国对他们有支持。“入”，是国内不接受。这里说“宋国都城的南里”，是宋国都城的南部边缘。“以”，是不应该以。“反叛”，只是反叛(，不出逃到他国)。

【经】秋季，七月，壬午日，朔日，发生日食。

【经】八月，乙亥日，叔辄去世。

【经】冬季，蔡侯东出逃到楚国。

【传】“东”，是东国。为什么叫他作东？祖父被楚国诱骗杀死在那里，父亲被楚国逮捕作为牲体用于祭祀，自己出逃又是逃到仇国。将他的名写成东，是谴责他，贬斥他。

【经】鲁昭公到晋国去，走到黄河就返回了。

注释 1 南里：宋都监狱所在街里。 2 直叛：只是反叛。 3 王父：东国的祖父般(蔡灵公)被楚灵王诱骗而杀之于申。见昭公十一年经文。 4 父：东国之父蔡世子友在同年十一月被楚师所执，灵王用作牺牲以祭神。 5 之：指楚，蔡之仇国。

昭公二十二年

原文

【经】二十有二年，春，齐侯伐莒。

【经】宋华亥、向宁、华定自宋南里出奔楚。

【传】自宋南里者，专也。

【经】大蒐于昌间[1]。

【传】秋而曰蒐。此春也，其曰蒐，何也？以蒐事也[2]。

【经】夏，四月，乙丑，天王[3]崩。

【经】六月，叔鞅如京师。葬景王。王室乱[4]。

【传】乱之为言，事未有所成也。[5]

【经】刘子、单子[6]以王猛居于皇[7]。

【传】以者，不以者也。王猛，嫌也。[8]

译文

【经】鲁昭公二十二年，春季，齐侯攻伐莒国。

【经】宋国的华亥、向宁、华定自宋国都城的南里出逃到楚国。

【传】“自宋国都城的南里”，是他们能自行控制(这里)。

【经】在昌间举行大蒐。

【传】秋季田猎叫蒐。这是春季，这里说“蒐”，是为什么？在田猎时演习军事。

【经】夏季，四月，乙丑日，周王驾崩。

【经】六月，叔鞅到京师。安葬周景王。王室动乱。

【传】用“乱”来说，是事情没有成功。

【经】刘子、单子带着王猛在皇地居留。

【传】“以”，是不应当以。写“王猛”，是说他有当国的嫌疑。

【经】秋，刘子、单子以王猛入于王城[9]。

【传】以者，不以者也。入者，内弗受也。

【经】冬，十月，王子猛卒。

【传】此不卒者也。[10]其曰卒，失嫌[11]也。

【经】十有二月，癸酉，朔，日有食之。

【经】秋季，刘子、单子带着王猛进入王城。

【传】"以"，是不应当以。写"进入"，是说王城里的人不肯接受(他)。

【经】冬季，十月，王子猛去世。

【传】这是不应当记去世的，说"去世"，是因为人已死，篡国的嫌疑已经消失。

【经】十二月，癸酉日，朔日，发生日食。

注释 1 昌间：鲁地，在今山东泗水境。 2 以蒐事也：以蒐为名，实际上是进行军事训练。 3 天王：周景王。 4 王室乱：王子猛立，王子朝(景王长庶子)利用已失职秩的官员和灵王、景王不满现状的子孙作乱。 5 刘子、单子立王子猛(后谥悼王)，王子朝想篡悼王之位，但未成功。 6 刘子、单子：都是王室卿士。刘子刘狄，刘献公长庶子。单子单旗，又称单穆公。 7 皇：周地，今河南巩义西南。 8 王猛，嫌也：经书"王猛"，不称"王子猛"，是认为猛有篡窃嫌疑，虽已即位，实亦不正。 9 王城：周地，在今河南洛阳西北。 10 王子猛未正式即位，其死不应书"卒"。 11 失嫌：猛已死，篡窃王位的嫌疑已经消除。

昭公二十三年

原文

【经】二十有三年，

译文

【经】鲁昭公二十三年，春季，周

春,王正月,叔孙婼如晋。

【经】癸丑,叔鞅卒。

【经】晋人执我行人叔孙婼[1]。

【经】晋人围郊[2]。

【经】夏,六月,蔡侯东国[3]卒于楚。

【经】秋,七月,莒子庚舆[4]来奔。

【经】戊辰,吴败顿、胡、沈、蔡、陈、许之师于鸡甫[5]。胡子髡、沈子盈灭[6]。

【传】中国不言败,此其言败,何也?中国不败,胡子髡、沈子盈其灭乎?其言败,释其灭也。

【经】获陈夏齧[7]。

【传】获者,非与[8]之辞也,上下之称[9]也。

【经】天王居于狄泉[10]。

【传】始王[11]也。其曰天王,因其居而王之也。[12]

【经】尹氏立[13]王子朝。

【传】立者,不宜立者也。朝之不名[14],何也?别嫌乎尹氏之朝也[15]。

王的正月,叔孙婼到晋国。

【经】癸丑日,叔鞅去世。

【经】晋国人逮捕我国使者叔孙婼。

【经】晋国人包围郊。

【经】夏季,六月,蔡侯东国在楚国去世。

【经】秋季,七月,莒子庚舆逃亡前来。

【经】戊辰日,吴在鸡甫打败顿国、胡国、沈国、蔡国、陈国、许国的军队。胡子髡、沈子盈战死。

【传】对中原诸侯国不说“打败”,这里说“打败”,是为什么?中原诸侯国不被打败,胡子髡、沈子盈难道能战死吗?这里说被打败,是解释他们战死的原因。

【经】陈国的夏齧被俘获。

【传】“俘获”,不是承认吴国可以俘获中原诸侯国的大夫的说法,是分别君臣上下的说法。

【经】周王居留在狄泉。

【传】这里是开始用“王”的名称记他。这里说“天王”,因他这时居留在狄泉,(恐人疑他失位,)所以称他为“天王”,表示周王以天下为家。

【经】尹氏立王子朝为王。

【传】“立”,是不应该立的。对朝不单独写他的名,(前面加上“王

【经】八月，乙未，地震。

【经】冬，公如晋，至河，公有疾，乃复。

【传】疾不志，此其志，何也？释不得入乎晋也。

子”二字，）是为什么？是为了避免朝是尹氏的嗣子的嫌疑。

【经】八月，乙未日，发生地震。

【经】冬季，鲁昭公到晋国去，走到黄河边，鲁昭公生病，就返回了。

【传】生病不记，这里为什么记？是解释鲁昭公不能进入晋国的原因。

注释 1 据《左传》，上一年邾人在翼地筑城，回去时经过鲁地武城。武城人拦击并消灭了筑城的邾军。邾人向霸主晋控诉，晋人来鲁问罪。叔孙婼去晋解释，晋人逮捕了他。 2 郊：周邑。晋人讨伐王子朝，故围郊。 3 蔡侯东国：蔡悼公，名东国，隐太子之子，平侯庐之弟，朱之叔父。 4 庚舆：莒共公名。 5 鸡甫：楚地，在今安徽金寨西北，河南固始东南。 6 灭：谓战死。 7 获陈夏齧(niè)：陈国的夏齧被俘。夏齧，陈大夫，夏徵舒曾孙。 8 与：承认，赞同。 9 上下之称：君说灭，臣说获。君为上，臣为下。 10 狄泉：在今河南洛阳。天王指周敬王匄，猛之母弟，猛死继立。王子朝攻入王城，敬王只能避居狄泉。 11 始王：敬王在上一年十一月十六日继其同母兄王猛之卒而即位，而经文在此之前没有称他为“王”。现在是第一次称他为“王”。 12 因他居于狄泉，非当居之地，特意说“天王”，证明他未失天子之位。 13 尹氏立：尹氏，王室世卿。“尹氏立”，说明不是王室贵族都同意拥戴王子朝。 14 朝之不名：不说朝，而说王子朝。 15 经文不书“王子”，则朝附属于尹氏。加上“王子”，读者就能区别，使朝具有王子的身份，不至于有成为尹氏附属品的嫌疑。

昭公二十四年

原文

【经】二十有四年，春，王二月，丙戌，仲孙貜卒。

【经】婼至自晋。

【传】大夫执则致，致则挈[1]，由上致之也。

【经】夏，五月，乙未，朔，日有食之。

【经】秋，八月，大雩。

【经】丁酉，杞伯郁厘[2]卒。

【经】冬，吴灭巢[3]。

【经】葬杞平公。

译文

【经】鲁昭公二十四年，春季，周王的二月，丙戌日，仲孙貜去世。

【经】婼从晋国回来。

【传】大夫被逮捕回来，国君就致告祖庙，告庙时去掉氏姓直称名，因为是由君上为他致告祖庙(，所以记他回来也直称名)。

【经】夏季，五月，乙未日，朔日，发生日食。

【经】秋季，八月，举行大雩祭。

【经】丁酉日，杞伯郁厘去世。

【经】冬季，吴国灭巢。

【经】安葬杞平公。

注释 1 挈:直举其名曰“婼”，前不加“叔孙”。因为告致是由昭公致词，昭公称之曰婼，故经亦如是称，不加“叔孙”二字。 2 郁厘:杞平公名。 3 巢:小国名，偃姓，在今安徽巢湖东北。

昭公二十五年

原文

【经】二十有五年，春，叔孙婼如宋。

【经】夏，叔倪会晋赵鞅、宋乐大心、卫北宫喜、郑游吉、曹人、邾人、滕人、薛人、小邾人于黄父[1]。

【经】有鸜鹆[2]来巢。

【传】一有一亡曰有。来者，来中国[3]也。鸜鹆穴者而曰巢，或曰：增之[4]也。

【经】秋，七月，上辛[5]，大雩。季辛[6]，又雩。

【传】季者，有中之辞也。[7]又，有继之辞也。

【经】九月，乙亥，公孙[8]于齐。

【传】孙之为言，犹孙[9]也。讳奔也。

【经】次于阳州[10]。

译文

【经】鲁昭公二十五年，春季，叔孙婼到宋国。

【经】夏季，叔倪与晋国的赵鞅、宋国的乐大心、卫国的北宫喜、郑国的游吉、曹国人、邾国人、滕国人、薛国人、小邾国人在黄父聚会。

【经】有鸜鹆前来筑巢。

【传】一个时候有，另一个时候没有，就说“有”。“来”，是从夷狄地区来中原地区。鸜鹆鸟居于洞穴却说“筑巢”，有人说：(这个“巢”字)是后人增加的。

【经】秋季，七月，上辛日，举行大雩祭。季辛日，又举行雩祭。

【传】“季(辛)”，是说本有(上辛)中(辛)。“又”，是表明有所继续的言辞。

【经】九月，乙亥日，鲁昭公逊避到齐国。

【传】“逊避”，如同说逊遁。为他被逐出逃隐讳。

【经】停驻在阳州。

【传】次，止也。

【经】齐侯唁公于野井[11]。

【传】吊失国曰唁。唁公不得入于鲁也。

【经】冬，十月，戊辰，叔孙婼卒[12]。

【经】十有一月，己亥，宋公佐卒于曲棘[13]。

【传】邡公[14]也。

【经】十有二月，齐侯取郓[15]。

【传】取，易辞也。内不言取，以其为公取之，故易言之也。

【传】"次"，停驻的意思。

【经】齐侯在野井慰问鲁昭公。

【传】慰问失去国家的人说"唁"。是慰问鲁昭公不能进入鲁国。

【经】冬季，十月，戊辰日，叔孙婼去世。

【经】十一月，己亥日，宋公佐在曲棘去世。

【传】(他)是为鲁昭公谋划回鲁国(在曲棘去世的)。

【经】十二月，齐侯取得(我国)郓邑。

【传】"取"，是容易的说法。对我国不说取，因为是为鲁昭公取，所以用容易的词语来记它。

注释 1 黄父：晋地，在今山西沁水西北。 2 鸜鹆(qúyù)：鸟名，俗称八哥。 3 中国：国中，鲁都城之中。 4 增之："巢"这个字是修订者加上去的。 5 上辛：上旬辛卯日，即三日。 6 季辛：下旬辛亥日，二十三日。 7 上辛举行雩祭，季辛也举行，那么，中辛十三日也就举行过。 8 孙：同"逊"，逊让。鲁昭公不能容忍季平子专权，进行讨伐。败而奔齐以待变。 9 孙：逊遁。 10 阳州：本鲁地，时已属齐。在今山东东平北境。 11 齐侯：齐景公。野井：齐地，今山东齐河东南，济水东，今黄河东岸。 12 叔孙婼卒：据《左传》，叔孙婼因季平子不肯迎回鲁昭公，愤而自杀。 13 曲棘：宋地，今河南兰考东南，民权西北。 14 邡(fǎng)公：邡，同"访"，计划，谋划。曲棘是由宋往晋的通道。宋元公之所以卒于曲棘，是为了赴晋和晋顷公商量送鲁昭公返回鲁国的事。 15 郓：鲁有两郓，一为东郓，一为西郓。此为西郓，地近于齐，在今山东郓城东。齐景公出兵取郓，是为了让鲁昭公住在那里。

昭公二十六年

原文

【经】二十有六年，春，王正月，葬宋元公。

【经】三月，公至自齐，居于郓。

【传】公次于阳州，其曰至自齐，何也？以齐侯之见公，可以言至自齐也。居于郓者，公在外也。至自齐，道义不外公[1]也。

【经】夏，公围成[2]。

【传】非国不言围，所以言围者，以大公也。

【经】秋，公会齐侯、莒子、邾子、杞伯，盟于鄟陵[3]。公至自会。居于郓。

【传】公在外也。至自会，道义不外公也。

【经】九月，庚申，楚

译文

【经】鲁昭公二十六年，春季，周王的正月，安葬宋元公。

【经】三月，鲁昭公从齐国回来，居住在郓邑。

【传】鲁昭公是停驻在阳州（并未去到齐都），这里说“从齐国回来”，是为什么？因为齐侯到野井见鲁昭公（等于鲁昭公到了齐都），可以说是从齐国回来。“居住在郓邑”，是说鲁昭公还在国都的外面。“从齐国回来”，是做臣的本着君臣的道义，不把鲁昭公当外人。

【经】夏季，鲁昭公包围成邑。

【传】不是国不说包围，这里说包围，是用来张大鲁昭公。

【经】秋季，鲁昭公会见齐侯、莒子、邾子、杞伯，在鄟陵结盟。鲁昭公从会盟回来，居住在郓邑。

【传】是鲁昭公还在国都之外。“从会盟回来”，是臣在道义上不把鲁昭公子居[4]卒。

【经】冬，十月，天王入于成周[5]。

【传】周，有入无出也。

【经】尹氏、召伯、毛伯以王子朝奔楚。

【传】远矣，非也[6]。奔，直奔也。

当外人(，把他当成已回国都来记)。

【经】九月，庚申日，楚子居去世。

【经】冬季，十月，周王进入成周。

【传】"周"，是有进入而无外出的。

【经】尹氏、召伯、毛伯带着王子朝逃奔到楚国。

【传】谴责的意义深远啊。"逃奔"，只是逃奔的意思(，不像鲁昭公写成"逊避")。

注释 1 不外公：不以鲁昭公为外人，仍承认他是鲁国国君。 2 成：鲁邑，在今山东宁阳东北。 3 鄟(zhuān)陵：或以为即鄟，邾邑，在今山东郯城东北。 4 楚子居：楚平王，名熊居，又名弃疾。 5 天王：周敬王。成周：东都洛邑，故址可能在今河南洛阳东郊白马寺之东。 6 远矣，非也：其非也远矣！那批判谴责的意义深远。

昭公二十七年

原文

【经】二十有七年，春，公如齐。

【经】公至自齐，居于郓。

【传】公在外也。

【经】夏，四月，吴弑其君僚[1]。

译文

【经】鲁昭公二十七年，春季，鲁昭公到齐国。

【经】鲁昭公从齐国回来，住在郓邑。

【传】鲁昭公还在国都以外的地方。

【经】夏季，四月，吴国杀它的君

【经】楚杀其大夫郤宛。

【经】秋，晋士鞅、宋乐祁犁、卫北宫喜、曹人、邾人、滕人会于扈[2]。

【经】冬，十月，曹伯午[3]卒。

【经】邾快[4]来奔。

【经】公如齐。

【经】公至自齐，居于郓。

主僚。

【经】楚国杀它的大夫郤宛。

【经】秋季，晋国的士鞅、宋国的乐祁犁、卫国的北宫喜、曹国人、邾国人、滕国人在扈地聚会。

【经】冬季，十月，曹伯午去世。

【经】邾国的快逃奔前来。

【经】鲁昭公到齐国。

【经】鲁昭公从齐国回来，居住在郓邑。

注释 1 吴弑其君僚：吴王寿梦四子，长诸樊，次馀祭，三为夷昧，四为季札。相约兄死弟继，最终让位季札。季札不受，夷昧之子僚继父而立。诸樊之子光认为，季札不立，当由自己继位，便派勇士专诸藏剑于鱼腹中，刺杀公子僚，而后光自立，这就是阖闾。2 扈：郑邑，在今河南原阳西。3 午：曹悼公名。 4 邾快：邾国之大夫，名快。

昭公二十八年

原文

【经】二十有八年，春，王三月，葬曹悼公。

【经】公如晋，次于乾侯[1]。

【传】公在外也。

【经】夏，四月，丙戌，

译文

【经】鲁昭公二十八年，春季，周王的三月，安葬曹悼公。

【经】鲁昭公到晋国，停驻在乾侯。

【传】鲁昭公在国都之外。

【经】夏季，四月，丙戌日，郑伯宁

郑伯宁[2]卒。

【经】六月，葬郑定公。

【经】秋，七月，癸巳，滕子宁[3]卒。

【经】冬，葬滕悼公。

去世。

【经】六月，安葬郑定公。

【经】秋季，七月，癸巳日，滕子宁去世。

【经】冬季，安葬滕悼公。

注释 1 乾侯：晋地，在今河北成安东南。 2 宁：郑定公名。 3 宁：滕悼公名。

昭公二十九年

原文

【经】二十有九年，春，公至自乾侯，居于郓。

【经】齐侯使高张来唁公。

【传】唁公不得入于鲁也。

【经】公如晋，次于乾侯。

【经】夏，四月，庚子，叔倪[1]卒。

【传】季孙意如曰："叔倪无病而死。此皆无公也，是天命也，非我罪也。"

【经】秋，七月。

译文

【经】鲁昭公二十九年，春季，鲁昭公从乾侯回来，居住在郓邑。

【经】齐侯派遣高张前来慰问鲁昭公。

【传】是慰问鲁昭公不能进入鲁国。

【经】鲁昭公到晋国去，停驻在乾侯。

【经】夏季，四月，庚子日，叔倪去世。

【传】季孙意如说："叔倪无病而死。这都是我们鲁国没有国君的缘故，这是上天的旨意，并不是我的罪过。"

【经】秋季，七月。

【经】冬季，十月，郓邑溃散。

【经】冬,十月,郓溃。

【传】溃之为言,上下不相得也。上下不相得则恶矣,亦讥公也。昭公出奔,民如释重负。

【传】"溃散",是君上与臣民不和。君上与臣民不和就是坏事了,也是讥讽鲁昭公(不修德行而失民)。鲁昭公出逃,民众就像放下了所背负的重物一样。

注释 1 叔倪:叔鞅之子。鲁昭公出亡后,叔倪向季平子(季孙意如)要求接昭公复位,没有成功。

昭公三十年

原文

【经】三十年,春,王正月,公在乾侯。

【传】中国不存公。存公,故也[1]。

【经】夏,六月,庚辰,晋侯去疾[2]卒。

【经】秋,八月,葬晋顷公。

【经】冬,十有二月,吴灭徐。徐子章羽奔楚。

译文

【经】鲁昭公三十年,春季,周王的正月,鲁昭公在乾侯。

【传】鲁昭公在国内是不写鲁昭公在什么地方的。岁首写鲁昭公在什么地方,是表示有变故(不在国内了)。

【经】夏季,六月,庚辰日,晋侯去疾去世。

【经】秋季,八月,安葬晋顷公。

【经】冬季,十二月,吴国灭亡徐国。徐子章羽逃奔到楚国。

注释 1 存公,故也:(岁首写)公在什么地方,那是由于变故,出了问题。 2 去疾:晋顷公名。

昭公三十一年

原文

【经】三十有一年，春，王正月，公在乾侯。

【经】季孙意如会晋荀栎于適历[1]。

【经】夏，四月，丁巳，薛伯穀[2]卒。

【经】晋侯使荀栎唁公于乾侯。

【传】唁公不得入于鲁也，曰："既为君言之矣，不可者意如也。"

【经】秋，葬薛献公。

【经】冬，黑肱以滥来奔[3]。

【传】其不言邾黑肱，何也？别乎邾[4]也。其不言滥子，何也？非天子所封也。来奔，内不言叛也。

【经】十有二月，辛亥，朔，日有食之。

译文

【经】鲁昭公三十一年，春季，周王的正月，鲁昭公在乾侯。

【经】季孙意如在適历会见晋国的荀栎。

【经】夏季，四月，丁巳日，薛伯穀去世。

【经】晋侯派荀栎到乾侯慰问鲁昭公。

【传】是慰问他不能进入鲁国，说："已经为君回国的事向鲁国讲了，是意如不同意。"

【经】秋季，安葬薛献公。

【经】冬季，黑肱带着滥逃奔前来。

【传】这里不说"邾国的黑肱"，是为什么？是把他和邾国分别开来（，使得滥像国一样）。不说"滥子"，是为什么？因为他不是天子所封。说"逃奔前来"，（是土地归了我国，）我国不好说"背叛"。

【经】十二月，辛亥日，朔日，发生日食。

注释 1 適(dí)历:晋地,无可考。 2 穀:薛献公名。 3 黑肱(gōng):邾大夫。滥:在今山东滕州东南。 4 别乎邾:经文只书"黑肱",前面不加"邾"字,是把滥和邾分开。滥本邾国一邑,黑肱先人叔术让国,只受滥邑,因此经文把滥看成一个独立的行政区域。

昭公三十二年

原文

【经】三十有二年,春,王正月,公在乾侯,取阚[1]。

【经】夏,吴伐越。

【经】秋,七月。

【经】冬,仲孙何忌会晋韩不信、齐高张、宋仲幾、卫太叔申、郑国参、曹人、莒人、邾人、薛人、杞人、小邾人,城成周。

【传】天子微,诸侯不享觐[2]。天子之在者,惟祭与号。故诸侯之大夫相帅以城之,此变之正也。

【经】十有二月,已未,公薨于乾侯。

译文

【经】鲁昭公三十二年,春季,周王的正月,鲁昭公在乾侯,取得阚地。

【经】夏季,吴国攻伐越国。

【经】秋季,七月。

【经】冬季,仲孙何忌会同晋国的韩不信、齐国的高张、宋国的仲幾、卫国的太叔申、郑国的国参、曹国人、莒国人、邾国人、薛国人、杞国人、小邾国人,为成周筑城。

【传】天子势力弱小,四方诸侯不再进献,又无朝见之礼。表明天子存在的,只是郊祭上帝与王号。所以诸侯们的大夫领兵为他筑城,(虽然大夫行诸侯之职,礼制大变,但诸侯仍对天子从命,)这是在变动中合于正常礼制的事情。

【经】十二月,己未日,鲁昭公在乾侯去世。

注释 1 阚(kàn):鲁邑,在今山东汶上西南。 2 享觐(jìn):供献品物,朝见君王。

定公

定公元年

原文

【经】元年[1]，春，王。

【传】不言正月，定无正也。定之无正，何也？昭公之终，非正终也，定之始，非正始也。昭无正终，故定无正始。不言即位，丧在外也。

【经】三月，晋人执宋仲幾于京师[2]。

【传】此其大夫，其曰人，何也？微之也。何为微之？不正其执人于尊者之所也，不与大夫之伯讨[3]也。

【经】夏，六月，癸亥，公之丧[4]至自乾侯。

译文

【经】鲁定公元年，春季，周王。

【传】不说“正月”，是因为鲁定公没有正式即位。鲁定公没有正式即位，是为什么？因为鲁昭公的去世(是在国外)，不是正常的死亡，鲁定公的即位，不是正常的即位。《春秋》没有鲁昭公正常死亡的记载，所以也没有鲁定公正常即位的记载。不说“即位”，因为这时鲁昭公的遗体还在国外。

【经】三月，晋国人在京师逮捕宋国的仲幾。

【传】这是大夫，这里说“人”，是为什么？是贬低他。为什么要贬低他？不认为他在尊者的所在地逮捕人是正当的，不认可大夫以方伯的身份来讨伐有罪的人。

【经】夏季，六月，癸亥日，鲁昭公的遗体从乾侯运回国都。

注释 1 元年：鲁定公元年，公元前509年。鲁定公，名宋，鲁襄公之子，鲁昭公之弟。 2 列国大夫城成周时，宋大夫仲幾未承担应有的任务，晋大夫韩简子执仲幾，先送回晋，然后以晋侯之命送交王室。 3 伯讨：诸侯之长有权征讨不服王命者。这样的征伐，谓之“伯讨”。但此权只给方伯，这里是指晋侯，晋侯之臣无此权力。 4 丧：指遗体。

【经】戊辰，公即位。

【传】殡[1]然后即位也。定无正，见[2]无以正也。逾年不言即位，是有故公[3]也。言即位，是无故公也。即位，授受之道[4]也。先君无正终，则后君无正始也。先君有正终，则后君有正始也。戊辰，公即位，谨之也。定之即位，不可不察也。公即位，何以日也？戊辰之日，然后即位也。癸亥，公之丧至自乾侯，何为戊辰之日，然后即位也？正君乎国[5]，然后即位也。沈子[6]曰：“正棺乎两楹之间，然后即位也。”内之大事，日。即位，君之大事也，其不日，何也？以年决者，不以日决也。此

【经】戊辰日，鲁定公即位。

【传】行殡礼，然后行即位礼。鲁定公没有正式即位，这里表明了他没有在正月即位的原因。过了一个年头不说即位，这是因为有原来的国君；说即位，这是没有原来的国君。即位，是先君授位后君接位的规矩。先君不是正常的去世，后君就无正常的即位；先君有正常的去世，后君就有正常的即位。“戊辰日，鲁定公即位”，是郑重其事。鲁定公的即位，不能不仔细省察。鲁定公即位，为什么记日子？戊辰之日，是在丁卯殡礼之后即位的。癸亥日，鲁昭公的遗体从乾侯运回国，为什么在这以后的戊辰日即位？使鲁昭公在国中处于正位，然后鲁定公才即位。沈子说：“将棺移到两柱之间的正中，然后即位。”国内的大事，记日子。即位，是国君的大事，不记日子，是为什么？即位的时间是用年判定的，不是

则其日，何也？著之[7]也。何著焉？逾年即位，厉[8]也，于厉之中又有义[9]焉。未殡，虽有天子之命，犹不敢，况临诸臣乎？周人有丧，鲁人有丧，周人吊，鲁人不吊。周人曰："固吾臣也，使人可也。"鲁人曰："吾君也，亲之者也，使大夫则不可也。"故周人吊，鲁人不吊，以其下成康为未久也。[10]君，至尊也，去父之殡而往吊，犹不敢，况未殡而临诸臣乎？

用日判定的。这里为什么记日子？是要表明它。表明什么呢？超过一年才即位，是危险的，在危险之中又包含了义理。未行殡礼，即使有天子之命，也不敢（背殡前往），何况是即位在臣下面前为君理事呢？周人有丧事，鲁人也有丧事，周人来吊丧，鲁人不去吊丧。周人说："（他）本是我的臣，（我）派人去吊丧是可以的。"鲁人说："（他）是我的君，是要亲自去的，派大夫去就不可以。"所以周人来吊丧，鲁人不去吊丧，是因为那是离成王、康王之世不久。君是最尊贵的人，离开父亲的灵柩而前往京师吊丧尚且不敢，更何况未行殡礼就即位在臣下面前为君理事呢？

注释 1 殡：停丧待葬。 2 见：现，表示，说明。 3 故公：旧君主，这里指鲁昭公。 4 授受之道：在停丧待葬期间，新君在灵柩前受先君之命，始能即位。 5 正君乎国：把国君的遗体摆正在朝堂中间，即下文沈子所说："正棺乎两楹之间。" 6 沈子：《穀梁传》成文之前的经师。 7 著之：特意标明它。 8 厉：危险。 9 义：义理，其义理见下文。 10 周鲁之所以如此，是因为距离西周初年成王、康王的时代不算太久，还保留西周强盛时期的礼制。

【经】秋，七月，癸巳，葬我君昭公。

【经】九月，大雩。

【传】雩月，雩之正也。秋大雩，非正也。冬大雩，非正也。[1]秋大雩，雩之为非正，何也？毛泽[2]未尽，人力[3]未竭，未可以雩也。雩月，雩之正也。月之为雩之正，何也？其时[4]穷、人力尽，然后雩，雩之正也。何谓其时穷、人力尽？是月不雨则无及矣，是年不艾[5]则无食矣。是谓其时穷、人力尽也。雩之必待其时穷、人力尽，何也？雩者，为旱求者也。求者，请也。古之人重请。何重乎请？人之所以为人者，让也。请道去让也，则是舍其所以为人也，是以重之。焉请哉？请乎应上公。古之神人有应上公者，通乎阴阳，君亲帅诸大夫道之[6]而以请焉。夫请者，非可

【经】秋季，七月，癸巳日，安葬我国君主鲁昭公。

【经】九月，举行大雩祭。

【传】记雩祭的月份，表明雩祭正当。写秋季举行大雩祭，就不正当。冬季举行大雩祭，也不正当。秋季举行大雩祭不正当，是为什么？因为当时草木枝干的水分还未全干，人们对救旱还没有竭尽全力，不可以举行雩祭。这里记雩祭的月份，是表明雩祭的正当。写月份表明雩祭的正当，是为什么？因为那时候已到最后，人们对救旱已竭尽全力，这以后才举行雩祭，这雩祭正当。什么叫作“时候已到最后，人们对救旱已竭尽全力”？因为这个月不下雨，已来不及了；这一年无收成，就没有饭吃了。这就叫作“时候已到最后，人们对救旱已竭尽全力”。雩祭必须等到时候已到最后，人们对救旱已竭尽全力，是为什么？雩祭，是为干旱求雨。求，是请求。古人看重请求。为什么对请求看得重？人之所以是人，是因为有谦让的品德。既要请求，就去掉了谦让，就是舍弃了他所用来成为人的品德，因此看重请求。向谁请求？向应上公请求。古代神人有叫作应上公的，通晓阴阳

诒托[7]而往也，必亲之者也，是以重之。

【经】立炀宫[8]。

【传】立者，不宜立者也。

【经】冬，十月，陨霜杀菽[9]。

【传】未可以杀而杀，举重。可杀而不杀，举轻。其曰菽，举重也。

之理，国君亲自率领各大夫，带领大家请求他办事。请求，是不可以托人去请的，必须亲自去，因此看重请求。

【经】建立炀宫。

【传】"建立"，是不应当建立的。

【经】冬季，十月，降霜杀死豆类作物。

【传】不可以杀而杀了，就举分量重的说。可以杀而不杀的，就举分量轻的说。这里说豆，是举分量重的说。

注释 1 冬季庄稼都收藏了，用不着求雨，这时还举行雩祭，显然不合礼。 2 毛泽：五谷所含之水分。毛，草木，这里特指五谷等粮食作物。 3 人力：人们救旱的努力。 4 其时：指周历九月（夏历七月）。到这时仍大旱，那五谷就会枯萎。农人尽了人事，已无其他办法，只有雩祭求雨了。 5 艾(yì)：通"刈"，割，收割。这里指收成。 6 道之：在前面带队。道，通"导"，前导。 7 诒(dài)托：要他人以自己的名义代为请求。 8 炀宫：远祖鲁炀公的庙。鲁公伯禽卒，子考公酋立。考公四年，立弟熙，是为炀公。炀公是鲁国小宗代大宗之始。季氏是小宗季友之后，亦欲以代大宗昭公，故立炀公之庙。但按祭法，诸侯五庙，炀公至定公，年代邈远，祷所不及，更无立庙之理。所以《传》说："不宜立者也。" 9 菽：豆类作物。

定公二年

原文

【经】二年，春，王正月。

【经】夏，五月，壬辰，雉门[1]及两观[2]灾。

【传】其不曰雉门灾及两观，何也？灾自两观始也，不以尊者亲灾也。先言雉门，尊尊也。

【经】秋，楚人伐吴。

【经】冬，十月，新作雉门及两观。

【传】言新，有旧也。作，为也，有加其度也。此不正[3]，其以尊者亲之，何也？虽不正也，于美犹可也。

译文

【经】鲁定公二年，春季，周王的正月。

【经】夏季，五月，壬辰日，雉门和两观发生火灾。

【传】这里不说"雉门发生火灾延及两观"，是为什么？因为火灾是从两观开始的，不将尊崇的对象紧接着火灾来记。先说雉门，是表示对尊崇的对象的敬意。

【经】秋季，楚国人攻伐吴国。

【经】冬季，十月，新作雉门和两观。

【传】说"新"，是本有旧的。"作"，是建造，增加它的高度和宽度。这不合礼制，这里把所尊崇的雉门紧接着"建造"来记，是为什么？因为虽然不合礼制，但从华美这一点来说，还是可以这样写的。

注释 1 雉门：鲁宫南门。 2 两观：大门两旁的两个看台。门旁两阙，积土为台，台上为重屋曰楼，可以观望。常悬法令于其上，供民观览。又称象魏。 3 此不正：新修建的雉门和两观都比原来的更高大，这是不合礼的。

定公三年

原文

【经】三年,春,王正月,公如晋,至河乃复。

【经】三月,辛卯,邾子穿[1]卒。

【经】夏,四月。

【经】秋,葬邾庄公。

【经】冬,仲孙何忌及邾子盟于拔[2]。

译文

【经】鲁定公三年,春季,周王的正月,鲁定公到晋国去,到黄河边就返回了。

【经】三月,辛卯日,邾子穿去世。

【经】夏季,四月。

【经】秋季,安葬邾庄公。

【经】冬季,仲孙何忌与邾子在拔结盟。

注释 1 邾子穿:邾庄公,名穿。 2 拔:当是“郯”,在今山东郯城西南。

定公四年

原文

【经】四年,春,王二月,癸巳,陈侯吴[1]卒。

【经】三月,公会刘子[2]、晋侯、宋公、蔡侯、卫侯、陈子、郑伯、许男、曹伯、莒子、

译文

【经】鲁定公四年,春季,周王的二月,癸巳日,陈侯吴去世。

【经】三月,鲁定公与刘子、晋侯、宋公、蔡侯、卫侯、陈子、郑伯、许男、曹伯、莒子、邾子、顿子、胡子、滕

郳子、顿子、胡子、滕子、薛伯、杞伯、小邾子、齐国夏于召陵[3]，侵楚。

【经】夏，四月，庚辰，蔡公孙姓帅师灭沈[4]，以沈子嘉归，杀之。

【经】五月，公及诸侯盟于皋鼬[5]。

【传】后[6]而再会，公志于后会[7]也。后，志疑也。[8]

【经】杞伯成[9]卒于会。

【经】六月，葬陈惠公。

【经】许迁于容城[10]。

【经】秋，七月，公至自会。

【经】刘卷[11]卒。

【传】此不卒而卒者，贤之也。寰内诸侯也，非列土诸侯，此何以卒也？天王崩，为诸侯主也。[12]

【经】葬杞悼公。

【经】楚人围蔡。

【经】晋士鞅、卫孔圉帅师伐鲜虞[13]。

【经】葬刘文公。

子、薛伯、杞伯、小邾子、齐国的国夏在召陵相会，侵伐楚国。

【经】夏季，四月，庚辰日，蔡国的公孙姓领兵灭亡沈国，将沈子嘉带回(蔡国)，把他杀了。

【经】五月，鲁定公与诸侯在皋鼬结盟。

【传】会之后又会，鲁定公注重后一次会。“后”，表明迟疑的态度。

【经】杞伯成在会中去世。

【经】六月，安葬陈惠公。

【经】许国迁都到容城。

【经】秋季，七月，鲁定公从会盟地回来。

【经】刘卷去世。

【传】这人不应记去世而记去世，是认为他贤能。天子畿内诸侯，不是封土诸侯(即使贤能也不记去世)，这里为什么记去世？周王驾崩，诸侯吊丧时，他是接待诸侯的主人。

【经】安葬杞悼公。

【经】楚国人包围蔡国。

【经】晋国的士鞅、卫国的孔圉领兵攻伐鲜虞。

【经】安葬刘文公。

注释 1 陈侯吴:陈惠公,名吴。 2 刘子:周上卿刘文公。 3 召陵:在今河南漯河市郾城区东。 4 沈:小国名,在今安徽临泉。沈不会召陵,晋使蔡伐之。 5 皋鼬(yóu):郑地,今河南临颍南。 6 后:三月召陵之会后。 7 志于后会:目的在于后面这个皋鼬之会,不在前面那个侵楚的召陵之会。 8 后,志疑也:记后面这个会,是为了记载鲁定公的疑虑,他恐怕侵楚会带来不利的后果。 9 成:杞悼公名。 10 容城:楚地,在今河南鲁山东南。 11 刘卷(quán):王室大夫,谥文公。 12 昭公二十二年,周景王崩,刘文公曾以王室主人身份接待诸侯。 13 鲜虞:白狄族的一支,后为中山国,都城在今河北新乐西南。

【经】冬,十有一月,庚午,蔡侯以吴子及楚人战于伯举[1]。楚师败绩。

【传】吴其称子,何也?以蔡侯之以之[2],举其贵者也。蔡侯之以之,则其举贵者,何也?吴信中国而攘夷狄,吴进矣。其信中国而攘夷狄,奈何?子胥[3]父诛于楚也,挟弓持矢而干阖庐[4]。阖庐曰:"大之甚,勇之甚!"为是欲兴师而伐楚,子胥谏曰:"臣闻之,君不为匹夫兴师,且事君犹事父也,亏君之义,复父之仇,

【经】冬季,十一月,庚午日,蔡侯借用吴子的兵力在伯举与楚国人作战。楚军大败。

【传】吴这里称"子",是为什么?是因蔡侯借用他的兵力,称举他的尊贵的称号。蔡侯借用他的兵力,这里称举尊贵的称号,是为什么?因为吴信任中原诸侯而排斥夷狄,吴进步了。他信任中原诸侯而排斥夷狄,是怎么回事?伍子胥的父亲在楚国被杀,(他)带着弓箭求见阖庐。阖庐说:"(伍子胥)他是孝心很大的人,是很勇敢的人!"为此要兴兵攻伐楚国。伍子胥劝阻说:"我听说:国君不为平民(私仇)兴兵,况且侍奉君主就像侍奉父亲,使君主在道义上有亏损,为我报父亲的仇,我不愿意。"

臣弗为也。”于是止。蔡昭公朝于楚，有美裘，正是日，囊瓦[5]求之，昭公不与。为是拘昭公于南郢[6]，数年，然后得归。归乃用事乎汉[7]曰：“苟诸侯有欲伐楚者，寡人请为前列焉！”楚人闻之而怒，为是兴师而伐蔡。蔡请救于吴，子胥曰：“蔡非有罪，楚无道也。君若有忧中国之心，则若此时可矣！”为是兴师而伐楚。何以不言救也？救，大[8]也。

于是停止兴兵。蔡昭公在楚国朝见楚王，他穿有漂亮的皮袍子，就在朝见楚王的当天，囊瓦要这件皮袍子，蔡昭公不给。为了这件事，将蔡昭公拘押在南郢，过了数年，才放他归国。蔡昭公回国后就祭祀汉水神，祷告说：“如果诸侯有攻伐楚国的，寡人请求在他那里做前锋！”楚国人听说这事后发怒，为此兴兵攻伐蔡国。蔡国向吴国请求援救，伍子胥说：“蔡国没有罪，是楚国暴虐无道。您如果有忧虑中原诸国的心，像这样的时候就可以出兵了！”为此兴师攻伐楚国。为什么不说是援救蔡国？（已进称吴子）再写援救，就（使它）高大（得和中原诸侯一样）了。

注释　1 伯举：楚地，在今湖北麻城东北。　2 以之：谓借其帮助。　3 子胥：伍员(yún)，楚人。其父伍奢为楚平王所杀害。　4 干阖庐：求仕于吴。阖庐，吴国君主。　5 囊瓦：楚令尹。　6 南郢：楚国都，在今湖北江陵北的纪南城。　7 用事乎汉：向汉水之神祭祀祈祷。　8 大：高大，意思是拔高。

【经】楚囊瓦出奔郑。

【经】庚辰，吴入楚。

【传】日入，易无楚[1]也。易无楚者，坏宗庙，

【经】楚国的囊瓦出逃到郑国。

【经】庚辰日，吴(人)进入楚国都。

【传】记进入（楚国都的）日子，是表示铲平了楚国，已经没有楚国了。铲

徙陈器[2]，挞平王之墓。何以不言灭也？欲存楚也。其欲存楚，奈何？昭王之军败而逃，父老送之，曰："寡人不肖，亡先君之邑。父老反矣，何忧无君？寡人且用此入海矣！"父老曰："有君如此其贤也！以众不如吴，以必死不如楚。"相与击之，一夜而三败吴人，复立。何以谓之吴也？狄之也。何谓狄之也？君居其君之寝，而妻其君之妻；大夫居其大夫之寝，而妻其大夫之妻。盖有欲妻楚王之母者。不正乘败人之绩而深为利，居人之国，故反其狄道也。

平楚国，已经没有楚国，表现在毁坏宗庙，搬走乐器，挖了楚平王的墓，鞭打他的尸体。（这本是灭，）为什么不说灭？是要保存楚国。要保存楚国，是怎么回事？楚昭王的军队失败逃跑，父老送他，他说："寡人不贤明，失去了先君的城邑。父老返回吧，哪里用得着担忧没有君主？寡人将由此入海了！"父老说："有这样贤明的君主啊！拿兵来说，楚不如吴；拿以死相拼来说，吴不如楚。"于是共同攻击吴军，一夜之间，楚军三次打败吴国人，重立楚国。（前面称吴子，这里）为什么叫他作"吴"？是把他们当作夷狄。把他们当作夷狄是指什么？吴国国君居住楚国国君的宫寝，以楚国国君的妻子作妻子；吴国大夫居住楚国大夫的居室，以楚国大夫的妻子作妻子。大概有要奸污楚王的母亲的。不认为凭借打败别人的功绩而大营私利，占有他人的国都是正当的，所以他们返回到夷狄之道上去了。

注释　1 易无楚：轻易败楚，灭亡楚国。　2 陈器：谓宗庙祭祀陈列的乐器。

定公五年

原文

【经】五年,春,王正月,辛亥,朔,日有食之。

【经】夏,归[1]粟于蔡。

【传】诸侯无粟,诸侯相归粟,正也。孰归之?诸侯也。不言归之者,专辞也[2],义迩[3]也。

【经】於越[4]入吴。

【经】六月,丙申,季孙意如卒。

【经】秋,七月,壬子,叔孙不敢卒。

【经】冬,晋士鞅帅师围鲜虞。

译文

【经】鲁定公五年,春季,周王的正月,辛亥日,朔日,发生日食。

【经】夏季,送粟给蔡国。

【传】诸侯缺粟时,别的诸侯给他送粟,这是正当的。谁送给蔡国?是诸侯们。不说是谁送给蔡国,是专说(我国送)的言辞,诸侯的义举也是如此。

【经】於越进入吴国。

【经】六月,丙申日,季孙意如去世。

【经】秋季,七月,壬子日,叔孙不敢去世。

【经】冬季,晋国的士鞅领兵包围鲜虞。

注释 1 归:通"馈",馈赠。 2 专辞也:照经这样写,好像是鲁国一家专门赠送的。 3 义迩:道理相近相通。是因为列国间救灾恤邻是理所当然的,不必详列各国国名。 4 於越:即越。"於"为词头。越人自称为於越,中原人称之无发声,只称为越。

定公六年

原文

【经】六年，春，王正月，癸亥，郑游速帅师灭许，以许男斯归。

【经】二月，公侵郑。

【经】公至自侵郑。

【经】夏，季孙斯[1]、仲孙何忌如晋。

【经】秋，晋人执宋行人乐祁犁。

【经】冬，城中城[2]。

【传】城中城者，三家张[3]也。或曰：非外民[4]也。

【经】季孙斯、仲孙忌帅师围郓。

译文

【经】鲁定公六年，春季，周王的正月，癸亥日，郑国的游速领兵灭亡许国，把许男斯带回国。

【经】二月，鲁定公侵伐郑国。

【经】鲁定公从侵伐郑国的战场回来。

【经】夏季，季孙斯、仲孙何忌到晋国。

【经】秋季，晋国人逮捕宋国使者乐祁犁。

【经】冬季，扩修内城。

【传】“扩修内城”，是因为(仲孙、叔孙、季孙)三家扩大势力。有的说：是责备(鲁定公)将城外的民众排除在外不管他们。

【经】季孙斯、仲孙何忌领兵包围郓邑。

注释　1 季孙斯：季孙意如子。　2 中城：内城。　3 三家张：三家谓仲孙、叔孙和季孙。鲁国政权归三家，势力日益强大，鲁定公恐惧，乃修筑内城保卫自己。　4 非外民：批判以民众为外人。

定公七年

原文

【经】七年，春，王正月。

【经】夏，四月。

【经】秋，齐侯、郑伯盟于咸[1]。

【经】齐人执卫行人北宫结以侵卫。

【传】以，重辞也。卫人重北宫结。[2]

【经】齐侯、卫侯盟于沙[3]。

【经】大雩。

【经】齐国夏帅师伐我西鄙。

【经】九月，大雩。

【经】冬，十月。

译文

【经】鲁定公七年，春季，周王的正月。

【经】夏季，四月。

【经】秋季，齐侯、郑伯在咸地结盟。

【经】齐国人逮捕卫国使者北宫结以侵伐卫国。

【传】“以”，是表示重要的说法。卫国人重视北宫结（所以他们逮捕北宫结，侵伐卫国）。

【经】齐侯、卫侯在沙结盟。

【经】举行大雩祭。

【经】齐国的国夏领兵攻伐我国西部边境地区。

【经】九月，举行大雩祭。

【经】冬季，十月。

注释 1 咸：郑地，在今河南濮阳东南。 2 卫人重视北宫结，所以齐抓了他去侵略卫。如同鲁僖公二十一年楚执宋襄公以伐宋一样。 3 沙：《公羊传》作“沙泽”。卫地，在今河北大名东。

定公八年

原文

【经】八年，春，王正月，公侵齐。

【经】公至自侵齐。

【经】二月，公侵齐。

【经】三月，公至自侵齐。

【传】公如，往时致月，危致也。[1]往月致时，危往也。[2]往月致月，恶之也。[3]

【经】曹伯露[4]卒。

【经】夏，齐国夏帅师伐我西鄙。

【经】公会晋师于瓦[5]。

【经】公至自瓦。

【经】秋，七月，戊辰，陈侯柳[6]卒。

【经】晋士鞅帅师侵郑，遂侵卫。

译文

【经】鲁定公八年，春季，周王的正月，鲁定公侵伐齐国。

【经】鲁定公从侵伐齐国的战场回来。

【经】二月，鲁定公侵伐齐国。

【经】三月，定公从侵伐齐国的战场回来。

【传】国君到哪里去，前往时记季度，回来致告祖庙时记月份，是表明回来时有危险。前往时记月份，回来致告祖庙时记季度，是认为前往危险。前往时记月份，回来致告祖庙时也记月份，是表明他的过恶。

【经】曹伯露去世。

【经】夏季，齐国的国夏领兵攻伐我国西部边境地区。

【经】鲁定公在瓦地会见晋军。

【经】鲁定公从瓦地回来。

【经】秋季，七月，戊辰日，陈侯柳去世。

【经】晋国的士鞅领兵侵伐郑国，接

【经】葬曹靖公。

【经】九月，葬陈怀公。

【经】季孙斯、仲孙何忌帅师侵卫。

【经】冬，卫侯、郑伯盟于曲濮[7]。

【经】从祀先公[8]。

【传】贵复正也。[9]

【经】盗[10]窃宝玉、大弓。

【传】宝玉者，封圭[11]也。大弓者，武王之戎弓也。周公受赐，藏之鲁。非其所以[12]与人而与人，谓之亡；非其所取而取之，谓之盗。

着就侵伐卫国。

【经】安葬曹靖公。

【经】九月，安葬陈怀公。

【经】季孙斯、仲孙何忌领兵侵伐卫国。

【经】冬季，卫侯、郑伯在曲濮结盟。

【经】按即位的先后顺序祭祀先公。

【传】（记这件事）是认为恢复（按先公即位的先后顺序祭祀的）正常作法可贵。

【经】阳虎盗窃宝玉、大弓。

【传】宝玉，是始封时天子所赐的圭。大弓，是武王征伐时所用的弓。周公接受天子所赐的宝玉、大弓，将它们藏在鲁国。不可以用来给人的东西给了人，叫它作“亡”；不是可以取得的东西取得了它，叫它作“盗”。

注释 **1** 经文凡书“公如……”，必系以季节。如文公十三年“冬，公如晋”。书“至自……”，如系以月份，则表示有危险。如文公十四年“春，王正月，公至自晋”，即因文公往晋时，半路上为卫成公所要约，求文公代为请平于晋。文公自晋返鲁时，郑穆公又拉住他，也求他代为请成于晋。任务艰巨，经文书月，表示担心他难以完成任务。 **2** 如宣公十七年六月，公与晋侯等会盟于断道，这是“往月”；“秋，公至自会”，这是“致时”。经文这样写，是“危往”。因为断道的会盟，既是为了共筹抗楚之法，又遇到晋、齐不睦。中原两个大国不团结，加上楚的强大威胁，这时候去参加会盟，对中等国家鲁来说，自然是有危险的。 **3** 如僖公四年正月，公与齐侯等侵蔡，蔡溃，遂伐楚。这是“往月”。“八月，公至自伐楚”，这是“致月”。经文如此记事，表示楚国势强大，虽以中原诸国共伐之，仍不能使其服从。不但当时屈完对齐侯说的话非常强硬，而且召陵之盟后，楚人围许、灭弦、灭黄、败徐，桀骜如故。所以传文认为“得志者，不得志也”。“恶之”，包含有恐惧之意。是说鲁僖公和其他中原诸侯对楚既惧且恶。 **4** 曹伯露：曹靖公，名露。 **5** 瓦：卫地，在今河南滑县东南。 **6** 陈侯柳：陈怀公，名柳。 **7** 曲濮：卫地，在今河南长垣东北。 **8** 从祀先公：理顺先公祭祀顺序。从，顺。先公，指闵公、僖公。 **9** 文公二年，把僖公享祀之位升在闵公之上，颠倒了昭穆次序。现在定公按顺序改正过来，使闵公居僖公之上。经文如此记事，是赞扬恢复了正常的昭穆次序。 **10** 盗：指季孙家臣阳虎。**11** 封圭：鲁始祖伯禽受封于鲁时，周成王所赐之圭（也作“珪”，玉制礼器，上尖下方）。 **12** 所以：可以。

定公九年

原文

【经】九年，春，王正月。

【经】夏，四月，戊申，郑伯虿[1]卒。

【经】得宝玉、大弓。

【传】其不地，何也？宝玉、大弓在家[2]则羞[3]，不目[4]，羞也。恶得之？得之堤下。或曰：阳虎

译文

【经】鲁定公九年，春季，周王的正月。

【经】夏季，四月，戊申日，郑伯虿去世。

【经】得到宝玉、大弓。

【传】这里不写得到的地点，是为什么？宝玉、大弓（是国家之宝，）藏在大夫（季氏的）家里就是羞耻，不在细目上标出来，是因为这是耻辱。从哪里得到它们的？在堤岸下得到它们的。有的说：

以解众[5]也。

【经】六月，葬郑献公。

【经】秋，齐侯、卫侯次于五氏[6]。

【经】秦伯[7]卒。

【经】冬，葬秦哀公。

阳虎(从季氏家里盗取后，逃跑时)将它们丢下，以使追赶他的众人放慢速度。

【经】六月，安葬郑献公。

【经】秋季，齐侯、卫侯(领兵)驻扎在五氏。

【经】秦伯去世。

【经】冬季，安葬秦哀公。

注释 1 虿(chài)：郑献公名。 2 家：指季氏之家。 3 羞：耻辱。 4 目：作为细目列出。 5 解众：使追查之兵众不那么紧急。解，通"懈"。 6 五氏：晋地。在今河北邯郸西。齐、卫伐晋，齐侯驻于五氏，卫侯前往会合。 7 秦伯未名，盖秦未讣告。

定公十年

原文

【经】十年，春，王三月，及齐平。

【经】夏，公会齐侯于颊谷[1]。

【经】公至自颊谷。

【传】离会[2]不致，何为致也？危之也。危之，则以地致，何也？为危之也。其危奈何？曰：

译文

【经】鲁定公十年，春季，周王的三月，(我国)与齐国讲和。

【经】夏季，鲁定公在颊谷会见齐侯。

【经】鲁定公从颊谷回来。

【传】两个诸侯不能达成一致的会，回来时不致告祖庙，这里为什么致告祖庙(记上从颊谷回来)？是为君主感到危险。为君主感到危险，写明地点致告祖庙，

颊谷之会，孔子相[3]焉。两君就坛[4]，两相相揖，齐人鼓噪[5]而起，欲以执鲁君。孔子历阶[6]而上，不尽一等[7]，而视归[8]乎齐侯，曰："两君合好，夷狄之民[9]何为来为？"命司马[10]止之。齐侯逡巡[11]而谢曰："寡人之过也。"退而属其二三大夫曰："夫人[12]率其君与之行古人之道，二三子独率我而入夷狄之俗，何为？"罢会，齐人使优施[13]舞于鲁君之幕下。孔子曰："笑君[14]者罪当死！"使司马行法焉，首足异门而出[15]。齐人来归郓、讙、龟阴之田者，盖为此也。因是以见虽有文事，必有武备，孔子于颊谷之会见之矣。

是为什么？因为此会危险（，几乎不成为会）。它是怎样危险的？（回答）说：颊谷之会，孔子是赞礼。两国君主来到坛上，双方赞礼相互作揖，坛下的齐国人击鼓呼叫，站起来动手动脚，想趁势逮住鲁君。孔子跨过土阶，登上坛台，还没有跨完最后一级土阶，就把视线射向齐侯，说："两国国君和好，行同夷狄的顽民来这里干什么？"命令司马制止他们。齐侯退缩不前，谢罪说："这是寡人的过失。"退下召集他们几个大夫说："别人领着他的君主实行古人的礼仪，（你们）几个却领我陷入夷狄的习俗，是为什么？"会结束后，齐国人派了叫施的艺人到鲁国国君的帷幕下面跳舞（，想嘲笑鲁君）。孔子说："嘲笑国君的人，罪恶重大，应当处以死刑！"要司马对他按法处治，（处死了此人，）把他的尸体的头、脚从不同的门弄出去。齐国人来归还郓、讙、龟阴的田地，就是这个缘故。就此事可以看出，即使是有诸侯相见的文治之事，也必定要有武力准备，从孔子在颊谷之会的做法就可以看到这点了。

注释　1 颊谷：齐地。在今山东莱芜之夹谷峪。　2 离会：两国相会，双方意见不一致。　3 相(xiàng)：赞礼。鲁定公和齐景公会于颊谷，鲁方由孔子赞礼。赞礼本由世卿担任，此时孔子为鲁司寇，履行这一职务。

4 坛:祭坛。在平地用土筑台,高三尺,阶三级。会盟立坛,表示郑重其事。 5 鼓噪:击鼓呼叫。 6 历阶:越阶,一脚跨两级。 7 不尽一等:谓离平台尚差一级。 8 视归:目光投向。 9 夷狄之民:指莱夷之民。莱本少数民族小国,为齐所灭,其人流落颊谷,齐侯召使执鲁侯。 10 司马:统领武装力量的长官。 11 逡(qūn)巡:迟疑犹豫,欲进又止。 12 夫(fú)人:彼人,他。指孔子。 13 优施:演艺人员名施。此人当是滑稽演员。 14 笑君:对国君开玩笑。 15 首足异门而出:那就是说,不是被砍了头,就是被断了脚。

【经】晋赵鞅帅师围卫。

【经】齐人来归郓、讙、龟阴之田[1]。

【经】叔孙州仇、仲孙何忌帅师围郈[2]。

【经】秋,叔孙州仇、仲孙何忌帅师围郈[3]。

【经】宋乐大心出奔曹。

【经】宋公子地出奔陈。

【经】冬,齐侯、卫侯、郑游速会于安甫[4]。

【经】叔孙州仇如齐。

【经】宋公之弟辰暨宋仲佗、石彄[5]出奔陈。

【经】晋国的赵鞅领兵包围卫国。

【经】齐国人来归还郓、讙、龟阴的田地。

【经】叔孙州仇、仲孙何忌领兵包围郈邑。

【经】秋季,叔孙州仇、仲孙何忌领兵包围郈邑。

【经】宋国的乐大心出逃到曹国。

【经】宋国公子地出逃到陈国。

【经】冬季,齐侯、卫侯、郑国的游速在安甫相会。

【经】叔孙州仇到齐国。

【经】宋公的弟弟辰和宋国的仲佗、石彄出逃到陈国。

注释 1 郓、讙、龟阴之田：皆为汶阳之田。郓在今山东郓城东，讙在今山东宁阳西北，龟阴在今山东新泰西南、泗水东北。 2 郈(hòu)：叔孙氏邑，在今山东东平东南。 3 郈：《公羊传》此字作“费”。 4 安甫：《公羊传》作“鞍”。鞍，齐地，在今山东济南西北。 5 仲佗、石彄(kōu)：宋臣名。

定公十一年

原文

【经】十有一年，春，宋公之弟辰及仲佗、石彄、公子地自陈入于萧[1]以叛。

【传】宋公之弟辰，未失其弟[2]也。及仲佗、石彄、公子地，以尊及卑也。自陈，陈有奉焉尔。入于萧以叛，入者，内弗受也。以者，不以也。叛，直叛也。

【经】夏，四月。

【经】秋，宋乐大心自曹入于萧。

【经】冬，及郑平[3]。

【经】叔还如郑莅盟。

译文

【经】鲁定公十一年，春季，宋公的弟弟辰与仲佗、石彄、公子地从陈国进入萧邑，以萧邑为据点进行反叛。

【传】“宋公的弟弟辰”，(称辰为宋公的弟弟)是因为他没有失去作为弟弟应有的情义。“与仲佗、石彄、公子地”，是由尊到卑。“从陈国”，是陈国对他有支持。“进入”，是所进入的地方不肯接受。“以”，是不当“以”的。“反叛”，只是反叛。

【经】夏季，四月。

【经】秋季，宋国的乐大心从曹国进入萧邑。

【经】冬季，(我国)和郑国讲和。

【经】叔还到郑国去结盟。

注释 1 萧:宋邑,在今安徽萧县西北。 2 未失其弟:没有丧失他作为弟弟应尽的义务。是说责任在宋公。 3 及郑平:定公六年鲁侵郑,现在与郑讲和。

定公十二年

原文

【经】十有二年,春,薛伯定[1]卒。

【经】夏,葬薛襄公。

【经】叔孙州仇帅师堕郈[2]。

【传】堕,犹取也。[3]

【经】卫公孟彄帅师伐曹。

【经】季孙斯、仲孙何忌帅师堕费。

【经】秋,大雩。

【经】冬,十月,癸亥,公会齐侯盟于黄[4]。

【经】十有一月,丙寅,朔,日有食之。

【经】公至自黄。

【经】十有二月,公围成。

【传】非国言围。围

译文

【经】鲁定公十二年,春季,薛伯定去世。

【经】夏季,安葬薛襄公。

【经】叔孙州仇领兵毁坏郈邑的城墙。

【传】毁坏(城墙),如同说取得了(郈邑)。

【经】卫国公孟彄领兵攻伐曹国。

【经】季孙斯、仲孙何忌领兵毁坏费邑的城墙。

【经】秋季,举行大雩祭。

【经】冬季,十月,癸亥日,鲁定公会见齐侯,在黄地结盟。

【经】十一月,丙寅日,朔日,发生日食。

【经】鲁定公从黄地回来。

【经】十二月,鲁定公包围成邑。

【传】不是国都却说包围。包围成,是尊重鲁定公。

成，大公[5]也。

【经】公至自围成。

【传】何以致？危之也。何危尔？边乎齐也。

【经】鲁定公从包围成邑之地回来。

【传】为什么记定公从包围成邑之地回来？是认为他危险。有什么危险？因为成邑接近齐国。

注释 1 薛伯定：薛襄公，名定。 2 堕(huī)郈：拆毁郈邑的城墙。堕，同“隳”，毁坏。 3 堕，犹取也：鲁定公十年两次围郈，现在才堕其城，说明直到此时才占据郈邑，并非“堕”可直解为“取”，所以说“犹”。 4 黄：齐地，在今山东邹平东南。鲁定公在此地与齐侯盟，共谋叛晋。 5 大公：围攻一国都城才叫围，成是一邑，竟也说“围”，是为了尊重鲁定公。说的是以鲁侯之尊而亲自带兵围攻孟孙氏的采邑成。

定公十三年

原文

【经】十有三年，春，齐侯次于垂葭[1]。

【经】夏，筑蛇渊[2]囿。

【经】大蒐于比蒲。

【经】卫公孟彄帅师伐曹。

【经】秋，晋赵鞅入于晋阳[3]以叛。

【传】以者，不以者也。叛，直叛也。

译文

【经】鲁定公十三年，春季，齐侯(领兵)驻扎在垂葭。

【经】夏季，在蛇渊建造园囿。

【经】在比蒲举行大阅兵。

【经】卫国的公孟彄领兵攻伐曹国。

【经】秋季，晋国的赵鞅进入晋阳，以晋阳为据点反叛。

【传】“以”，是不应当以的。“反叛”，只是反叛(，并未作乱)。

【经】冬，晋荀寅、士吉射入于朝歌[4]以叛。

【经】冬季，晋国的荀寅、士吉射进入朝歌，以朝歌为据点反叛。

【经】晋赵鞅归于晋。

【经】晋国的赵鞅回归到晋国。

【传】此叛也，其以归言之，何也？贵其以地反也。贵其以地反，则是大利也？非大利也，许悔过也。许悔过，则何以言叛也？以地正国[5]也。以地正国，则何以言叛？其入无君命也。

【传】这是反叛，这里说他“回归”，是为什么？是认为他带着地回来可贵。认为他带着地回来可贵，那就是以利为重了吗？不是以利为重，是允许他悔过。允许悔过，为什么又说“叛”呢？是他以自己的采地整顿国家。以自己的采地整顿国家，又为什么说“叛”？因为他进入晋阳兴兵并没有君主的命令。

【经】薛弑其君比。

【经】薛国杀它的君主比。

注释　1 垂葭(jiā)：卫地，在今山东巨野西南。　2 蛇渊：鲁地，在今山东肥城南汶河北岸。　3 晋阳：赵鞅采邑，在今山西太原西南。　4 朝歌：今河南淇县。　5 以地正国：赵鞅被荀寅、士吉射攻打，奔到采邑晋阳，用晋阳的兵力，驱逐荀寅和士吉射。此二人是奸臣，所以传文说赵鞅这种行为是“以地正国”。

定公十四年

原文

【经】十有四年，春，卫公叔戍来奔。

【经】晋赵阳[1]出奔宋。

译文

【经】鲁定公十四年，春季，卫国的公叔戍逃奔前来。

【经】晋国的赵阳出逃到宋国。

【经】二月,辛巳,楚公子结、陈公孙佗人帅师灭顿[2],以顿子牂[3]归。

【经】二月,辛巳日,楚国公子结、陈国公孙佗人领兵灭亡顿国,将顿子牂带回国。

【经】夏,卫北宫结[4]来奔。

【经】夏季,卫国的北宫结逃奔前来。

【经】五月,於越败吴于檇李[5]。

【经】五月,於越在檇李打败吴国。

【经】吴子光[6]卒。

【经】吴子光去世。

【经】公会齐侯、卫侯于牵[7]。

【经】鲁定公在牵会见齐侯、卫侯。

【经】公至自会。

【经】鲁定公从会盟地回来。

【经】秋,齐侯、宋公会于洮[8]。

【经】秋季,齐侯、宋公在洮相会。

【经】天王使石尚来归脤[9]。

【经】周王派石尚前来送脤。

【传】脤者,何也?俎实[10]也,祭肉也。生曰脤,熟曰膰[11]。其辞[12]石尚,士也。何以知其士也?天子之大夫不名。石尚欲书《春秋》[13],谏曰:"久矣,周之不行礼于鲁也!请行脤。"贵复正也。

【传】脤是什么?是盛在祭器内的东西,是祭肉。生的叫脤,煮熟的叫膰。这里写的"石尚",是士。凭什么知道他是士?天子的大夫不写名。石尚想把自己写在《春秋》里,劝天王说:"周对鲁不按礼制行事有好久了!请给鲁国送脤。"(《春秋》记下这些,)是以恢复正礼为可贵。

【经】王世子蒯聩[14]出奔宋。

【经】卫国世子蒯聩出逃到宋国。

【经】卫公孟彄出奔郑。

【经】卫国的公孟彄出逃到郑国。

【经】宋公之弟辰自萧来奔。

【经】宋公的弟弟辰从萧邑逃亡前来。

【经】大蒐于比蒲。	【经】在比蒲举行军事大检阅。
【经】邾子来会公。	【经】邾子前来与鲁定公相会。
【经】城莒父及霄[15]。	【经】在莒父与霄筑城墙。

注释 1 晋赵阳：清代学者已证明不是晋赵阳，而是卫大夫赵氏名阳。以其党于公叔文子之子公叔戍，故卫侯并逐之。 2 顿：小国名，在今河南项城西。 3 牂(zāng)：顿国君名。 4 北宫结：卫大夫，公叔戍之党。 5 檇(zuì)李：吴地，在今浙江嘉兴南。 6 吴子光：吴君阖闾，名光。 7 牵：在今河南浚县北。 8 洮：曹地，在今河南濮阳东黄河西岸。9 归脤(shèn)：天子祭后，把祭肉分赐同姓诸侯，和他们共享神的赐福，以此表示对兄弟叔侄的亲情。归，通“馈”。脤，古代祭祀用的生肉。10 俎(zǔ)实：俎上所陈之物，实即祭肉。俎，古代祭祀、设宴时陈放物品的礼器，木制，漆饰。 11 膰(fán)：已煮熟的祭肉。 12 其辞：是说经书上的措辞。 13 欲书《春秋》：想在鲁史上留个名。 14 蒯聩(kuǎikuì)：卫灵公太子，其母南子与人私通，蒯聩欲杀其母未果，事发，奔宋。15 莒父，鲁邑，即今山东莒县。霄，在今山东莒县境内。此年无“冬”，是鲁史缺，经文因仍其旧。

定公十五年

原文	译文
【经】十有五年，春，王正月，邾子来朝。	【经】鲁定公十五年，春季，周王的正月，邾子前来朝见。
【经】鼷鼠[1]食郊牛，牛死，改卜牛。	【经】鼷鼠咬伤准备作郊祀祭品的牛，牛死去，改卜其他的牛。

【传】不敬莫大焉。

【经】二月，辛丑，楚子灭胡[2]，以胡子豹归。

【经】夏，五月，辛亥，郊。

【经】壬申，公薨于高寝[3]。

【传】高寝，非正也。

【经】郑罕达帅师伐宋。

【经】齐侯、卫侯次于渠蒢[4]。

【经】邾子来奔丧。

【传】丧急，故以奔言之。

【经】秋，七月，壬申，弋氏卒。

【传】妾辞[5]也。哀公之母也。

【经】八月，庚辰，朔，日有食之。

【经】九月，滕子来会葬。

【经】丁巳，葬我君定公，雨，不克葬。

【传】葬既有日，不为雨止，礼也。雨，不克葬，丧不以制也。

【经】戊午，日下稷[6]，

【传】（防范不够，致使牛死，）对郊祀的不恭敬没有比这更大的。

【经】二月，辛丑日，楚子灭亡胡国，将胡子豹带回国。

【经】夏季，五月，辛亥日，举行郊祀。

【经】壬申日，鲁定公在高寝去世。

【传】“高寝”，不是正寝。

【经】郑国的罕达领兵攻伐宋国。

【经】齐侯、卫侯（领兵）驻扎在渠蒢。

【经】邾子赶来参加丧礼。

【传】丧是急事，所以用“奔”说它。

【经】秋季，七月，壬申日，弋氏去世。

【传】（不说“夫人薨”，）这是记妾的词句。她是鲁哀公的母亲。

【经】八月，庚辰日，朔日，发生日食。

【经】九月，滕子前来参加葬礼。

【经】丁巳日，葬我国国君鲁定公，因天雨，不能下葬。

【传】葬礼既然有一定的日子，不因天雨而停止，这是礼制。“因天雨，不能下葬”，是丧葬不依礼制。

【经】戊午日，太阳偏西，才完成

乃克葬。

【传】乃,急辞也,不足乎日之辞也。

【经】辛巳,葬定弋[7]。

【经】冬,城漆[8]。

下葬。

【传】"乃",是表示紧急的词,是说不足一天。

【经】辛巳日,安葬定弋。

【经】冬季,在漆筑城。

注释 1 鼷(xī)鼠:鼠类中最小的一种,咬伤人及牛马等皮肤成疮。 2 胡:在今安徽阜阳。 3 高寝:犹后世所谓的上房,始封君所居正寝。 4 渠蒢(chú):地名,不详其今在何处。 5 妾辞:经文不书"夫人薨",而书"弋氏卒",是用妾卒之辞。 6 日下稷(zè):傍晚时分。稷,通"昃",日西斜。 7 定弋:即上文弋氏,鲁定公妾,鲁哀公母。 8 漆:本邾邑,鲁襄公二十一年邾庶其以此邑奔鲁,地在今山东邹城北。

哀公

哀公元年

原文

【经】元年[1],春,王正月,公[2]即位。

【经】楚子、陈侯、随侯、许男围蔡。

【经】鼷鼠食郊牛角,改卜牛。

【经】夏,四月,辛巳,郊。

【传】此该[3]郊之变而道之也。于变之中,又有言焉。鼷鼠食郊牛角,改卜牛,志不敬也。郊牛日展斛角[4]而知伤,展道尽矣。郊自正月至于三月,郊之时也。夏四月郊,不时也。五月郊,不时也。

译文

【经】鲁哀公元年,春季,周王的正月,鲁哀公即位。

【经】楚子、陈侯、随侯、许男包围蔡国。

【经】鼷鼠咬伤准备作郊祀祭品的牛的角,改卜别的牛。

【经】夏季,四月,辛巳日,举行郊祭。

【传】这里概括了郊祀的变礼,把它叙述出来。在变礼之中,又有可以说的话藏在里面。"鼷鼠咬伤准备作郊祀祭品的牛的角,改卜别的牛",(这是)说鲁哀公对郊祀的不敬。对郊祭的用牛,每天查看它的角,发现了角已受伤,就尽到了检查的责任。从正月到三月,是举行郊祭的时候。夏季四月举行郊祭,不是时候。五月举行郊祭,也不是时候。夏

夏之始,可以承春;以秋之末承春之始盖不可矣。九月用郊,用者,不宜用者也。郊三卜,礼也;四卜,非礼也;五卜,强也。卜免牲者,吉则免之,不吉则否。牛伤,不言伤之者,伤自牛作也,故其辞缓。全曰牲,伤曰牛,未牲曰牛,其牛一也,其所以为牛者异。有变而不郊,故卜免牛也。已牛矣,其尚卜免之,何也?礼,与其亡也,宁有。尝置之上帝矣,故卜而后免之,不敢专也。卜之不吉,则如之何?不免,安置之,系而待六月上甲始庀[5]牲,然后左右之。子之所言者牲之变也,而曰我一该郊之变而道之,何也?[6]我[7]以六月上甲始庀牲,十月上甲始系牲,十一月、十二月牲虽有变,不道也。待正月,然后言

季的始月(虽然不是时候,)仍可以承接春季;用秋季的末月承接春季的始月就不可以了。“九月用郊”,“用”是不宜用的意思。郊祭吉日占卜三次,(这是)礼制;占卜四次,不合礼制;占卜五次,是想强迫占卜顺从自己心意。占卜释放祭牲,吉利,就释放它;不吉利,就不释放。牛受伤,不说是什么伤害它,这伤是牛自身造成的,所以那里(加“之”字)语辞宽缓。未受伤完好的叫牲,受了伤的叫牛,还未接受占卜未成为牲的也叫牛:它们同样叫牛,但叫牛的原因不同。因牛有变故而不举行郊祀,所以占卜释放牛。已受伤成了牛了,还要占卜释放它,是为什么?按礼,与其无卜,不如有卜。曾将它放在涤宫里喂养,称为上帝的牲了,所以占卜以后才能释放它,不能擅自放出。占卜不吉,对它如何处理?不能释放,将它搁置起来,系住,等到六月上甲有了新的牲,然后处置它。您这里所说的是牲的变故,(前面)您说我概括郊祭的变礼把它叙述出来,是怎么回事?(回答说:)我们鲁国自六月上甲日开始选定牲,十月上甲日开始将牲系在涤宫喂养,十一月、十二月牲即使有灾变,(改卜牛,还来

牲之变，此乃所以该郊。郊，享道也，贵其时，大其礼。其养牲虽小，不备可也。子[8]不志三月卜郊，何也？郊自正月至于三月，郊之时也。我以十二月下辛，卜正月上辛；如不从，则以正月下辛卜二月上辛；如不从，则以二月下辛，卜三月上辛；如不从，则不郊矣。

【经】秋，齐侯、卫侯伐晋。

【经】冬，仲孙何忌帅师伐邾。

得及，）也不必说。等到正月，才说牲的灾变，这是用它来概括郊祭变礼。郊祭，是（天神）享有祭品的礼数，郊祭以按时为贵，使礼节隆重为大。所喂养的牲即使小，不够完备，（只要合时得礼，）也是可以的。孔子不记（十二月至二月）三个月内占卜郊祭吉日，是为什么？因为正月至三月是郊祭的时候。我们是在十二月下辛日占卜正月上辛日；如果不从心意，就在正月的下辛日占卜二月的上辛日；如果又不从心意，就在二月的下辛日占卜三月的上辛日；如果还不从心意，就不举行郊祭。

【经】秋季，齐侯、卫侯攻伐晋国。

【经】冬季，仲孙何忌领兵攻伐邾国。

注释　1 元年：鲁哀公元年，公元前494年。　2 公：鲁哀公名蒋，鲁定公之子，母姒氏。　3 该：包括，概括。　4 日展觓(qiú)角：每天查看牛弯曲的角。觓，角曲貌。　5 庀(pǐ)：具备，置办。　6 这是弟子问穀梁子的话。“子”指穀梁子。　7 我：鲁国。　8 子：指孔子。

哀公二年

原文

【经】二年，春，王二月，季孙斯、叔孙州仇、仲孙何忌帅师伐邾，取漷[1]东田。

【传】漷东，未尽也。

【经】及沂西田。

【传】沂西，未尽也。

【经】癸巳，叔孙州仇、仲孙何忌及邾子盟于句绎[2]。

【传】三人伐而二人盟，何也？各盟其得[3]也。

【经】夏，四月，丙子，卫侯元[4]卒。

【经】滕子来朝。

【经】晋赵鞅帅师纳卫世子蒯聩于戚。[5]

【传】纳者，内弗受也。帅师而后纳者，有伐也。何用弗受也？以辄[6]不受也，以辄不受父之命，受之王父也。信父而辞王父，则是不尊王父也。其弗受，以尊王

译文

【经】鲁哀公二年，春季，周王的二月，季孙斯、叔孙州仇、仲孙何忌领兵攻伐邾国，占取漷水东边的田地。

【传】是指漷水东边没有取尽的田地。

【经】与沂水西边的田地。

【传】是指沂水西边所没有取尽的田地。

【经】癸巳日，叔孙州仇、仲孙何忌与邾子在句绎结盟。

【传】三个人攻伐，只有两个人与盟，是为什么？是(叔孙、仲孙)各为他们所取得的土地结盟。

【经】夏季，四月，丙子日，卫侯元去世。

【经】滕子前来朝见。

【经】晋国的赵鞅领兵送卫国世子蒯聩归国为君，送到戚邑。

【传】记送归，是表示国内人不肯接受。领兵护送，是有攻伐。为什么不肯接受？因为辄不肯接受，因为辄不接受父亲的命令，所接受

父也。

【经】秋,八月,甲戌,晋赵鞅帅师及郑罕达帅师战于铁[7]。郑师败绩。

【经】冬,十月,葬卫灵公。

【经】十有一月,蔡迁于州来[8]。

【经】蔡杀其大夫公子驷。[9]

的是祖父的命令。信从父亲却拒绝祖父的命令(让出君位),这是不尊崇祖父。他不接受(父亲进入卫国为君),是以此尊崇祖父。

【经】秋季,八月,甲戌日,晋国的赵鞅与郑国的罕达领兵在铁作战。郑军大败。

【经】冬季,十月,安葬卫灵公。

【经】十一月,蔡国迁都到州来。

【经】蔡国杀它的大夫公子驷。

注释 1 漷(kuò):水名。即今山东滕州郭河,一名南沙河。 2 句绎:在今山东邹城东南。 3 各盟其得:取自邾之田,叔孙、仲孙各有所得,季孙无得,故不与盟。 4 卫侯元:卫灵公名元。 5 定公十四年,蒯聩以其母南子淫乱,欲杀之,事不成,惧而奔宋。戚:卫地,今河南濮阳北。 6 辄:蒯聩之子,时已被立为卫君。 7 铁:卫地。在今河南濮阳西北。 8 州来:蔡的都城原在上蔡(今河南上蔡)。后迁新蔡(今河南新蔡)。现因吴军渗入,乃迁州来(今安徽凤台)。 9 州来属吴,蔡都于此,便是吴之属国。公子驷反对迁都被杀。

哀公三年

原文

【经】三年,春,齐国夏、卫石曼姑帅师围戚。

【传】此卫事也[1],其

译文

【经】鲁哀公三年,春季,齐国的国夏、卫国的石曼姑领兵包围戚邑。

【传】这是卫国的事,这里将齐国

先国夏,何也?子不围父也。不系戚于卫者,子不有父[2]也。

的国夏放在首要地位,是为什么?是因为儿子不能包围父亲。不将戚系在卫国下面,是儿子不得拥有父亲的驻地。

【经】夏,四月,甲午,地震。

【经】夏季,四月,甲午日,发生地震。

【经】五月,辛卯,桓宫、僖宫灾。

【经】五月,辛卯日,鲁桓公庙、鲁僖公庙发生火灾。

【传】言及,则祖有尊卑。由我言之,则一也。[3]

【传】(如果这两座庙中间)用"及"字,祖先就有尊卑了。对后世的我们来说,他们(都是远祖,亲情已尽,尊卑)是一样的。

【经】季孙斯、叔孙州仇帅师城启阳[4]。

【经】季孙斯、叔孙州仇领兵在启阳筑城。

【经】宋乐髡帅师伐曹。

【经】宋国的乐髡领兵攻伐曹国。

【经】秋,七月,丙子,季孙斯卒[5]。

【经】秋季,七月,丙子日,季孙斯去世。

【经】蔡人放其大夫公孙猎于吴。[6]

【经】蔡国人把他们的大夫公孙猎放逐到吴。

【经】冬,十月,癸卯,秦伯[7]卒。

【经】冬季,十月,癸卯日,秦伯去世。

【经】叔孙州仇、仲孙何忌帅师围邾。

【经】叔孙州仇、仲孙何忌领兵包围邾国。

注释　1 此卫事也:围戚是卫国的事。已立为国君的儿子辄,由齐相助,派兵对付驻于戚的父亲蒯聩。　2 子不有父:儿子不能领有父亲的驻地。3 如果说"桓宫及僖宫灾",用一个"及"字,那就是分出一个尊卑来,桓尊僖卑。此处不用,是因为对于哀公来说,他们都是远祖,无所谓尊卑,是一样的。　4 启阳:鲁邑,故城在今山东临沂北。　5 季孙斯:鲁执政大夫,谥桓子。　6 经文称"人"以放,说明被放者有罪。公子猎是公子驷的同党。 7 秦伯:秦惠公。

哀公四年

原文

【经】四年,春,王二月,庚戌,盗弑蔡侯申[1]。

【传】称盗以弑君,不以上下道道也[2]。内其君[3]而外弑者[4],不以弑道道也[5]。《春秋》有三盗,微杀大夫谓之盗[6],非所取而取之谓之盗[7],辟中国之正道以袭利谓之盗[8]。

【经】蔡公孙辰出奔吴。

【经】葬秦惠公。

【经】宋人执小邾子。

【经】夏,蔡杀其大夫公孙姓、公孙霍。

【经】晋人执戎蛮子赤归于楚。

【经】城西郛。

【经】六月,辛丑,亳社[9]灾。

【传】亳社者,亳之社也。亳,亡国也。亡国之

译文

【经】鲁哀公四年,春季,周王的二月,庚戌日,盗贼杀蔡侯申。

【传】称盗贼杀君主,是不从上与下的关系来说。亲他的国君,把杀君之贼当成被排斥的外人,就不用臣杀君的文字来表达。《春秋》有三种情况称盗贼:身份低微的人杀大夫,叫他作盗贼;不是他所能取得的而他取走了,叫他作盗贼;避开中原诸国以礼义为主的正道,乘人不备突然袭击求取私利,也叫他作盗贼。

【经】蔡国的公孙辰出逃到吴国。

【经】安葬秦惠公。

【经】宋国人逮捕小邾子。

【经】夏季,蔡国杀它的大夫公孙姓、公孙霍。

【经】晋国人逮捕戎蛮子赤,将他送到楚国。

【经】修筑(国都)西边的外城。

【经】六月,辛丑日,亳社发生火灾。

【传】亳社,就是殷的社。亳,是

社以为庙屏,戒也。[10]其屋[11],亡国之社不得上达也。

【经】秋,八月,甲寅,滕子结[12]卒。

【经】冬,十有二月,葬蔡昭公。

【经】葬滕顷公。

已灭亡的殷国的国都。用已亡国家的社作为宗庙的屏蔽,是引以为戒。它的上面架上屋,因为亡国的社不得通天受阳。

【经】秋季,八月,甲寅日,滕子结去世。

【经】冬季,十二月,安葬蔡昭公。

【经】安葬滕顷公。

注释 1 蔡侯申:蔡昭公,名申。 2 不以上下道道也:不以君臣之道来称说。上下,义同君臣。前"道",原则;后"道",称说,记载。经文称盗弑其君,是贬抑蔡国弑君的诸大夫,不按君臣原则来记载。 3 内其君:国君正确,以之为内而亲之。 4 外弑者:弑之者诸大臣不正确,便认为弑者是外人,是夷狄之类。 5 例如襄公七年郑僖公准备去参加中原各国的会议,研究击楚救陈的事,而他的一批臣子却要依附楚,于是弑郑伯。经文为了"不使夷狄之民加乎中国之君",便写为"郑伯髡原如会,未见诸侯。丙戌卒于操"。这就是以郑伯为"中国",而以弑他的人为"夷狄",根本不把那班大夫看成郑臣,不按臣弑君的原则记载。 6 如襄公十年经文"盗杀郑公子斐……",凶手都是政治地位低微的人,所以经文标为"盗"。 7 如定公八年阳虎取宝玉、大弓。 8 如蔡大夫受吴的指使,恐蔡昭公反对吴国,还要迁都,就弑了他。这种行为是抛弃中国的礼义,而谋吴国的利益,所以经文称之为"盗"。 9 亳(bó)社:殷社。古代建国必先立社。殷都亳(故址在今河南商丘北),故称亳社。殷亡后,鲁因商奄(今山东曲阜东)之地为殷遗民所居,而为他们建立亳社。
10 立亳社于宗庙之外,像宗庙的屏风,国君出入时,想到殷亡之祸而起戒心。 11 其屋:据《礼记·郊特牲》,天子之社是一个土堆的坛,使它受到霜露风雨,以通天地之气。亡国的社则筑屋以掩土坛,使它不能受到阳光照射，也不能承受霜露风雨，断绝它的生机。亳社因为坛上有屋，所以会发生火灾。 **12** 结：滕顷公名。

哀公五年

原文

【经】五年，春，城毗[1]。

【经】夏，齐侯伐宋。

【经】晋赵鞅帅师伐卫。

【经】秋，九月，癸酉，齐侯杵臼[2]卒。

【经】冬，叔远[3]如齐。

【经】闰月，葬齐景公。

【传】不正其闰[4]也。

译文

【经】鲁哀公五年，春季，在毗筑城。

【经】夏季，齐侯攻伐宋国。

【经】晋国的赵鞅领兵攻伐卫国。

【经】秋季，九月，癸酉日，齐侯杵臼去世。

【经】冬季，叔还到齐国。

【经】闰月，安葬齐景公。

【传】（丧事）把闰月算进去，是不正当的。

注释 **1** 毗：地名，在今山东郓城北。 **2** 杵臼：齐景公名。 **3** 叔远：当作“叔还”。 **4** 不正其闰：丧服不计算闰月。齐景公本年九月死，到现在连闰月还不满五个月。经文书“闰月”，是讥刺齐人不守礼制，不认为这样做是正当的。

哀公六年

原文

【经】六年,春,城邾瑕[1]。

【经】晋赵鞅帅师伐鲜虞。

【经】吴伐陈。

【经】夏,齐国夏及高张来奔。

【经】叔还会吴于柤[2]。

【经】秋,七月,庚寅,楚子轸[3]卒。

【经】齐阳生[4]入于齐,齐陈乞弑其君荼。

【传】阳生入而弑其君,以陈乞主之,何也?不以阳生君荼也[5]。其不以阳生君荼,何也?阳生正,荼不正。[6]不正则其曰君,何也?荼虽不正,已受命矣。[7]入者,内弗受也。荼不正,何用弗受?以其受命可以言弗受也。阳生其以国氏,何也?取国于荼也。[8]

译文

【经】鲁哀公六年,春季,在邾瑕筑城。

【经】晋国的赵鞅领兵攻伐鲜虞。

【经】吴国攻伐陈国。

【经】夏季,齐国的国夏与高张逃奔前来。

【经】叔还在柤地会见吴(国人)。

【经】秋季,七月,庚寅日,楚子轸去世。

【经】齐国的阳生进入齐国,齐国的陈乞杀他的君主荼。

【传】阳生进入齐国杀他的君,以陈乞为主杀者,是为什么?是不把荼看成阳生的君主。这里不把荼看成阳生的君主,是为什么?阳生(正出又长,立为君)正当,荼(不是正出又小,立为君)不正当。不正当,这里却说是君,是为什么?荼虽不是正出,但已从齐景公那里接受了立为君的命令。“进入”,是国内不接受的意思。荼为君不正当,为什么不接受(阳生)?因荼已接受齐景公立他为君的命令,可以说国内不接受阳生。阳生以齐国国号作为氏,是为什么?因为他

【经】冬,仲孙何忌帅师伐邾。

【经】宋向巢帅师伐曹。

从荼那里夺取了齐国。

【经】冬季,仲孙何忌领兵攻伐邾国。

【经】宋国向巢领兵攻伐曹国。

注释 1 瑕:在今山东济宁东南。 2 柤(zhā):本楚地,此时属吴。在今江苏邳州西北。 3 楚子轸:楚昭王,名轸。 4 阳生:齐景公庶子,即齐悼公,幼子荼即位后奔鲁。 5 不以荼为阳生之君。 6 阳生亦齐景公妾生子,但年长。荼则齐景公宠妾所生幼子。按周礼,嫡无子,则择庶子之长者立之,故传谓阳生正,荼不正。 7 荼受齐景公命而立,故经文可称为“君”。 8 荼之立不正,阳生可不以为君,然荼已受齐景公命为齐君,统治齐国,阳生从他手上夺取齐国,是不对的。经文书“齐阳生”,是谴责他夺取齐国。

哀公七年

原文

【经】七年,春,宋皇瑗帅师侵郑。

【经】晋魏曼多帅师侵卫。

【经】夏,公会吴于缯。

【经】秋,公伐邾。

【经】八月,己酉,入邾,以邾子益[1]来。

【传】以者,不以者也。益之名,恶也[2]。《春秋》

译文

【经】鲁哀公七年,春季,宋国的皇瑗领兵攻伐郑国。

【经】晋国的魏曼多领兵侵伐卫国。

【经】夏季,鲁哀公在缯会见吴(君)。

【经】秋季,鲁哀公攻伐邾国。

【经】八月,己酉日,进入邾国都城,将邾子益带来(我国)。

【传】“以”,是不应该以的意思。写他的名益,是谴责(他不能为社稷

有临天下之言[3]焉,有临一国之言[4]焉,有临一家之言[5]焉。其言来者,有外鲁之辞焉。

【经】宋人围曹。

【经】冬,郑驷弘帅师救曹。

而死)。《春秋》里面有领有天下的话,有领有一国的话,有领有一家的话。这里说"来",含有把鲁哀公当作外人的意思。

【经】宋国人包围曹国。

【经】冬季,郑国的驷弘领兵援救曹国。

注释 1 益:邾隐公名。 2 恶也:是憎恶他没有为社稷而死。 3 临天下之言:《春秋》记天子之事,用内辞,如"天王守于河阳"(僖公二十八年)。河阳,晋地,因天子拥有四海,河阳亦天子属地,所谓"王者无外"。 4 临一国之言:《春秋》记诸侯之事,辞有内外。其内辞是"临一国之言",如昭公二十六年"居于郓",郓是鲁地,故经文不书"次"。 5 临一家之言:《春秋》记大夫之事,亦有内辞,像它记叙天子、诸侯一样。

哀公八年

原文

【经】八年,春,王正月,宋公入曹,以曹伯阳归。

【经】吴伐我。

【经】夏,齐人取讙[1]及阐[2]。

【传】恶内[3]也。

【经】归邾子益于邾。

译文

【经】鲁哀公八年,春季,周王的正月,宋公攻入曹国都,将曹伯阳带回(宋国)。

【经】吴国攻伐我国。

【经】夏季,齐国人取走讙与阐二邑。

【传】是谴责鲁哀公(侵凌邾国冒犯了齐国)。

【经】放归邾子益到邾国。

【传】益之名，失国也[4]。

【传】写出益的名，是因为他亡了国。

【经】秋，七月。

【经】秋季，七月。

【经】冬，十有二月，癸亥，杞伯过[5]卒。

【经】冬季，十二月，癸亥日，杞伯过去世。

【经】齐人归讙及阐。

【经】齐国人归还讙与阐二邑。

注释 1 讙：鲁地，当在今山东宁阳西北。 2 阐：今山东宁阳东北有堽(gāng)城，阐即在其北。 3 恶内：是说憎恶鲁国。按经例，记鲁失地不言别国取。书"取"，实是鲁主动把土地送人。这次是把讙、阐两地赂齐。原因是上年鲁"入邾，以邾子益来"，益是齐的外甥，鲁畏齐讨罪，故赂以二地。 4 失国也：按经例，诸侯不书名，此经文书邾子之名是因为他失掉了国家。 5 过：杞僖公名。

哀公九年

原文

【经】九年，春，王二月，葬杞僖公。

【经】宋皇瑗帅师取郑师于雍丘[1]。

【传】取，易辞也。以师而易取，郑病矣。

【经】夏，楚人伐陈。

【经】秋，宋公伐郑。

【经】冬，十月。

译文

【经】鲁哀公九年，春季，周王的二月，安葬杞僖公。

【经】宋国的皇瑗领兵在雍丘轻取郑军。

【传】取，是容易的说法。双方用兵，而宋军轻取郑军，是郑国的耻辱。

【经】夏季，楚国人攻伐陈国。

【经】秋季，宋公攻伐郑国。

【经】冬季，十月。

注释 1 雍丘：宋地，今河南杞县。

哀公十年

原文

【经】十年，春，王二月，邾子益来奔。

【经】公会吴伐齐。

【经】三月，戊戌，齐侯阳生[1]卒。

【经】夏，宋人伐郑。

【经】晋赵鞅帅师侵齐。

【经】五月，公至自伐齐。

【经】葬齐悼公。

【经】卫公孟彄自齐归于卫。

【经】薛伯夷[2]卒。

【经】秋，葬薛惠公。

【经】冬，楚公子结帅师伐陈。吴救陈。

译文

【经】鲁哀公十年，春季，周王的二月，邾子益逃亡前来。

【经】鲁哀公会合吴子攻伐齐国。

【经】三月，戊戌日，齐侯阳生去世。

【经】夏季，宋国人攻伐郑国。

【经】晋国的赵鞅领兵侵伐齐国。

【经】五月，鲁哀公从侵伐齐国的战场回来。

【经】安葬齐悼公。

【经】卫国的公孟彄从齐国回到卫国。

【经】薛伯夷去世。

【经】秋季，安葬薛惠公。

【经】冬季，楚国公子结领兵攻伐陈国。吴国援救陈国。

注释 1 阳生：齐悼公名。 2 夷：薛惠公名。

哀公十一年

原文

【经】十有一年，春，齐国书帅师伐我。

【经】夏，陈辕颇出奔郑。

【经】五月，公会吴伐齐。

【经】甲戌，齐国书帅师及吴战于艾陵[1]。齐师败绩。获齐国书。

【经】秋，七月，辛酉，滕子虞母[2]卒。

【经】冬，十有一月，葬滕隐公。

【经】卫世叔齐出奔宋。

译文

【经】鲁哀公十一年，春季，齐国的国书领兵攻伐我国。

【经】夏季，陈国的辕颇出奔到郑国。

【经】五月，鲁哀公会合吴(子)攻伐齐国。

【经】甲戌日，齐国的国书领兵和吴(子)在艾陵作战。齐军大败。俘获齐国的国书。

【经】秋季，七月，辛酉日，滕子虞母去世。

【经】冬季，十一月，安葬滕隐公。

【经】卫国世叔齐出逃到宋国。

注释 1 艾陵：齐地，即艾邑，在今山东莱芜东境。 2 虞母：滕隐公名。

哀公十二年

原文

【经】十有二年，春，用田赋[1]。

译文

【经】鲁哀公十二年，春季，采用按田亩征税的制度。

【传】古者公田什一[2]，用田赋，非正也。

【传】古代借民力耕种公田，取十分之一的税，如今采用按田亩征税的制度，是不正当的。

【经】夏，五月，甲辰，孟子卒。

【经】夏季，五月，甲辰日，孟子去世。

【传】孟子者何也？昭公夫人也。其不言夫人，何也？讳取同姓也。[3]

【传】孟子是什么人？是鲁昭公的夫人。这里不说“夫人”，是为什么？是为鲁昭公娶同姓女为夫人隐讳。

【经】公会吴于橐皋[4]。

【经】鲁哀公在橐皋与吴相会。

【经】秋，公会卫侯、宋皇瑗于郧[5]。

【经】秋季，鲁哀公在郧会见卫侯、宋国的皇瑗。

【经】宋向巢帅师伐郑。

【经】宋国向巢领兵攻伐郑国。

【经】冬，十有二月，螽。

【经】冬季，十二月，发生蝗灾。

注释 1 田赋：即按农民公私田亩数量征税。 2 公田什一：周初田税用彻法，一个壮丁受田百亩，公家收其中十亩之税，即取十分之一。 3 孟子为吴女。吴是太伯之后，与鲁侯同姓姬。古代同姓不婚，所以鲁昭公讳之，不称孟姬，而称孟子。经文前既不书“逆女于吴”，卒后又不书“葬我小君”，只在这里书“孟子卒”而不称“夫人”，显然是为了讳娶同姓。 4 橐皋：吴地，今安徽巢湖西北。 5 郧：在今山东莒县南。

哀公十三年

原文

【经】十有三年，春，郑罕达帅师取宋师于嵒[1]。

译文

【经】鲁哀公十三年，春季，郑国的罕达领兵在嵒轻取宋军。

【传】取，易辞也。以师而易取，宋病矣。

【经】夏，许男成[2]卒。

【经】公会晋侯及吴子于黄池[3]。

【传】黄池之会，吴子进乎哉！遂子矣。吴，夷狄之国也，祝[4]发文身，欲因[5]鲁之礼，因晋之权，而请冠、端而袭[6]，其藉[7]于成周，以尊天王。吴进矣！吴，东方之大国也，累累致小国以会诸侯，以合乎中国。吴能为之，则不臣乎？吴进矣！王，尊称也；子，卑称也。辞尊称而居卑称，以会乎诸侯，以尊天王。吴王夫差曰："好冠来！"孔子曰："大矣哉！夫差未能言冠[8]而欲冠也。"

【经】楚公子申帅师伐陈。

【经】於越入吴。

【经】秋，公至自会。

【经】晋魏曼多帅师侵卫。

【经】葬许元公。

【传】取，是表示容易的词。双方用兵，郑军轻取宋军，是宋国的耻辱。

【经】夏季，许男成去世。

【经】鲁哀公在黄池会见晋侯与吴子。

【传】黄池之会，吴子进了一步啊！就称"子"了。吴国是夷狄之国，截短头发，身上刻绘花纹，想因袭鲁国的礼仪、晋国的霸权，请求头戴礼帽，身着礼服，向成周进贡，以此尊奉周王。吴已进步了！吴是东方的大国，一次一次地招致小国与诸侯相会，以合乎中原各国的礼制。吴能做到这些，(天子)能不以他为臣吗？吴进步了！王，是尊称；子，是卑称。他去掉尊称取用卑称，以此会诸侯、尊周王。吴王夫差说："好冠拿来！"孔子说："好啊！夫差不能叫出冠的名称而要戴冠。"

【经】楚国公子申领兵攻伐陈国。

【经】於越攻进吴国。

【经】秋季，鲁哀公从(黄池之)会回来。

【经】晋国的魏曼多领兵侵伐卫国。

【经】安葬许元公。

【经】九月，螽。

【经】冬，十有一月，有星孛[9]于东方。

【经】盗杀陈夏区夫。

【经】十有二月，螽。

【经】九月，发生蝗灾。

【经】冬季，十一月，有彗星出现在东方。

【经】盗贼杀了陈国的夏区夫。

【经】十二月，发生蝗灾。

注释 1 嵒(yán)：宋郑之间的隙地，在今河南杞县境内。 2 成：许元公名。 3 黄池：郑地，在今河南封丘南济水故道南岸。 4 祝：断。 5 因：因袭，仿效。 6 冠、端而袭：戴着礼帽，穿着礼服，上下成套。端，玄端，缁布衣，当时中原诸侯、大夫、士的礼服。袭，谓相连，配套。 7 藉：等于说纳贡。 8 未能言冠：不知道说什么冠，就笼统地说拿顶好冠来。 9 星孛：星名为孛，即彗星。

哀公十四年

原文

【经】十有四年[1]，春，西狩获麟[2]。

【传】引取之[3]也。狩地，不地不狩也。非狩而曰狩，大获麟，故大其适[4]也。其不言来，不外麟于中国也。其不言有，不使麟不恒于中国也。

译文

【经】鲁哀公十四年，春季，在西部狩猎获得麒麟。

【传】(获)是说孔子修《春秋》把它引来，以致鲁能获取它。狩猎写出地点，不写出地点就不是狩猎。不是狩猎而说“狩猎”，是把获得麒麟看成大事，所以把他们狩猎所在的地方也看得很大。这里不说“来”字，是不将麒麟看成中原诸国以外的兽。不说“有”字，是不让麒麟不永恒在中原诸国。

[注释] **1** 十有四年:鲁哀公十四年,公元前481年。 **2** 麟:麒麟,古代传说中的仁兽,它的出现,据说是某种祥瑞。 **3** 引取之:猎人引之入于捕猎范围,把它捉到了。或说是孔子修《春秋》成而引其来到,就这样被猎取到了。 **4** 大其适:夸大其所至,所以说西狩。适,至。

图书在版编目(CIP)数据

春秋穀梁传/李维琦,邹文芳注译. —长沙:岳麓书社,2021.6(2025.4重印)

(古典名著全本注译文库)

ISBN 978-7-5538-1364-6

Ⅰ.①春… Ⅱ.①李…②邹… Ⅲ.①中国历史—春秋时代—编年体②《春秋穀梁传》—注释③《春秋穀梁传》—译文 Ⅳ.①K225.04

中国版本图书馆 CIP 数据核字(2020)第 176986 号

CHUNQIU GULIANG ZHUAN

春秋穀梁传

注　　译:李维琦　邹文芳

责任编辑:陈文韬

责任校对:舒　舍

封面设计:罗志义

岳麓书社出版发行

地址:湖南省长沙市爱民路 47 号

直销电话:0731-88804152　0731-88885616

邮编:410006

版次:2021 年 6 月第 1 版

印次:2025 年 4 月第 2 次印刷

开本:890mm×1240mm　1/32

印张:12.75

字数:318 千字

ISBN 978-7-5538-1364-6

定价:45.00 元

承印:湖南省众鑫印务有限公司

如有印装质量问题,请与本社印务部联系

电话:0731-88884129